NADJA KLINGER / JENS KÖNIG

# EINFACH ABGEHÄNGT

EIN WAHRER BERICHT ÜBER
DIE NEUE ARMUT IN DEUTSCHLAND

ROWOHLT · BERLIN

1. Auflage September 2006
Copyright © 2006 by Rowohlt · Berlin Verlag
GmbH, Berlin
Satz aus der Life PostScript, InDesign, von
Pinkuin Satz und Datentechnik, Berlin
Druck und Bindung Clausen & Bosse, Leck
Printed in Germany
ISBN 13: 978 3 87134 552 4
ISBN 10: 3 87134 552 0

# INHALT

## ERSTER TEIL

Deutschland – reiches, armes Land · 9

Ein Traum schreit nach günstigen Umständen · 34
Daniela Lehmeier (30), Amberg, ohne Berufsabschluss,
arbeitslos

Den Sieger erkennt man schon am Start · 44
Patrick (20), Köln, ohne Schulabschluss, arbeitslos

Der Fluch der guten Taten · 56
Angelika Fischer (62), Leipzig, Stenotypistin, seit 1990
arbeitslos

## ZWEITER TEIL

Wo fängt Armut an, wo hört sie auf? · 71

«Wir haben alles, was wir brauchen» · 116
Jana Amiri (37), Arzthelferin, und Omid Amiri (36),
Applikationsentwickler, Wiesbaden, beide arbeitslos

Ein Dreckskerl in seinen besten Jahren · 127
Walter Edler (55), Hamburg, arbeitslos, obdachlos

Aus dem Luxus gefallen · 139
Markus Schirmer (41), Frankfurt am Main, Wirtschaftswissenschaftler

Im Kühlschrank waren nur Licht und ein Echo 151
Anna Junkermann (37), Gastronomin, und Roger Junkermann (39),
Fenstermonteur, Dortmund, beide arbeitslos

Mit dem Passwort ins Untergeschoss 164
Jana Herrmann (33), Bannewitz bei Dresden, Einzelhandelskauffrau,
seit 1991 arbeitslos

Hartz IV als Extremsportart 178
Angelika Irling (39), Berlin, in Ausbildung zur Altenpflegerin

DRITTER TEIL

Sieben Vorschläge für eine intelligente Armutspolitik 195

Der Kunde ist nicht König 210
Ingrid Opitz (50), Geschäftsführerin, Anne Ulrich (29) und
Carola Weber (50), Mitarbeiterinnen im Hanse-Jobcenter Rostock

Bohren in einer anderen Welt 222
Kirsten Falk (38), Berlin, Zahnärztin

Welcome to Aschersleben, please enjoy! 234
Elke Reinke (47), Aschersleben, Ingenieurin, 13 Jahre arbeitslos,
jetzt Abgeordnete des Deutschen Bundestages

Glossar 251

Dank 256

# ERSTER TEIL

# Deutschland – reiches, armes Land

SAGEN WIR es gleich am Anfang freiheraus: Ja, in diesem Land gibt es Armut, und sie breitet sich immer weiter aus.

Langzeitarbeitslose, Alleinerziehende, Ausländer, Schulversager, kinderreiche Familien – sie alle sind davon betroffen. Genauso wie Menschen aus der bislang für sicher gehaltenen Mitte der Gesellschaft: Leute, die Arbeit haben, aber schlecht bezahlt werden, Akademiker mit Doktortitel, die keine Anstellung finden, Facharbeiter, die nach zwanzig oder dreißig Jahren ihren Job verlieren und nach einem Jahr Arbeitslosigkeit nur noch von Hartz IV leben.

Das Schicksal liegt im Alltäglichen. Es muss in Deutschland nichts Außergewöhnliches mehr geschehen, damit Menschen sozial abstürzen. Elf Millionen sind arm oder von Armut bedroht, sieben Millionen leben auf Sozialhilfeniveau, fünf Millionen haben keine Arbeit, drei Millionen Haushalte sind überschuldet.

Das Zusammenleben in unserer Gesellschaft wird härter und unsolidarischer. Die Republik teilt sich wieder in «die da oben» und «die da unten», in Gewinner und Verlierer. Die alten Klassengegensätze kehren zurück.

Warum gibt es angesichts dieses gesellschaftlichen Skandals eigentlich keinen lauten Aufschrei?

Warum geht niemand auf die Straße und klagt an, wen auch immer, die Kapitalisten, die Globalisierer, den Staat, die Regierung?

Warum brennen keine Vorstädte wie in Frankreich?

Warum findet sich hierzulande nicht einmal jemand, der die deutsche Variante der Revolte organisiert, einen Aufstand der Anständigen, mit Mahnwachen und Kerzen in der Hand?

Vielleicht wissen ja diejenigen eine Antwort, die an diese Revolution irgendwie noch glauben. Sie stehen auf dem Domplatz in Magdeburg, gleich unterhalb des Bürgerdenkmals, errichtet zu Ehren der Montagsdemonstrationen des Herbstes 1989. Ein eisiger Wind pfeift über ihre Köpfe hinweg. Es ist der 20. März 2006, kurz vor 17.30 Uhr, in einer halben Stunde wollen sie die Wut, die angeblich in ganz Deutschland wächst, durch die Straßen ihrer Landeshauptstadt tragen. Bis dahin ist «offenes Mikro», jeder, der gekommen ist, darf sagen, was er möchte.

«Ich bin der Achim», sagt ein Mann um die sechzig. Er trägt einen hellen Anorak. «Ihr kennt mich alle. Deswegen von mir heute nur ein Satz: Hartz IV ist der Untergang der Menschheit. Danke.»

Jetzt ist Andy an der Reihe. «Liebe Genossinnen und Genossen», sagt er. Plötzlich korrigiert er sich: «Liebe Magdeburgerinnen und Magdeburger.» Andy trägt einen schwarzen Kapuzenpulli. In seinen schwarzen Rastalocken steckt eine Sonnenbrille. An seinem Rucksack klemmt ein Button der MLPD. «Neue Politiker braucht das Land!», steht darauf. «Ihr wisst, dass die Amis den Iran überfallen wollen. Wir müssen jetzt vor allem mit dem iranischen Arbeiter solidarisch sein.»

Andy reicht das Mikro an Dirk weiter. Dirk ist heute extra aus Hessen angereist, als Wahlhelfer für seine maoistischen Genossen von der Marxistisch-Leninistischen Partei in Sachsen-Anhalt. Er berichtet davon, dass die Montagsdemonstranten in Kassel vor dem Volkswagenwerk Flugblätter gegen die Massenentlassungen bei VW verteilt haben und dabei vom Werkschutz abgedrängt wurden: «Das beweist doch, wie groß die Nervosität unter den Herrschenden mittlerweile ist.» Dirk spricht noch von sozialer Gerechtigkeit, von organisiertem Widerstand und davon, dass die ganze Bande um Merkel und Müntefering zum Teufel gejagt werden müsse. Vor seinem Bauch hängt eine Trommel. Er ist bereit. Wozu auch immer.

Seine Worte verschluckt der Wind. Das macht nichts. Die lieben Magdeburgerinnen und Magdeburger, an die sie gerichtet sind, könnten sie sowieso nicht hören. Sie eilen ein paar hundert Meter weiter durch den Feierabendverkehr. Hier auf dem Domplatz haben sich nur die versammelt, die ohnehin immer kommen. Fünfzig, sechzig Leute. Sie begrüßen sich alle mit Handschlag. Sie halten sich an ein paar roten Fahnen und selbst geklebten Plakaten fest. Es sind Montagsdemonstrationsprofis.

Zwanzig Monate zuvor, am 26. Juli 2004, gingen sie in Magdeburg das erste Mal auf die Straße, um gegen Hartz IV zu protestieren. Es kamen 600 Leute. Eine Woche später waren es bereits 15 000. Und eine weitere Woche später waren in ganz Deutschland die Straßen voll. Überall gab es plötzlich Montagsdemonstrationen. Einfache Bürger hatten sie angemeldet, keine Parteien, keine Gewerkschaften, genau wie im Herbst 1989. Die Menschen fühlten sich in ihrem Stolz verletzt. Sie wollten arbeiten, aber man ließ sie nicht. Und jetzt drohten die mit Hartz IV geplanten Sozialkürzungen vor allem die vielen Arbeitslosenhilfe-Empfänger im Osten in Armut zu stürzen.

«Wir sind das Volk!», brüllten sie in ihrer Verzweiflung. Blanker Hass schlug der Schröder-Regierung in Ostdeutschland entgegen. In Wittenberge warfen sie Eier auf den Bundeskanzler. Einen Sommer lang roch es erneut nach Wende, nach Revolution.

Im Herbst waren fast alle Straßen wieder leer.

In Magdeburg liefen sie einfach weiter, Woche für Woche, Monat für Monat, egal ob es regnete, schneite oder die Sonne schien, jeden gottverfluchten Montag, stets die gleiche Strecke in der Innenstadt entlang: Domplatz, Breiter Weg, Otto-von-Guericke-Straße, Ernst-Reuter-Allee. Mit jedem Mal wurden es weniger. Zuerst ermüdeten sie, dann verloren sie ihr gemeinsames Ziel, dann ihre Wut und schließlich das Volk. Die Übriggebliebenen hat die MLPD unter ihre Kontrolle gebracht. Die maoistischen Agitatoren sind zuver-

11

lässig dort, wo es nichts mehr zu gewinnen gibt. Jetzt stellen sie den Lautsprecher, die Logistik und die Ideologie.

Heute brechen sie am Domplatz zur 87. Montagsdemo auf, wie immer pünktlich um 18.00 Uhr. Obwohl alles ganz übersichtlich ist, tragen einige von ihnen weiße Ordnerbinden am linken Arm. Übers Mikro wird verkündet, die Polizei habe amtlich festgestellt, der Demonstrationszug umfasse genau 65 Personen. Es bricht großer Jubel aus, so als hätten sie gerade Müntefering aus dem Ministersessel gekippt. 65 ist die magische Zahl – sind sie weniger, müssen sie auf dem Bürgersteig laufen und an jeder Ampel bei Rot stehen bleiben. So sieht es das Versammlungsrecht von Sachsen-Anhalt vor. Jetzt dürfen sie mitten auf der Straße marschieren – und für ein paar Minuten den Verkehr blockieren.

Der Polizist, der die Demonstration begleitet, trägt seine Hände in den Hosentaschen spazieren. Er lächelt entspannt, als er den Jubel der Demonstranten hört. Sie haben diesen kleinen Triumph ihm zu verdanken. Er hat genau gezählt: Es sind 63 Personen. «Was soll's», sagt er. «Heute ist mieses Wetter und kaum Verkehr in der Stadt. Sollen sie auf der Straße laufen. Wenn ich meinen Kollegen und mich dazurechne, sind es ja auch 65.»

Eine Staatsmacht, die ihr Volk nicht fürchten muss, kann es sich leisten, großzügig zu sein.

Dirk aus Hessen schlägt seine Trommel. Andy mit dem schwarzen Kapuzenpulli hält eine rote Fahne in den Wind. Die anderen haben Rasseln und Pfeifen dabei. Sie ziehen durch die Otto-von-Guericke-Straße und stimmen Eislers «Solidaritätslied» an: «Proletarier aller Länder, einigt euch und ihr seid frei. Eure großen Regimenter brechen jede Tyrannei.»

Die Proletarier von Magdeburg haben sich schon geeinigt: Sie machen Feierabend. Auf dem Weg nach Hause bleibt niemand stehen, niemand guckt, niemand reiht sich ein.

Christian Schönfeld sieht aus, als sei ihm das revolutionäre

Arbeitergetue auch nicht ganz geheuer. Er läuft die meiste Zeit schweigend vor sich hin, singt die Lieder nicht mit. Er hält nur tapfer sein selbst mitgebrachtes Plakat in die Höhe. «Die Mauer zwischen Arm und Reich muss weg», steht darauf in großen Buchstaben, und in etwas kleinerer Schrift darunter: «Die Mauer zwischen Ost und West ist schon gefallen».

Schönfeld ist 42 Jahre und arbeitslos. Er ist mindestens 1,90 Meter groß, er lässt sich nicht so einfach unterkriegen. Als einziger von den Demonstranten hier ist er von Anfang an dabei. Heute fuhr er zum 86. Mal die 20 Kilometer aus seiner Heimatstadt Schönebeck nach Magdeburg. «Nur einen einzigen Montag konnte ich nicht. Da war zur selben Zeit eine Demo in Köthen. Ich musste mich entscheiden.»

Schönfeld hat eine typische Ostkarriere hinter sich. In der DDR ist er zum Nachrichtentechniker ausgebildet worden, hat zunächst bei der Reichsbahn und später bei der Filmfabrik ORWO in Wolfen gearbeitet. Nach der Wende, als in seinem Betrieb massenhaft Leute entlassen wurden, suchte er sich einen neuen Job und kam bei einer kleinen Firma als Computerspezialist unter. Die Firma machte Pleite, Schönfeld fand wieder Arbeit, wurde erneut entlassen, schulte um, zog in eine andere Stadt. Er war stets das, was die Politiker von ihren Bürgern verlangen: einsatzbereit und mobil. Er nahm sogar einen Job in Aachen an. Auf Dauer half das alles nichts.

Schönfeld ist seit vier Jahren ohne Arbeit. Er hat sich oft beworben – vergeblich. Seit dem 1. Januar 2005 bekommt er nicht mal mehr Arbeitslosengeld. Schuld daran ist Hartz IV. Dieses Gesetz stempelt ihn zum Mitglied einer «Bedarfsgemeinschaft». Sie besteht aus seiner Freundin und ihm. Seine Freundin hat einen Job bei einer Bank, also erhält Schönfeld keine Unterstützung vom Staat, keinen einzigen Cent. «Ich werde doppelt bestraft», sagt er. «Deswegen gehe ich hier Montag für Montag demonstrieren. Hartz IV muss weg.»

Wenn man ihn fragt, wie das gehen soll, guckt er große Löcher in die Luft. «Ist nicht einfach», antwortet er nach einer langen Pause. «Hartz IV verschwindet nur, wenn alles, was damit zusammenhängt, auch beseitigt wird: die Agenda 2010, die Große Koalition, alle Parteien, die unsoziale Reformen unterstützen.»

Deutschland müsste also von der Landkarte verschwinden.

Ist das der Grund, warum so wenig Menschen auf die Straße gehen? Wissen sie nicht, wogegen sie kämpfen sollen? Haben sie das Gefühl, es sei sinnlos, gegen die Gesetze des Kapitalismus zu rebellieren? Dagegen, dass es Arbeitslosigkeit gibt und die Politik sowieso nichts machen kann? Glauben sie, sie müssten die Regierung oder das ganze System abschaffen, weil ihnen Hartz IV nicht passt?

Es ist jetzt 19.30 Uhr. Die 63 Demonstranten stehen im matten Lichtkegel einer Laterne. Eine Frau verliest eine Solidaritätserklärung. Am Klinikum in Duisburg sind ein paar Ärzte gemaßregelt worden, weil sie sich am Streik von ver.di beteiligt haben. «Wenn ihr alle die Hand hebt, können wir ‹einstimmig› in die Erklärung schreiben», sagt sie. Alle heben die Hand. Nach der Kundgebung stürmen einige den Hauptsitz des Kapitalismus gleich nebenan. Bei McDonald's gibt es montags den Fischmäc im Aktionsangebot: für 2,75 Euro.

Wie sagte der Soziologe Ulrich Beck so treffend: «Die sozialen Bewegungen kommen und gehen – vor allem gehen sie.» Merkwürdigerweise lösen sie sich ausgerechnet dann auf, wenn der Zustand, den sie auf ihren Demonstrationen noch angstvoll heraufziehen sahen, Wirklichkeit geworden ist. Dagegen scheint die Energie der Bewegung nichts mehr ausrichten zu können. Hartz IV, im Sommer 2004 noch der zentrale Punkt des Protestes, ist heute bedrückender Alltag, besonders in Ostdeutschland, auch in Magdeburg. Die Politik hat keines der zentralen Versprechen, die sie mit diesem

Gesetz verband, eingelöst. Weder gibt es mehr Arbeit noch mehr Gerechtigkeit. Dafür sieht der Mangel heute schöner aus.

Die Jobcenter sind in schicken, hellen Gebäuden untergebracht. Dort, wo Langzeitarbeitslose, Jugendliche ohne Jobs und Sozialfälle auftauchen, ist jetzt die Zukunft eingezogen. Arbeitslosen- und Sozialhilfe wurden zusammengelegt, jeder, der mindestens drei Stunden am Tag arbeitsfähig ist, muss sich um Arbeit bemühen. Dafür arbeiten die Arbeitsagenturen und die alten Sozialämter Hand in Hand. Jedes noch so kleine Detail über die Betroffenen ist per Computer erfasst: letzte Arbeitsstelle, berufliche Fähigkeiten, Einstellung zu Weiterbildungsmaßnahmen, Größe der privaten Wohnung, Wert des Autos, Bausparvertrag, Lebensversicherung, Kontostand, Einkommen des Lebenspartners. Die Probleme sollen schließlich nicht mehr verwaltet, sondern gelöst werden. Schnell. Zupackend. Unsentimental. Optimistisch.

Aber was, wenn es nichts zu lösen gibt?

Dann spricht man über die Probleme so wie Siegrid Rosam: kenntnisreich und illusionslos, gänzlich frei von politischen Parolen. «Wo wenig Arbeit ist, kann auch kaum welche vermittelt werden», sagt sie. «Die Hartz-Philosophie funktioniert bei uns nicht richtig.»

Rosam verwaltet Armut und Hoffnungslosigkeit. Mehr kann sie nicht tun. Sie ist eine energische Frau, 52 Jahre alt, studierte Wirtschaftsjuristin, nach der Wende 1989 fast fünfzehn Jahre lang im Sozialamt tätig, seit Anfang 2005 Geschäftsführerin des Jobcenters Magdeburg. Sie sitzt im neuen, eleganten City-Carré in der Innenstadt, gleich neben der Deutschen Bank. «Jobvermittlung» steht in großen, roten Buchstaben an der Außenwand des Gebäudes. Das berühmte dreieckige «A» im Kreis erinnert daran, dass hier früher noch richtige Arbeit vermittelt worden ist – heute sind oft nur schlecht bezahlte Arbeitsgelegenheiten zu haben. Die Flure im Jobcenter sind weiß gestrichen, sie sehen freundlich aus, blaugrauer

Teppichboden, neue Stühle mit glänzendem Metallrahmen. An den Wänden hängen überall kunstvoll komponierte Farbfotos: Schloss Neuschwanstein, die Semperoper, der Potsdamer Platz. Deutschland sieht auf den Fotos so schön aus, wie es, von Magdeburg aus betrachtet, nie war und auch nie werden wird.

Diese traurige Erkenntnis meißelt Siegrid Rosam mit ein paar Zahlen in Stein. Anfang 2006 waren in Magdeburg offiziell 22 345 Menschen arbeitslos; das entspricht einer Arbeitslosenquote von 19,2 Prozent. Fast die Hälfte davon ist bereits länger als ein Jahr ohne Beschäftigung, manche sogar schon seit 1990. Die Chance, jemals wieder einen Job zu bekommen, ist für viele gleich null. Die Zahl der gemeldeten offenen Stellen: rund 2500, davon fast zwei Drittel nur Teilzeitjobs. Da stößt, um es vorsichtig zu formulieren, die Kunst der Arbeitsvermittlung an ihre Grenzen.

Das Jobcenter betreut über 15 000 Arbeitslose. Für die restlichen 7000, diejenigen, die erst vor kurzem ihren Job verloren, ist die Arbeitsagentur zuständig. Dort kriegen sie wenigstens noch ein Jahr lang ein halbwegs ordentliches Arbeitslosengeld I. Bei Siegrid Rosam landen die harten Fälle: Langzeitarbeitslose, Jugendliche ohne Ausbildung und ohne Job, allein erziehende Frauen, Ältere, die niemand mehr einstellt. Pro Monat ziehen nur ein paar hundert von ihnen das große Los: einen festen Job, wenn oft auch nur befristet, einschließlich einer Sozialversicherung. Der Rest wird, wie es so schön aufmunternd heißt, arbeitsfähig gehalten, für welches Beschäftigungsparadies der Zukunft auch immer – mit Ein-Euro-Jobs, Weiterbildungen, Trainingskursen, Arbeitsbeschäftigungsmaßnahmen. Ihr monatliches Auskommen: maximal 331 Euro Arbeitslosengeld II (seit 1. Juli 2006, seit der Ost-West-Angleichung auf unterstem Niveau, 345 Euro), plus Mietkosten, im Falle von Kindern unter 15 Jahren Sozialgeld und manchmal noch ein paar dazuverdiente Euro.

Dieses Auf-Trab-Halten ist für viele junge Leute notwendig, damit sie überhaupt jemals Aussicht auf einen Arbeitsplatz haben. Siegrid Rosam berichtet vom «Magdeburger Jugendnetz», einem Projekt des Jobcenters, bei dem junge Leute, die weder die Hauptschule noch eine Ausbildung abgeschlossen haben und denen es an elementaren Fähigkeiten mangelt, das Simpelste lernen: früh aufstehen, den Ablauf eines Tages strukturieren, einer Beschäftigung nachgehen. «Die Bereitschaft, sich solchen Maßnahmen zu unterziehen, ist sehr gering», räumt Rosam ein. «Ich habe Mühe, die Programme voll zu bekommen.» Für die katastrophalen Startbedingungen dieser jungen Leute gibt es seit Jahren einen Fachbegriff, den sie schon im Schlaf herbeten kann: «multiple Vermittlungshemmnisse». Wer schon in jungen Jahren nichts anderes kennen gelernt hat als Hoffnungslosigkeit, der gibt sich auf. Er ist für den Arbeitsmarkt nicht mehr vermittelbar.

Wenn die Geschäftsführerin davon erzählt, klingt ihre Stimme härter als sonst. Bei älteren Arbeitslosen – und älter heißt hier: ab 50 Jahre aufwärts – zeigt sie mehr Verständnis. In einem «Pakt für Ältere» bietet das Jobcenter 177 finanzierte Arbeitsstellen an: gemeinnützige Beschäftigungen in der Denkmalpflege, bei der Kirchensanierung und in sozialen Diensten. Die Stellen sind auf drei Jahre befristet, Verdienst neben dem Arbeitslosengeld II: 1,28 Euro die Stunde. Einige nehmen dieses Angebot dankbar an, damit sie ihre Verzweiflung zu Hause nicht im Alkohol ersäufen, andere lehnen sie als repressive Zwangsmaßnahmen ab. Sie wollen sich in ihrem Alter nicht für einen Arbeitsmarkt fit halten müssen, der längst nicht mehr auf sie wartet. In dem Projekt hat Rosam immer noch Stellen frei.

«Viele der Älteren haben sich in ihrer Hoffnungslosigkeit eingerichtet», glaubt sie. «Wir produzieren nur neue Enttäuschungen, wenn wir ihnen vorgaukeln, sie hätten irgendwann noch die Chance auf einen Job.»

Siegrid Rosam guckt aus dem Fenster ihres Büros. Vor zwei

Jahren konnte sie von hier oben den mächtigen Zug der Montags-demonstranten vorbeiziehen sehen. Heute sind Hartz IV, Arbeits-losigkeit und Armut keine Themen mehr, die die Menschen da unten auf der Straße verhandeln. Sie werden jetzt hier drin in den Büros bearbeitet. Jeder Vorgang hat seine eigene Nummer.

Während Siegrid Rosam darüber nachdenkt, warum die Mag-deburger resigniert haben, rutscht ihr plötzlich ein unverschämter, grundehrlicher Satz heraus: «Unser Jobcenter hat eine große Zu-kunft.»

Magedeburg ist alles andere, nur kein Einzelfall. In rund einhundert Städten gibt es noch Montagsdemonstrationen gegen Hartz IV und die Agenda 2010, in Köthen, Bochum, Aschersleben, Oldenburg, Berlin, Schwedt, Nürnberg – überall verlieren sich nur zwanzig, dreißig oder fünfzig Leute. Die Öffentlichkeit nimmt von ihnen schon lange keine Notiz mehr. Im Frühjahr stand nochmal eine Reportage im *Spiegel*, das war's auch schon. Als die französische Regierung im März per Eilverfahren ein Gesetz durchs Parlament paukte, das den Kündigungsschutz für Beschäftigte unter 26 Jahren aufhob, gingen in Paris drei Millionen Menschen auf die Straße.

Nun haben die Franzosen eine gewisse Übung im gesellschaftli-chen Aufruhr, nicht umsonst verdanken sie ihre Demokratie einer Revolution. Frankreich ist in seiner Sucht nach Klassenkampf ein Sonderfall. Trotzdem, hierzulande herrscht eine geradezu penibel eingehaltene Demonstrationsruhe.

Geht es den Deutschen einfach zu gut? Sind sie immer noch au-toritätsfixiert, für den hemmungslosen Widerstand nicht gemacht? Oder haben sie nach den vielen Zumutungen der letzten Jahre schon resigniert, wie die Hartz-IV-Empfänger in Magdeburg?

Weder das eine noch das andere. Die Lage ist komplizierter. Die Bundesrepublik ist eine Konsensdemokratie. Da findet selbst noch der Abbau des einst so stolzen deutschen Sozialstaates im Konsens

18

statt. Da wird nicht hart durchregiert, wie es sich Angela Merkel einst, als sie noch nicht Regierungschefin war, erträumte. Und da gibt es erst recht keinen Putsch von oben, wie Gerhard Schröders Kanzlerattitüde manchmal vermuten ließ. Millimeterweise werden die alten Besitzstände und sozialen Sicherungen abgeklopft. Das geschieht oft knapp unterhalb der Erregungs- und Skandalschwelle. Jede einzelne Maßnahme, von der Zehn-Euro-Praxisgebühr bis hin zur Rente mit 67, scheint nicht unbedingt gerecht zu sein, aber doch irgendwie auch erträglich, weil offenbar notwendig.

In Deutschland brennen die Vorstädte nicht so schnell.

Der Anti-Ruck-Mentalität entspricht die Große Koalition auf geradezu kongeniale Weise. Sie betreibt Politik einvernehmlich, geräuschlos und harmonieorientiert. Die großen gesellschaftlichen Probleme löst sie nicht besser als die rot-grüne Regierung vor ihr, aber sie geht intelligenter mit ihnen um. Das Volk, dieses «große, weiche, empfindliche Ungeheuer» (Hans Magnus Enzensberger), schätzt das fürs Erste. Auch wenn die Merkel-Regierung ihren Zauber der ersten Monate längst verloren hat – die Stimmung im Land ist immer noch besser als die Lage. Eine Große Koalition vermag es eben besonders gut, die Ängste in der Mitte der Gesellschaft zu bändigen. Sie stellt ruhig.

In Deutschland gibt es ganz ähnliche Pläne zum Abbau des Kündigungsschutzes wie in Frankreich. Sie stehen schwarz auf weiß im Koalitionsvertrag. Bei einer Neueinstellung soll die Probezeit auf bis zu zwei Jahre verlängert werden. Den größten Protest dagegen entfachte nicht etwa die Straße, sondern Arbeitsminister Franz Müntefering höchstpersönlich, als er im März im *Handelsblatt* zur Überraschung der Union verkündete, er wolle die Reform erst einmal aussetzen. Die Kanzlerin beendete den routinierten Parteienstreit, indem sie ein Machtwort sprach.

Der Widerstand in der Gesellschaft kämpft mit vielen Hindernissen. Die verschiedenen Protestgruppen haben kein gemeinsames

Ziel und schon gar keine kollektive Identität. Die Montagsdemonstrationen im Sommer 2004 gaben dafür ein eindrucksvolles Beispiel ab. Aufgebrachte Bürger liefen neben Gewerkschaftern, Attac neben der Linkspartei, Maoisten neben Nazis. Die einen waren gegen Hartz IV, die anderen gegen die Regierung und manche gleich gegen das ganze System. Den kleinsten gemeinsamen Nenner bildete die Verteidigung des alten Sozialstaates. Alles daran wirkte defensiv, es gab keine überzeugende, elektrisierende politische Botschaft.

Wie sollte daraus eine neue soziale Bewegung entstehen? Mit Ausdauer als deutscher Sekundärtugend?

Gerade in schwierigen Zeiten fällt das Barometer der Solidarität. Das liegt in der kühlen Logik der deutschen Sozialversicherung begründet: Läuft die Wirtschaft schlecht, steigt die Zahl der Arbeitslosen, damit jedoch das ganze System am Laufen gehalten werden kann, müssen mehr Sozialabgaben gezahlt werden – ausgerechnet von denen, die Arbeit haben. Ressentiments gegen die Erwerbslosen lassen sich da viel eher mobilisieren als in Phasen allgemeinen Wohlstands. Jeder hofft, dass er es ist, der durchkommt oder den Aufstieg schafft – zur Not eben auf Kosten der anderen. Die anderen: Das sind meistens diejenigen, die weniger Kraft haben, weniger Geschick, weniger Geld. Die, die von der Gesellschaft abgehängt werden. Die ausgeschlossen sind.

Vor allem sie waren es, die im Sommer 2004 auf die Straße gingen. Diejenigen also, die sich auf Euro und Cent genau ausrechnen konnten, dass Hartz IV ihre Situation verschlechtern würde. Für einen kurzen historischen Augenblick überwanden sie ihre Apathie und eroberten ihre Würde zurück. Zu mehr reichte ihre Kraft jedoch nicht.

Heute erleben sie Arbeitslosigkeit und Armut wieder als Schicksal, und zwar als ihr ganz eigenes, nicht als ein kollektives. Sie sind für die Mehrheitsgesellschaft eine moralische Anklage – aber keine

Bedrohung. Sie schließen sich unter ihresgleichen nicht zusammen, um ihre Interessen machtvoll zu vertreten. Sie vertrauen, wie der Soziologe Ralf Dahrendorf sagt, mehr auf die eigene Faust als auf das kollektive Fäusteschütteln einer großen Bewegung.

Die Schwachen der Gesellschaft sind eben keine Klasse, keine organisierte soziale Kraft, sondern eine «Menge ohne Gestalt».

Diese Individualisierung des sozialen Konflikts markiert für Dahrendorf den entscheidenden Unterschied zu den historischen Klassenkämpfen des 19. und 20. Jahrhunderts: Die Ausgeschlossenen von heute könnten, gerade weil sie ihr Unheil als individuelles erleben, diesem nicht als Kollektiv entkommen. Deswegen fehle ihnen, ganz im Gegensatz zur organisierten Arbeiterbewegung, die Aussicht auf Erfolg. «Der Moment der äußersten Armut, des völligen Ausschlusses, ist auch der Moment der Apathie», meint Dahrendorf. «Erst wenn ein Schimmer der Hoffnung ins Dunkel fällt, beginnt der soziale Konflikt.»

Selbstverständlich toben auch in Deutschland soziale Konflikte. Ärzte gehen auf die Straße, Müllmänner streiken wochenlang, Metaller legen die Arbeit nieder. Alle kämpfen sie um ihren gesellschaftlichen Status, um mehr Geld und mehr Gerechtigkeit. Aber diese Auseinandersetzungen verlaufen fast alle in den fest gefügten, deutschen Bahnen – als Verhandlung um den Tariflohn. Und wenn die Jungen um die dreißig auf die Straße gehen, wie am 1. April 2006 beim «ersten europäischen Praktikantenstreik», dann tun sie das an einem Wochenende, wenn ohnehin nicht gearbeitet wird. Die «Generation Praktikum» will keinen Ärger machen, sie will lediglich ihre Zukunft sichern.

Nur selten gibt es originelle Formen des Protestes. «Die Überflüssigen», eine Gruppe junger Aktivisten aus Berlin, stürmen das Nobelrestaurant «Borchardt» in der Nähe des Regierungsviertels und essen von den Tellern der gut betuchten Gäste; dabei bilden sie eine Hartz-IV-Bedarfsgemeinschaft mit denen, die sich ein Menü für 85 Euro leisten können. Und sie bringen einen sechzigseitigen Ratgeber unter die Leute, der «medizinisches Wissen zur Überwindung von Arbeitszwang und Behördendrangsal» präsentiert. Bei ihren Aktionen tragen «Die Überflüssigen» weiße Masken – als Zeichen dafür, dass viele der sozial Benachteiligten anonym und ausgeschlossen sind, dass sie sich an dem Spiel um Geld und Anerkennung schon lange nicht mehr beteiligen können.

All diese Demos, Streiks und Protestaktionen fallen auf seltsame Weise auseinander, so als hätten sie nichts miteinander zu tun. Der Kampf der einen scheint auf Kosten der anderen zu gehen. Müllmänner, die 1000 Euro im Monat verdienen, schütteln über Klinikärzte, die 30 Prozent mehr Gehalt fordern, nur den Kopf. Für sie ist deren Streik nur ein Jammern auf hohem Niveau. Die Müllmänner im öffentlichen Dienst hingegen geraten genauso in die öffentliche Kritik, weil sich ihre Gewerkschaft ver.di weigert, 18 Minuten Mehrarbeit am Tag hinzunehmen.

Alle sehen, dass die Ungleichheit in Deutschland wächst. Da gilt es, im allgemeinen Verteilungskampf um Geld und öffentliche Aufmerksamkeit Geländegewinne zu erzielen. Auf der Strecke bleiben die, die keine Arbeit und deswegen keinen Rückhalt in der Gesellschaft besitzen. Nicht einmal die Gewerkschaften kümmern sich um sie.

Aber wehe, wenn sie sich wehren! Was mussten sich die Montagsdemonstranten im Osten nicht alles anhören. Dass sie den Mythos der Volksaufstände vom Herbst 1989 missbrauchen würden. Dass sie nichts vorzuweisen hätten als ihre Enttäuschung. Dass sie den Sozialstaat mit einer sozialistischen Rundumversorgung verwechselten. Ihre Empörung über Hartz IV, die längst in unkontrollierte Wut auf «die Wessis» und «die da oben» umgeschlagen war, wurde als reine Hysterie abgetan. Es sei das selbstverständliche Recht in einer Demokratie, auf der Straße zu demonstrieren, erwiderte der Kanzler damals kühl, und er könne die Ängste der

Menschen auch verstehen. Hartz IV werde aber planmäßig und ohne Abstriche umgesetzt. Basta.

Und doch kam in diesem Sommer 2004, als das Gesetz schon beschlossen, aber noch nicht Realität war, etwas in Bewegung. Die Stimmung veränderte sich. Faule Arbeitslose? Florida-Rolf, der «Sozialbetrüger», der sich seine Stütze nach Miami überweisen ließ? Überzogene Erwartungen an den Sozialstaat? War alles plötzlich kein Thema mehr in den Medien. Stattdessen erschienen in den Zeitungen lange Porträts von Arbeitslosen, die auffällig oft aus Milieus stammten, die den Journalisten bekannt vorkamen. Computerspezialisten wurden beschrieben, Ingenieure, gut ausgebildete Facharbeiter, selbständige Architekten – alle hatten sie einen schier endlosen Bewerbungsmarathon oder Pleiten hinter sich, und alle blickten sie ohne allzu große Hoffnung in die Zukunft.

Es kann jeden treffen, lautete die unausgesprochene Botschaft. Und: Du kannst nichts dagegen machen.

Die Mittelschicht hatte plötzlich Angst vor dem sozialen Absturz. Die Armut rückte zum ersten Mal in ihr Blickfeld. Aber sie berührte sie nicht.

Sie spielte damit. Gut verdienende Redakteure versuchten, einen Monat lang von 345 Euro, dem Regelsatz eines westdeutschen Arbeitslosengeld-II-Empfängers, zu leben. Ihr überraschtes Fazit: Absolut hart! Fast unmöglich!

Die Medien entfachten einen Sturm der Entrüstung, als ihnen klar wurde, dass ein Hartz-IV-Kandidat erst dann Anspruch auf Unterstützung hat, wenn er einen Großteil seiner Ersparnisse aufgebraucht und seine Lebensversicherungen aufgelöst hat.

Das wirkliche Drama fiel ihnen gar nicht auf: Dass es in diesem Land Millionen Menschen gibt, die keinen einzigen Euro auf der hohen Kante haben, sondern überschuldet sind und nur davon träumen können, eine Lebensversicherung zu besitzen, die sie auflösen könnten.

Als der Reporter Wolfgang Büscher auf seiner berühmt gewordenen Wanderung rund um Deutschland in einem kleinen bayerischen Dorf in einem abgelegenen Wirtshaus Halt machte, traf er auf die Besitzerin, eine alte Frau, die so zurückgezogen lebte, dass sie ihrem Gast ganz ungeniert aus ihrem Leben berichtete. Ihr Resümee? «Wir sind von der harten Zeit in die gute gegangen», erzählte sie. «Meinen Enkeln sag ich, ihr geht von der guten in die schlechte Zeit.»

Ja, die gute alte Zeit. Wann genau auch immer sie begann, ob mit dem Wunder von Bern 1954 oder ein paar Jahre später, mit welchen geschönten Erinnerungen auch immer sie aufgeladen war – jetzt ist sie vorbei, unwiderruflich. Und mit ihr vergeht ein Gründungsmythos der jungen Bundesrepublik: der Sozialstaat, der den stetig wachsenden Wohlstand gleichmäßig verteilt und jedem Bürger den Glauben an den immerwährenden Aufstieg in ein besseres und besseres Leben erlaubt.

Auch wenn dieses ungeschriebene Gesetz ohnehin immer nur für vier Fünftel der Bevölkerung galt, auch wenn sich für sechzehn Millionen DDR-Bürger Wohlstand ganz anders definierte als im Westen – an dieses kollektive Aufstiegsversprechen glauben die meisten Deutschen heute nicht mehr. Sie erleben einen Kapitalismus, der sich ihnen nicht mehr als das bessere System empfehlen muss. Er hat sein Gesicht verändert.

Volkswagen, das deutsche Unternehmen schlechthin: Entlässt in den kommenden drei Jahren 20 000 Mitarbeiter. DaimlerChrysler: 14 500. Deutsche Bank: 14 500. Allianz: 7500. Infineon, Henkel, Miele, IBM, Siemens – kaum ein Monat vergeht, ohne dass ein bekanntes Unternehmen Stellen streicht; mal sind es ein paar hundert, mal ein paar tausend. Nicht nur Arbeitsplätze gehen verloren, sondern auch Tarifverträge, Weihnachtsgeld, Selbstvertrauen, die heile Welt, das deutsche Wirtschaftswunder.

Wichtig sind allein die Zahlen: Milliardengewinne, Aktienkurse, Rendite, der Shareholder Value, die Billigkonkurrenz auf dem Weltmarkt. 24/7 lautet die magische Formel der Manager. 24 Stunden am Tag arbeiten, 7 Tage die Woche. So läuft es in China. Wir Deutschen brauchen chinesische Demut, heißt es in den Chefetagen. Und polnisches Opfertum!

Der Kapitalismus des 21. Jahrhunderts ist dabei, alles seinen Gesetzen zu unterwerfen: die Ökonomien, die Staaten, die Lebensweise der Menschen, ihre Traditionen, sogar ihr widerständiges Potenzial. Einzelne Nationalstaaten und ihre Parlamente haben längst den Zugriff auf global agierende Firmen verloren. Nicht die Politik, sondern die Unternehmen geben Richtung und Tempo vor. Ihr Zeitmaß: größtmögliche Beschleunigung. Ihr Programm: maximale Flexibilität. Ihr Ziel: äußerste Effizienz. Ihr Markenzeichen: The winner takes it all.

Diese wirtschaftliche Explosion führt zu unermesslichem Reichtum, aber auch zu riesiger materieller und sozialer Ungleichheit. Freiheit, Demokratie und Wohlstand verspricht der neue Ökonomismus nur noch denjenigen, die sich seinen wirtschaftlichen Zwängen beugen. Eine lebenslange Stellung, Loyalität gegenüber seinem Betrieb, sozialer Schutz, Familie, Heimatverbundenheit – diese alten Gewissheiten sollen ständig erschüttert werden. Die permanente Unsicherheit ist nicht etwa eine unerwünschte Nebenwirkung, sie ist gewollter Bestandteil dieser neuen Welt.

Die Angst vor der Nutzlosigkeit wächst. Wer nicht über genügend Bildung, Kompetenz und Kontakte verfügt, bleibt zurück. Wer dem permanenten Druck und der Instabilität nicht gewachsen ist, fliegt aus dem Rennen. Er wird ausgeschlossen. Er ist überflüssig. Er muss nicht einmal mehr ausgebeutet werden.

«Ich bin jetzt seit vielen Jahren Soziologe, aber noch nie war ich mit einer derartigen Unterklasse konfrontiert», sagt der 80-jährige Starwissenschaftler Zygmunt Baumann. «Wer unter heutigen Bedingungen ausgeschlossen wird, dem erscheint es, als sei es für immer. Da gibt es keine Lösung und kein Heilmittel mehr.»

Dass die alten Sicherheiten schwinden, das Leben härter wird und der Staat im Falle von Arbeitslosigkeit oder anderen Schicksalsschlägen nicht mehr den sozialen Status schützt – diese Erkenntnisse fressen sich schmerzhaft ins Bewusstsein der deutschen Wohlstandsrepublik. Das «Deutschland des Mehr» ist langsam, aber doch unaufhaltsam dabei, sich in eine «Gesellschaft des Weniger» zu verwandeln, wie es Ulrich Beck formuliert.

Das Land drückt sich jedoch ganz gern vor den bitteren Wahrheiten. Viele hoffen, so schlimm werde es einen schon nicht treffen.

Eines der erfolgreichsten Bücher des Jahres 2005 hieß «Die Kunst des stilvollen Verarmens». Geschrieben hat es Alexander von Schönburg, Journalist und Spross einer verarmten Adelsfamilie. Er gab an, aus eigener Erfahrung vom sozialen Abstieg zu sprechen. Seinen Lesern erteilte er einen einfachen Ratschlag: Geld ist nicht alles. Geld macht nicht glücklich. Relatives Verarmen kann, mit der rechten Haltung verbunden, sogar ein Stilvorteil sein. Man könne verarmen, schrieb Schönburg, und sich trotzdem reich fühlen.

Der Bruder von Gloria von Thurn und Taxis bewegte sich das ganze Buch hindurch unter seinesgleichen, Investmentbankern, Schauspielern, Anwälten, heruntergekommenem Jet-Set. Entsprechend fielen seine Tipps aus: Wer braucht schon Trüffeln, wenn es frisches Brot mit Butter und Salz gibt! Nie wieder öden Strandurlaub auf Bali! Lieber mit offenen Augen durch die Welt gehen. Und nicht grämen wegen der kleinen Zweizimmerwohnung, erklären Sie Ihr Badezimmer einfach zum Spa-Bereich!

Schönburg berichtete von einem Besuch im Palast von Adnan Kashoggi, einem der reichsten Männer der Welt. Dessen kleiner Sohn Ali war ein unausstehlicher Quälgeist. Sein Kinderzimmer hatte die Größe einer Turnhalle. Es war voll gestopft mit Riesenteddybären sowie fahrbaren Kinderausgaben von Ferrari und Rolls-Royce. Der Junge lachte nie. Schönburg bezeichnete ihn als «das ärmste Kind, dem ich je begegnet bin». Seine Empfehlung: Mehr Zeit mit den Kindern verbringen. Vom Luxus befreien.

Diese Abkehr vom Überfluss hatte für die Leser offenbar etwas Tröstliches. Vor Armut musste man keine Angst haben. Im Gegenteil: Als Verarmender gehörte man plötzlich zur Avantgarde.

Das Buch wurde ein Bestseller.

Man hätte glauben können, all die neoliberalen Prediger haben doch Recht. Sie mahnen ja schon seit Jahren, die Deutschen würden zu viel jammern, nur weil sie auf ihren zweiten Daimler und ihren dritten Jahresurlaub verzichten sollen. «Die Armutsgrenze der Deutschen verläuft zwischen Mallorca und den Seychellen», sagt Hilmar Kopper. Der Mann muss es wissen. Er ist Aufsichtsratsvorsitzender bei DaimlerChrysler, davor war er Vorstandschef der Deutschen Bank.

Leute wie Kopper sind blind. Aber auch die deutsche Mehrheitsgesellschaft will bis heute nicht wirklich zur Kenntnis nehmen, dass das, wovor sie sich fürchtet, über zehn Millionen Menschen längst ereilt hat: der soziale Abstieg. Verlust an Wohlstand und Chancen. Materielle Not. Ausschluss aus der Gesellschaft. Schwund des Selbstwertgefühls. Erniedrigung. Verwahrlosung. Hoffnungslosigkeit.

Echte Armut.

Sie kann nicht länger an den Rand der Gesellschaft abgeschoben werden. Sie ist jetzt mitten unter uns.

Es ist fast unmöglich, in diesem Land über Armut zu reden. Man wird ständig genötigt zu betonen, dass Deutschland reich ist. Als wäre das Problem der Armut dadurch gelöst. Dabei wird es nur komplizierter. Das Problem wird relativiert, bis es so klein ist, dass man es nicht mehr erkennen kann.

Ja, Deutschland ist ein sehr reiches Land, immer noch. Darf es deswegen keine Armen geben? In Deutschland gibt es Langzeitarbeitslose, Opfer der Deindustrialisierung und Hartz-IV-Empfänger. Erwerbsfähige Hilfebedürftige und nicht erwerbsfähige Hilfebedürftige. Menschen aus bildungsfernen Milieus. Menschen mit Migrationshintergrund. Die alte Unterschicht. Die neue Unterschicht. Alles, aber um Himmels willen keine Armen! Die Begriffe sollen suggerieren, die Gesellschaft habe das Problem im Griff.

In Afrika gebe es Arme, heißt es, aber nicht bei uns. Wir auf unserer Wohlstandsinsel hätten doch gar keinen Begriff mehr von Armut. In Tansania müssten 73 Prozent der Einwohner mit weniger als zwei Dollar täglich auskommen. Im Sudan würden Millionen einfach verhungern. Aber was sagt das schon, außer, dass diese Ungerechtigkeit zum Himmel schreit?

Die Weltbank hat eine internationale Armutsgrenze festgelegt. Als arm gelten demnach alle Personen, die weniger als einen US-Dollar pro Tag für ihr Leben zur Verfügung haben. So unfassbar arm sind über 1,5 Milliarden Menschen, ein Viertel der gesamten Weltbevölkerung.

Muss das ein Maßstab für uns sein? Soll sich eines der reichsten Länder bei der Frage, wie viele Arme es hat und wie es mit ihnen umgeht, ausgerechnet an den ärmsten Gegenden der Welt orientieren? Und warum wird dieser Vergleich gern von denen vorgebracht, die sich Löhne wie in Polen, aber Vorstandsgehälter wie in den USA wünschen?

Wir haben tatsächlich keinen Begriff von Armut in unserem eigenen Land. Wir haben Schwierigkeiten damit, einen Penner, der sich von seiner Sozialhilfe Pornohefte kauft, als arm anzusehen.

Wir sehen schon lange nicht mehr genau hin, wenn uns der junge Punker in der Fußgängerzone anbettelt, wir denken, er könnte es mit Arbeit doch wenigstens mal versuchen.

Wir haben in der Zeitung gelesen, dass all die Hartz-IV-Empfänger, die sich Monat für Monat ihr Geld – unser Geld! – vom Staat auszahlen lassen, Handys, riesige Fernseher und DVD-Player besitzen.

Wir denken, wenn unser Nachbar seinen Job verliert, ganz schnell daran, dass er ja immerhin sein großes Auto behält und seine Tochter weiter zum Tanzkurs schickt.

Wir sind für ein paar Tage alarmiert, wenn eine Hauptschule in Berlin-Neukölln vor ihren Schülern kapituliert, aber dann kleben wir das Etikett «Ghetto» drauf, rufen nach Werten wie Höflichkeit und Zucht und Ordnung oder wollen die «ausländischen» Schüler samt ihren Eltern am besten gleich abschieben.

Und dass es in diesem Land Zehntausende Kinder gibt, die hungern, die Montag für Montag mit Magenknurren in die Kindergärten und Schulen kommen, weil sie zu Hause nicht ausreichend zu essen haben oder niemand sich um sie kümmert, daran glauben wir einfach nicht.

Es gibt ja keine Armen in Deutschland. Und Hunger leiden muss hierzulande schon gar niemand.

Der eklatante Mangel an sozialer Empathie ist übrigens nicht neu, und er hat einen Grund. «Wir sind arm an Wissen über Armut», sagt Heiner Geißler. Diesen Befund erstellte der CDU-Politiker bereits 1976; damals war er Sozialminister in Rheinland-Pfalz.

Unsere Gesellschaft ist, was Armut betrifft, autistisch. Sie interessiert sich, wie viele Autisten, nur für Systeme. Sie diskutiert die «Agenda 2010», sie predigt den «Umbau des Sozialstaates», sie wägt den Vorteil von «Teilhabegerechtigkeit» gegenüber der «Verteilungsgerechtigkeit» ab, sie kennt tausende Statistiken über die deprimierende Lage auf dem Arbeitsmarkt. Sie spuckt Zahlen, Diagramme und Schaltpläne aus. Sie kann alles abstrahieren. Aber den Kontakt zu denen, die das betrifft, die damit klar kommen müssen, die darunter leiden, diesen Kontakt hat die Gesellschaft verloren. Sie ist unfähig, sich in die Lage armer Menschen hineinzuversetzen oder gar sie zu verstehen. Sie schildert stets eine völlig andere Welt, obwohl doch beide, die Mehrheitsgesellschaft und ihre Armen, in derselben Welt leben.

Das liegt auch daran, dass die Debatten über die Unterschicht von denen geführt werden, die noch nie in ihrem Leben unten waren. Journalisten, die in Talkshows behaupten, das wahre Elend am Rande unserer Gesellschaft sei gar keine Armut im Portemonnaie, sondern eine Armut im Geiste, erhalten allein als Honorar für 45 Minuten im ARD-Presseclub 600 Euro – mehr Geld, als die Menschen, über die sie reden, für den ganzen Monat zur Verfügung haben.

Aus der Perspektive von oben verschwimmen ganz schnell die feinen Unterschiede, die für viele Menschen im Alltag existenziell sind. In dieser Journalistenwelt sind zehn Euro Praxisgebühr im Quartal kein Problem, mit Verschärfung von Armut haben sie schon gar nichts zu tun. Dahinter verbirgt sich nicht nur eine Wahrnehmungsschwäche, sondern ein Grundproblem.

Die meisten Journalisten in Deutschland reflektieren oft nur noch ihr eigenes Herkunftsmilieu. Mehr als zwei Drittel von ihnen stammen aus der Mittelschicht, stellte der Hamburger Journalistikprofessor Siegfried Weischenberg 2005 in einer repräsentativen Studie über die Journalisten in der Bundesrepublik fest. Noch 1993 waren es «nur» 55 Prozent. Und galt in den sechziger Jahren ein Hochschulstudium nicht unbedingt als wesentliches Kriterium für eine Journalistenkarriere, so sieht das heute ganz anders aus. Ohne Uni-Studium kaum eine Chance auf einen Job. 68,8 Prozent aller Journalisten haben ein Studium absolviert, nicht wenige von ihnen sogar promoviert.

Andere Lebenswelten als die eigenen werden nicht mehr richtig wahrgenommen. «Die große Mehrheit der Journalisten hat ausschließlich Freunde, die auch Journalisten sind», sagt Weischenberg.

Dabei pflegen wir Journalisten immer noch gern den Mythos, wir seien so etwas wie der Anwalt der kleinen Leute, deren Rächer im Kampf mit der Obrigkeit. Viele Journalisten sind jedoch längst

Teil des Establishments geworden. Mit den Mächtigen, die wir kontrollieren sollen, sitzen wir oft an einem Tisch. Wir betätigen uns gern als ihre Souffleure.

Die smarte neue Mitte genügt ganz sich selbst.

Um die Frage, was Armut in Deutschland bedeutet, überhaupt debattieren zu können, müssen wir unseren Standort verlassen. Wer von der Mitte aus die Probleme betrachtet, sieht nicht dasselbe wie jemand, der vom sozialen Rand auf die Gesellschaft blickt.

Daniela Lehmeier, 30 Jahre alt, die in diesem Buch porträtiert wird, lebt allein mit ihrem Sohn im oberpfälzischen Amberg. Für ihre Arbeit als Verkäuferin bekam sie jahrelang kaum Geld. Sie sah darin nie einen Grund zur Klage, sie war glücklich. Jetzt ist sie arbeitslos. Daniela Lehmeier braucht all ihre Kraft, um 12 000 Euro Schulden zu tilgen. Sie ist stark. Sie wird das schaffen. Manchmal jedoch kommt ihr Sohn André weinend aus der Schule. Er wird ausgeschlossen, weil er nicht die richtigen Klamotten trägt. Er hat einen großen Wunsch: Er würde mit seiner Mutter gern einmal Pizza essen gehen.

Der 20-jährige Patrick, von dem wir ebenfalls erzählen, hatte schon fast keine Chance mehr, bevor sein Leben richtig begann: abgebrochene Hauptschule, kriminelle Karriere, sechs Monate Gefängnis. Jetzt holt er in Köln seinen verpatzten Schulabschluss nach. Er bekommt Einsen und Zweien. Patrick schreibt Bewerbungen, um anschließend einen Job zu finden. Und er stottert lieber seine Schulden ab, anstatt ordentlich zu essen. Plötzlich hat er viel zu verlieren.

Angelika Fischer, 62 Jahre alt, hat den Großteil ihres Lebens bereits hinter sich. Die Stenotypistin aus Leipzig ist bereits seit 1990 ohne Arbeit. Aber sie klagt nicht. Es gibt genug zu tun. Seit über 15 Jahren leistet sie ehrenamtliche soziale Arbeit mit Jugendlichen und Frauen. Wie es das Gesetz vorschrieb, wurde ihr in diesen

Jahren regelmäßig die Arbeitslosenhilfe gekürzt. Sie musste lernen, dass die Gesellschaft soziales Engagement nicht honoriert.

Daniela Lehmeier, der junge Patrick, Angelika Fischer – sie sind auf ganz unterschiedliche Weise von Armut betroffen. Was genau ihre Not ausmacht, werden wir nur verstehen können, wenn wir uns auf ihre Geschichten einlassen, ihre Gedanken und Beweggründe kennen. Bevor wir uns also der Frage zuwenden, wie man ihre Armut definiert, müssen wir die Betroffenen erst einmal sichtbar machen. Deswegen haben die drei Porträtierten – stellvertretend für alle anderen in diesem Buch – an dieser Stelle ihren Platz. Viel mehr, als wir glauben, sind ihre Biographien charakteristisch für das Leben in unserer Gesellschaft.

Was die Betroffenen am allerwenigsten benötigen, ist unser Mitleid. Wir können uns von der Armut unter uns weder mit Mitgefühl noch mit Geld freikaufen. Aber genaues Hinsehen könnte helfen, das Problem in seiner ganzen Schärfe erst einmal wahrzunehmen. Dies ist, das sei vorweggenommen, noch kein Beitrag zur Beantwortung der Frage, wie den Armen geholfen werden kann – aber eine wichtige Voraussetzung dafür. Wir dürfen nicht hinnehmen, dass den Armen die Anerkennung ihrer Bedürftigkeit versagt bleibt, nur weil es am anderen Ende der Welt Menschen gibt, die noch viel weniger haben.

Wir brauchen eine Haltung von Empörung – darüber, dass wir es zulassen, dass Millionen von Menschen in Armut stürzen und kaum Chancen haben, sich daraus befreien zu können. Wer diese Empörung nicht aufbringt, dem sei angesichts von Elend und Ausgrenzung wenigstens Scham zu wünschen. So war übrigens der erste Armutsbericht der Bundesrepublik, vorgelegt im November 1989 vom Paritätischen Wohlfahrtsverband, überschrieben: «... wessen wir uns schämen müssen in einem reichen Land».

Scham empfinden leider nur die Betroffenen selbst. Das war, neben ihrem Stolz, nicht als arm abgestempelt zu werden, bei drei

32

Porträtierten auch der Grund dafür, dass sie in diesem Buch nicht mit ihrem richtigen Namen genannt werden wollten. Wir haben diesen Wunsch nach Anonymität respektiert. An ihren Lebensgeschichten ändert sich dadurch nichts.

Stellen wir uns einfach vor, wir sehen unsere Gesellschaft mit den Augen von Daniela Lehmeier, dem 20-jährigen Patrick und Angelika Fischer. Schon diese Perspektive enthält einen Maßstab für Gerechtigkeit: Das Ansehen eines Gemeinwesens bemisst sich am Wohl der Schwachen. Ihnen muss die gleiche Würde zuerkannt werden wie den Starken.

Erkennen wir uns in diesem Blick wieder?

## Ein Traum schreit nach günstigen Umständen

Daniela Lehmeier (30), Amberg, ohne Berufsabschluss,
arbeitslos

Vorm Spar-Markt in der Eglseer Straße gibt es seit ein paar Wochen eine Bushaltestelle. Das ist ideal. Die Kunden können bequem bis vor die Tür fahren, Beutel und Tüten voll stopfen, und dann von der Kasse direkt wieder in den Bus fallen. Man sollte, sobald einer hält, die zweite Kasse öffnen. Man sollte das Sortiment erweitern. Den Backstand wieder eröffnen. Wieder Fleisch und Wurst anbieten. Man weiß gar nicht, woran man zuerst denken soll.

Macht nichts. Die Busse bringen keine Kunden. Die Haltestelle war nur wieder so ein Hoffnungsschimmer.

Daniela Lehmeier wird 1975 hier in Amberg in der Oberpfalz geboren. Nach der Hauptschule will sie Verkäuferin werden. Sie will aussuchen, abwiegen, einpacken, Geld wechseln. Sie will Kunden beraten, ihnen einen schönen Tag wünschen und sie bitten, wiederzukommen. Ein ganzes Leben lang. Ihre Augen sind groß und rund. Es ist nicht leicht, sich mit sechzehn eine Vorstellung vom Leben zu machen, das einen erwartet.

Sie geht bei «Glas Natter» in die Lehre. Das Geschäft liegt im schicken Zentrum von Amberg, das von der alten Stadtmauer eingeschlossen ist. Man kauft dort edles Glas, Service, Bestecke von Markenfirmen, teuren Hausrat. Im zweiten Lehrjahr wird Daniela schwanger. Im Januar 1995 bringt sie André zur Welt. Sie ist noch nicht einmal zwanzig. Als das Baby zwei Monate alt ist, entschließt sie sich, es jeden Morgen zu den Großeltern zu bringen und die Ausbildung fortzusetzen. Weit und breit ist keine gute Alternative in Sicht. Doch tut die Entscheidung fortan weh. André hängt mehr an der Oma als an seiner Mutter. Bis heute. Zwar haben die Lebensumstände Daniela Lehmeier und ihren Sohn in den letzten Jahren eng aneinander gebunden. Sie sorgt sich um ihn. Er sorgt sich um sie. Man kann es aber auch so sagen: Die Umstände – die Sorgen des Alltags – waren immer zwischen ihnen. Sie haben die beiden nie einfach mal in Ruhe gelassen.

Das Lehrmädchen Daniela muss durch die Prüfung zur Einzelhandelskauffrau kommen, dann hat sich der Verzicht auf das Baby wenigstens gelohnt. Stress nimmt den Körper in Beschlag. Sie fällt durch. Bei «Glas Natter» sind sie schockiert. Sie ist eine wirklich gute Verkäuferin. Mit den großen, runden Augen nimmt sie die Kundschaft für sich ein. Sie enttäuscht niemanden. Sie redet gewandt, ihre Argumente sind gut. Jede Verkäuferin im Geschäft, die eine ganze Garnitur am Stück verkauft, bekommt Provision. Daniela Lehmeier gelingt das öfter. Der Chef schreibt ihr ein sehr gutes Arbeitszeugnis. Sie darf weiter im Laden arbeiten, dennoch gilt sie als ungelernt. Ihre Arbeit ist nicht mehr wert als ein Hilfsarbeitergehalt.

«Damals dachte ich noch, jede bestandene Prüfung bringt mich im Leben weiter», sagt sie. In einem dicken Ordner hat sie alle Unterlagen aus ihrem Erwerbsleben abgeheftet. Das meiste Papier ist vom Arbeitsamt. «Heute denke ich das nicht mehr», sagt sie. «Viele Leute um mich herum haben erfolgreich studiert. Arbeit haben sie trotzdem keine.»

Als André ein Jahr alt ist, heiratet sie seinen Vater. Das Paar verbringt eine Woche in Italien am Strand, in einer billigen Urlauberhochburg. «Dreck ohne Ende», das ist Daniela Lehmeiers Erinnerung an ihre Hochzeitsreise. «Ich hab immer nur geputzt, um es dort auszuhalten.» Italien bleibt ihre erste und letzte Auslandsreise.

Ihr Ehemann ist Gas-Wasser-Installateur, hat eine Anstellung, meldet sich aber oft krank. Zu seiner Frau sagt er, dass er auf Arbeiten keinen Bock hat. Sie lässt sich das gefallen. Erst 1999 wird sie sich von ihm trennen. Sie wird dann erfahren, dass er auch keinen Bock hat, für sein Kind zu zahlen.

Bei «Glas Natter» verdient sie 900 Mark. Die Töpfe, die sie verkauft, kosten von 50 Mark aufwärts, die Service sind Luxus. Kundinnen, die so was kaufen, wollen vom Chef bedient werden. Sie wissen, dass die Verkäuferin hinterm Tresen ohne Berufsabschluss ist: nicht ihresgleichen. Der Chef sagt: Doch, es bedient Sie die junge Kollegin. Daniela Lehmeier fühlt sich beschützt, aber sie fühlt sich nicht wohl. Gemessen an dem, was sie mittlerweile über das Leben weiß, verkauft sie keinen Hausrat, sondern Statussymbole. Nichts von Nutzen. Nicht selten an Leute, die sich dafür verschulden.

Einmal bezahlt eine Kundin eine Vase für 290 Mark mit Scheckkarte. Am nächsten Tag bringt sie das Stück wieder, weil es ihr nicht gefällt. Sie bekommt Bargeld zurück. Später stellt sich raus, dass die Scheckkarte nicht gedeckt ist. Daniela Lehmeier muss vor Gericht gegen die Frau aussagen. Dann verschwindet bei «Glas Natter» plötzlich ein Service. Durch den Laden schleicht sich das gemeine Gerücht, die kleine, schlecht bezahlte Verkäuferin habe zugelangt. Wohl oder übel geht der Chef dem Gemunkel nach. Ein halbes Jahr später taucht das Service unter irgendwelchen Kisten wieder auf. Der Chef ruft an und bedauert die Sache. Aber Daniela Lehmeier will nicht mehr in den Laden zurück. Sie glaubt, kein Mensch habe es nötig, sich demütigen zu lassen.

1996 meldet sie sich arbeitslos. Ihr stehen wöchentlich 298,20 Mark zu. Ende des Jahres findet sie eine Arbeit bei der Firma Kurz in der so genannten Hausfrauenschicht. Sie ist die Jüngste unter den Amberger Ehefrauen, die täglich von 14 bis 23 Uhr riesige Lagen Prägefolien auf Maschinen spannen, nach Fehlern absuchen und dann zum Versand aufspulen. Sie verdient knapp 1600 Mark.

Seit Mitte 1997 steht sie bei Siemens am Fließband. Montiert Schalter, legt Schrauben auf, die maschinell eingedreht werden. Manchmal beginnt die Arbeit schon sehr früh am Morgen, manchmal arbeitet sie bis in den späten Abend. Die Tage sind durchorganisiert, häufig muss der Ehemann den Jungen übernehmen. Er fühlt sich gestresst, trinkt. Eines Tages kommt ein Anruf. Sie soll in die Kita kommen, ihrem Jungen ist etwas passiert. Sie rennt zum Meister, man hat ihr am Telefon nichts Genaues gesagt, sie kann nichts erklären, das will der Meister nicht hinnehmen. Ohne seine Erlaubnis rennt sie fort. In der Kita wartet schon das Jugendamt. André hat einen Biss auf der Wange. Er muss bockig gewesen sein. Da ist sein Vater wohl ausgerastet.

Daniela Lehmeier lässt sich vom Hausarzt krankschreiben und sucht den Firmenpsychologen von Siemens auf. Auch der meint, sie sei momentan nicht in der Lage zu arbeiten. Er weiß, dass sie damit zu den Arbeitskräften gehört, die das Unternehmen schnellstens loswerden will. Er redet mit ihrem Chef und erreicht, dass man sie nicht fristlos kündigt. Sie bekommt Arbeitslosengeld: 309 DM wöchentlich.

Seitdem schickt sie jedes Jahr einen Bewerbungsbogen zu Siemens. Aus reinem Trotz. Sich zu bewerben hat für sie keinen Sinn. Man kommt nur noch über Zeitarbeitsfirmen ins Unternehmen, man arbeitet für kaum Geld in drei Schichten in einem Siemens-Betriebsteil 80 Kilometer von Amberg entfernt. Für eine allein stehende Mutter ist das weniger als ein schlechtes Angebot.

1999 reicht sie die Scheidung ein. Die erste Bestandsaufnahme ergibt, dass die unglückselige Ehe, die sie eingegangen ist, ihr lange anhängen wird. Der Kredit über 10 000 Mark, den sie und ihr Mann für Möbel und Hausrat aufgenommen haben, ist längst nicht abgezahlt. Der alte Opel hat 9900 Mark gekostet. Obwohl sie nicht Auto fahren kann, hat die Ehefrau allein den Kaufvertrag unterschrieben. Auch diese Raten von 99 Mark im Monat sind nicht getilgt. Das Konto der Eheleute ist überzogen. Bei der Wein- und Sektkellerei hat der Gatte eine dicke Rechnung offen. Überall fallen Zinsen an. Die Schulden belaufen sich auf 22 000 Mark.

Daniela Lehmeier bewirbt sich bei Schlecker und Norma, bei Aldi, Real, Netto. Nirgendwo stellt man Leute ein. Die Tage, an denen sie erfährt, dass man sie nicht will, werden immer dunkler. Es gibt helle Momente, deren genaues Datum sie sich gemerkt hat. Zahlen als freundliche Reserve für schlechte Zeiten. Genau am Valentinstag 2000 zum Beispiel stellt sie ein Metzger in der Innenstadt ein. Sie hat keinen freien Tag in der Woche so wie die anderen Verkäuferinnen im Laden – und mit 1011 Mark verdient sie viel weniger als sie.

Aber es macht ihr Freude. Gutes Fleisch und gute Wurst sind anständige Sachen. Für die Kundschaft jedoch scheint zunehmend gut zu sein, was billig ist. Man kauft nicht mehr frisch, sondern eingeschweißt. Seit sie im Laden angefangen hat, sieht Daniela Lehmeier, wie die Umsätze sinken. Bald schon hat der Metzger keine Arbeit mehr für sie. Sie erscheint morgens zum Einräumen, abends zum Putzen. Im Oktober ist auch dieser Job wieder weg.

Sie gibt nie auf, nicht einmal in Gedanken. Menschen, die aufgeben, müssen sich zusammenreißen. Bei denen sitzt dann auch das Lachen fest. Daniela Lehmeier jedoch fällt immerzu eines aus dem Mund.

Der Chefin von Rewe in der Bayreuther Straße gefällt die Frohnatur, die ihren Supermarkt betritt und nach Arbeit fragt. Sie stellt sie für 30 Stunden pro Woche als Kassiererin ein. Diesmal ist Glück im Spiel. Es wird ein Vollzeitjob daraus. Sie verdient 1900 Mark – als der Euro kommt, gibt man ihr nur noch 870. Stundenweise vertritt sie die Chefin, das bringt ein gutes Gefühl, aber nicht mehr Geld. Dass ihr auf zwei Jahre befristeter Vertrag nicht verlängert werden kann, sieht sie beizeiten an den Umsätzen.

Das Arbeitslosengeld, das ihr nach dem 80-Stunden-Job bei

Rewe zusteht, beläuft sich auf 160,73 Euro wöchentlich. Um etwas dazuzuverdienen, arbeitet sie stundenweise im Spar-Markt an der Eglseer Straße. Die Chefin dort würde eine so gute Verkäuferin wie sie gern immer im Laden haben. Aber der Laden macht nicht genug Umsatz, um noch jemanden einzustellen.

Dafür gibt's bei Edeka eine freie Stelle. Für 80 Stunden im Monat am Back- und am Metzgerstand zahlt man Daniela Lehmeier 750 Euro. Sie hat 120 Stunden zu tun. Man gibt ihr noch etwas Geld auf die Hand dazu. Nach einem Jahr ist an der Eglseer Straße plötzlich ein Vollzeitjob zu haben: 950 Euro, befristet auf zwei Jahre. Es ist 2003, kurz vorm Scheidungstermin.

Ihr Mann erklärt vor Gericht, er sei selbständig. Er gibt einen Verdienst an, der nicht ausreicht, um an der Schuldentilgung beteiligt zu werden.

Sie braucht einen Plan. Eine Idee. Sie liest das Bürgerliche Gesetzbuch, das Sozialgesetzbuch, Handelsgesetzbücher, durchforstet Paragraphen. Irgendwie läuft das Leben ab wie ein billiges Nintendo-Spiel: Wenn sie nicht alles selbst herausfindet, gelangt sie nicht ins nächste Level. Sie findet nicht heraus, dass eine Wohnung, in der die Mutter mit dem Kind zurückbleibt, nicht zwangsweise geräumt werden kann.

Es hilft ihr auch niemand oder gibt wenigstens einen guten Rat. Ehe sie sich versieht, steht sie mit André auf der Straße. Was sie nun tun muss, wollte sie ihren Eltern eigentlich ersparen: sich offenbaren. Sie schlüpft mit dem Jungen bei ihnen unter. Sie bittet das Sozialamt um Hilfe zum Lebensunterhalt. Man antwortet: Dafür ist Ihr Vater zuständig, bei dem Sie wohnen. Sie wird bald 30.

Seit sie sich 1999 von ihm getrennt hat, will ihr Mann den Sohn nicht mehr sehen. Das Jugendamt zahlt den Unterhalt. Nach sechs Jahren wird die Zahlung per Gesetz eingestellt. Daniela Lehmeier klagt vor Gericht die 291 Euro für André ein. Der Exmann behauptet, sie hätte ihm den Umgang mit dem Jungen verweigert.

Das Kind wird befragt. Es weiß, dass das nicht stimmt, und sagt das auch. 2005 holt der Vater den Sohn viermal ab und bringt ihn nach ein paar Stunden zurück. Geld bringt er keins.

Jeden Monat zahlt Daniela Lehmeier 50 Euro Schulden zurück. Mal an diesen Gläubiger, mal an jenen: Opel-Bank, Wein- und Sektkellerei, Sparkasse, Vermieter. Lässt sie dem einen etwas zukommen, müssen die anderen warten. Es ist beruhigend, etwas zurückzuzahlen, aber es bringt auch nichts. Auf diese Weise tilgt sie nicht mal die Zinsen. Es kommen Mahnungen, Fristen werden überschritten. Neue Schulden entstehen. Sie kündigt alle Versicherungen. Bei Auto-, Rechtsschutz-, Hausrat- und Haftpflichtversicherung stehen aber noch Zahlungen aus. Sie hat jetzt insgesamt 11 900 Euro Schulden. Es melden sich Inkassofirmen, um sie einzutreiben. Sie weiß nicht, dass sie mit diesen Firmen keine Verträge eingehen muss. Sie erkundigt sich auch nicht. Zu dem Leben, das sie jetzt führt, gehört, bei allem Mut, eine gehörige Portion Angst.

2005 geht sie endlich zur Schuldnerberatung. Dort rechnet man auch nochmal durch. Das Ergebnis ist erschütternd. Für den alten Opel, der mal 9900 Mark wert war, wird sie am Ende 20 000 Euro gezahlt haben. Die Zinsen haben den Preis vervierfacht. Sie meldet private Insolvenz an, bekommt einen Insolvenzverwalter. Der nimmt ihr keine Schulden ab, aber er verhandelt mit den Gläubigern. Er erstellt einen Finanzierungsplan. Die 492 Euro Nachzahlung für Strom und Gas im vergangenen Jahr darf Daniela Lehmeier in Abschlägen begleichen. Sie ist mit den Unsummen, die ihr Leben beherrschen, jetzt nicht mehr allein. Das Fitnessstudio, in dem sie mal einen Monat lang trainiert hat, schickt die Gerichtsvollzieherin. Sie lässt die Frau ein wie eine gute Bekannte. Auf dem hellen Sofa im Wohnzimmer schreiben sie zusammen ins Formular, dass bei Daniela Lehmeier nichts zu holen ist.

Tag für Tag geht sie ihrer Arbeit im Spar-Markt nach. Am Metzgerstand gibt es immer weniger zu tun. Jeder Kunde ist so etwas wie ein freudiges Ereignis. Hin und wieder muss Daniela Lehmeier nachmittags zur Schuldnerberatung. Sie soll ihr privates Haushaltsbuch vorlegen. Es ist genauso trostlos wie der Metzgerstand. Es enthält kaum Eintragungen.

Ende 2005 werden Backstand und Metzgerstand im Spar-Markt geschlossen. «Vor Jahren hatten wir 10 bis 15 000 Mark Umsatz am Tag, jetzt waren es noch 100 Euro», sagt Daniela Lehmeier. An der Bushaltestelle an der Eglseer Straße halten Busse, die direkt zu den Discountern an den Stadtrand fahren. Die Busse bringen die Kunden nicht, sondern schaffen sie weg. Durch den Spar-Markt huschen nur die, die im Billigmarkt was vergessen haben. Bis Ende 2005 geht Daniela Lehmeiers befristeter Vertrag. Wo es keine Kunden gibt, kann der Vertrag für eine Verkäuferin nicht verlängert werden. Ihre Kollegin, die eine feste Stelle hat, arbeitet noch bis 13 Uhr, dann übernimmt die Chefin die Kasse und bleibt dort bis Ladenschluss allein.

Edeka hat alle Spar-Läden in Deutschland aufgekauft. Weil die Filiale an der Eglseer Straße wie viele andere im Land privat geführt wird, darf die Chefin wählen, ob sie sich neue Lieferanten sucht oder zu den Lieferanten von Edeka wechselt. Letzteres würde bedeuten, dass sie sich zu einem vorgegebenen Sortiment verpflichtet, dass sie ein neues Computer- und Kassensystem kauft, obwohl ihres doch funktioniert, und dass sie eine Verkaufslizenz erwirbt, obwohl sie schon eine besitzt.

Daniela Lehmeier hätte den Markt übernehmen können. Sie hätte Ware und Einrichtung kaufen müssen. Sie hätte 80 000 Euro gebraucht. Den Mut hätte sie gehabt. Aber einer Schuldnerin leiht niemand 80 000 Euro.

Sie hat im Monat 660 Euro Arbeitslosengeld. Weil das zum Leben nicht reicht, bekommt sie zusätzlich 380 Euro Arbeitslosengeld II, außerdem 154 Euro Kindergeld. Die kleine Wohnung, in der sie seit Januar 2004 wohnt, kostet 438 Euro Miete. Das Gesetz sagt: Das ist zu viel für zwei Personen. Sie bekommt nur 380 Euro bezahlt. Man droht ihr schon wieder mit Zwangsräumung, denn die ARGE hat zwei Mieten noch nicht überwiesen. Sie rennt los, legt dem Vermieter den Bewilligungsbescheid vor. Sie sagt: «Außerdem dürfen Sie mich nicht rausschmeißen!» Sie hat jetzt öfter – sie hat endlich – so ein Funkeln in ihren großen Augen.

Daniela Lehmeier ist stark. Fürs Arbeitsamt ist sie eine angenehme Kundin, weil sie sich immerfort um Arbeit bemüht. Auf Elternversammlungen der 6. Klasse der Hauptschule ist sie eine von vier anwesenden Eltern. Die anderen interessieren sich nicht. Die Lehrerin erzählt, was sie mit den Kindern vorhat. Gemeinsam überlegt die kleine Runde, wie man den Problemkindern der Klasse beim Lernen helfen, wer wen für die Hausaufgaben zu sich nach Hause einladen kann.

André kam neulich heulend aus der Schule. Wer anders ist, ist im Abseits. Der kleine Lehmeier trägt nicht die richtigen Klamotten. Die Schulpsychologin spricht mit seinen Klassenkameraden. Sie arbeitet mit Worten. Worte sind Schall und Rauch.

Der Junge würde gern einmal mit seiner Mutter Pizza essen gehen. Sie bäckt selber eine, das ist billiger. Aber es ist eben nicht: losgehen und von anderen gesehen werden. André will mit der Mutter ins Amberger Spaßbad. Sie spart die 7,50 für ihn, aber sie kann nicht auch noch mit rein. Bald ist der Junge aus dem Alter raus, dann braucht sie ihm den Wunsch, mit seiner Mutter zusammen sein zu wollen, nicht mehr auszuschlagen. Zu Weihnachten hat sie ihm einen Gutschein geschenkt. Für 120 Euro im Monat bekommt er ein Jahr lang Nachhilfeunterricht. Seine Mutter und die Onkels haben zusammengelegt.

Wegen der Schufa-Eintragungen haben Lehmeiers kein Telefon. Im Kühlschrank sind Brot, Wurst, Zitronenlimonade und Cola. Gekocht wird fast nie. «Zu meiner Schulzeit haben wir nach den

Ferien noch Aufsätze geschrieben darüber, was wir erlebt haben», sagt Daniela Lehmeier. «Das verlangen sie von den Kindern heute nicht mehr. Wahrscheinlich aus Rücksicht. Nicht nur André hätte da nichts Besonderes zu berichten.»

Im November hat sie ein Kind abtreiben lassen. Der Mann, von dem sie es erwartete, wollte es nicht. Sie sagt: «Ich kann nicht noch ein Kind haben, dem ich nichts bieten kann.» Seit November weint sie viel. Sie hat mit dem Mann Schluss gemacht. Sie steht morgens auf und liest die Gewerbenachrichten der *Amberger Zeitung*. An jeder Ecke gehen Geschäfte kaputt. Sie wartet darauf, dass ein neuer Laden kommt, bei dem sie sich bewerben kann.

Im Internet hat sie so was wie eine Zukunft entdeckt. Sie ordert Waren übers Netz, betreibt ein Rabattgeschäft mit Avon-Produkten. Man hat sie als Beraterin engagiert, sie absolvierte einen Kosmetikkurs, ist jetzt Gruppenleiterin, soll Bezirksleiterin werden. Sie ist gut. Im Moment bringt das Geschäft nicht mehr als die Benzinkosten ein.

Im leeren Metzgertresen im Spar-Markt hat sie Kosmetik, Schmuck, Schminke, Pflegeprodukte, Wäsche drapiert. Unter diesen Artikeln stecken noch die alten Schilder: Fleischwurst 99 Cent, Sülze 2,22 Euro, Schweinekamm 4,99. Ein Zettel klebt in der Vitrine. Man kann die Frau, die einst hier bedient hat, für eine «Gesichtspflegeparty» buchen. Auf einem anderen Zettel steht: «Metzgereieinrichtungen zu verkaufen! Vakuummaschine 1300 Euro, gekühlter Fleischwolf 1500 Euro, Truhen, Regale.»

Daniela Lehmeiers Traum ist es, ein Kundencenter aufzumachen. Sehr gern hier in der Ecke im Spar-Markt, wenn die Metzgerutensilien endlich verscherbelt sind. Ein Traum schreit nach günstigen Umständen. Wenn sie keine Schulden mehr hätte, dann würde sie nichts kaufen gehen, sagt sie. «Ich würde mich hinlegen und einfach mal ruhig schlafen.»

## Den Sieger erkennt man schon am Start

Patrick (20), Köln, ohne Schulabschluss,
arbeitslos

Patrick besitzt jetzt eine Deutschlandfahne. Sie war nicht teuer. Sie hängt an der Wand im Zimmer, gleich hinter der Tür. Sie schlägt scharfe Falten, längs und quer, weil sie zu einem kleinen Paket zusammengelegt war, bevor er sie kaufte. Bis zur Fußballweltmeisterschaft, wenn er an die Großbildleinwand in der Kölner Innenstadt zieht, sollten die Falten aus Deutschland möglichst verschwunden sein. Denn es heißt: Den Sieger erkennt man schon am Start.

So hat es Patrick selbst erfahren.

In der Zimmerecke unter der Dachschräge lehnt das bunte Snowboard. Er verlernt es nicht, auf so einem Ding zu stehen. Die Begabung für Schnee, für Gefälle und Geschwindigkeit hat Patrick immer bei sich. Er behält sie das ganze Leben, wohin es ihn auch verschlägt. Zumindest in der Natur des Menschen ist es so vorgesehen, dass jeder wenigstens eine Begabung und damit eine Möglichkeit behält.

Patrick wohnt nicht mehr in Kaufbeuren im Allgäu, wo der weiße Winter jedes Jahr wochenlang vor der Haustür lag. In Kaufbeuren hatte er einen schlechten Start. Er ist jetzt 20 Jahre alt. Er lebt in Köln-Mülheim, wo es nie so richtig Winter wird. Morgens stülpt er das Basecap über die blonden Haare und geht los, um seinen Schulabschluss zu machen. Er schreibt Bewerbungen, um nach der Schulzeit einen Job zu finden. Er bekommt 345 Euro Arbeitslosengeld II. Er muss noch über 4000 Euro Schulden abzahlen. Er besitzt nicht viel mehr als die Deutschlandfahne und das Snowboard. Aber er hat viel zu verlieren.

In der Natur des Menschen ist es auch vorgesehen, dass jeder die Erinnerungen parat hat, die er gut gebrauchen kann. Patrick hat gute Erinnerungen an seine Mutter. Sie gab ihm Kraft, auch dann, wenn sie selbst nur wenig hatte. Sie hörte ihm zu, auch wenn sie längst nicht mehr verstand, was er anstellte. Sie gab ihm, was in ihrer Macht lag: das Gefühl, bei ihr zu Hause zu sein. «Sie hat immer zu mir gestanden», sagt er. Zuweilen müssen die beiden sich gegenseitig schwer ertragen haben.

Als er zum ersten Mal verurteilt wurde, bekam er acht Monate auf Bewährung und sollte eine Therapie machen. Anstatt nach einer Therapie zu suchen, hat er mit den Drogen weitergemacht. Sie lief zum Richter. Sie hat ihn verraten. Er war 17, die Polizei klingelte zu Hause und holte ihn ab. Die Mutter stand mit glasigen Augen im Flur. Im Vorbeigehen hat er ihr jede Berührung verwehrt, und sei es nur die eines Blickes. Nach zwei Wochen kam sie ihn in der Therapie in Augsburg besuchen. Eine tapfere Frau, die immer wieder riskierte, von ihrem Kind vor den Kopf gestoßen zu werden. Patrick war ihr nicht mehr böse. Er hat ein weiches Herz wie sie. Er hat sich aber auch niemals bei ihr entschuldigt.

Zweimal ist er von der Therapie abgehauen. Also steckten sie ihn sechs Monate ins Gefängnis. Als er rauskam, war er schon wieder auf Heroin. Seine Mutter öffnete ihm die Tür und ließ ihn ein, ohne zu überlegen.

Von klein an hat sie ihn morgens geweckt. Es gab kein Frühstück, er bekam zwei Mark für «Knoppers» und eine Brezel. Mittags aß er bei der Oma. Auch am Wochenende gab's nur hin und wieder Frühstück. Meist holten sich Patrick und seine jüngere Schwester einfach etwas zu essen aus der Küche. Abends aßen sie zusammen, bevor die Mutter in die Wirtschaft arbeiten ging. Sie fing Gespräche an. Sagte etwas, fragte, aber alle haben sie gekaut.

Auch der Stiefvater sagte kaum etwas, nur um die Einhaltung der Regeln hat er sich gekümmert. Man musste am Abendbrottisch, an dem sowieso jeder nur für sich war, sitzen bleiben, bis alle aufgegessen hatten.

Patricks Vater verschwand, als Patrick zwei war. Er hatte die Mutter betrogen, da setzte sie ihn vor die Tür. Sie bat ihn, seinen Sohn mal anzurufen. Immer wenn sie ihn bat, rief er an. Patrick sprach kaum Worte in den Telefonhörer. Zwei-, dreimal verabredeten sie sich für den Sommerurlaub in Tschechien. Dort ist der Vater bei jeder Gelegenheit über die Exfrau hergezogen. Wenn sich keine Gelegenheit bot, sagte er zu seinem Sohn: Du bist wie deine Mutter. Es klang, als bedeute das nichts Gutes.

Vor seinem Stiefvater, dem Vater seiner jüngeren Schwester, hatte Patrick mitunter Angst. Hin und wieder, wenn die Mutter in der Wirtschaft war, schlug dieser Mann zu. Er war kein Trinker. Er war wie alle Männer, die durch Patricks Kindheit gingen. Sie tranken abends Bier. Die Mutter tröstete Patrick. Als er acht Jahre alt war, ist auch der Stiefvater gegangen. Seitdem gab es im Haus immer Männer für ein Jahr. Der Junge achtete darauf, dass keiner ihm wirklich nahe kam. So konnte er weder geschlagen noch verlassen werden.

Seit der Sache mit den Drogen hat er seinen Vater nicht mehr gesehen. Er hat Patrick wissen lassen, er wolle nichts mehr mit ihm zu tun haben. Wenn das so einfach ginge.

Die Mutter hat sich mit Patrick hingesetzt. Sie hat versucht, mit ihm für die Schule zu lernen. Schon im dritten und vierten Jahr bekam er die schlechtesten Noten. Er war nur körperlich anwesend, saß in der Klasse und starrte. Wohin auch immer. Weg aus der Realität. Die Mutter war auch nicht recht bei der Sache. Sie saß am Tisch und gähnte. Sie hatte zwei Boutiquen gehabt. Erst war die eine pleite gegangen, dann die andere. Sie hatte Schulden. Tagsüber arbeitete sie in der Behindertenwerkstatt, dann hievte sie bis in die Nacht Bierkrüge vom Zapfhahn an die Tische in der Wirtschaft. Sie raffte all ihre Kraft für sich selbst zusammen. Sie verlor die Geduld. Irgendwann verhängte sie Hausarrest für schlechte Noten. Weil das nichts besser machte, gab's Fernsehverbot und Geschirrspülen dazu.

In der fünften Klasse blieb Patrick sitzen. Auch die sechste sollte er wiederholen. Wer immer ihn erteilte, es war kein guter Rat, auf die Hauptschule zu wechseln. Es war das Übliche. Zu Kindern wie Patrick hält keiner. Sie zeigen keine «Leistungen», sind «unruhig», benehmen sich «daneben». Das Einzige, was sie in der Schule wirklich lernen, ist, dass sie irgendwie nicht die richtigen Kinder sind. Sie werden aussortiert. Auf der Hauptschule wurde Patrick nach der achten Klasse gefeuert.

Wenn er von zu Hause abgehauen ist, hatte die Mutter keine Zeit, ihn zu suchen. Er ist mehrmals abgehauen. Einmal war er zwei Tage weg, lag bei einer Freundin im Bettkasten. Die Oma sah sein Fahrrad vorm Haus stehen. Sie holte ihn ab, weil die Mutter arbeiten musste. Patricks Mutter ist jetzt 41 Jahre alt. Sie fährt Behinderte, bedient nach wie vor jede Nacht in der Wirtschaft. Seine Schwester ist 16. Weihnachten haben die Geschwister zusammengelegt und für den Heiligabend in Kaufbeuren einen Weihnachtsbaum gekauft.

Er lebt in Köln auf 26 Quadratmetern. Die Wohnung bückt sich unterm Dach. Er schläft auf dem Sofa. Es ist zu schmal, aber eine Ausziehcouch kostet Geld. Patrick hält im Schlaf tapfer die Stellung. Drei Schritte vom Sofa entfernt steht das Regal. Darin ein Fernseher, den ihm jemand geschenkt hat. Auf einem Deckchen liegen dekorativ drei Sonnenbrillen. An der Wand über seinem Kopfkissen klebt die Saisontabelle der Bundesliga. Die Entscheidung für den FC Bayern war eine der wirklich guten in seinem Leben. Als Fußballfan gehörte er immer zu den Siegern oder landete auf einem der vorderen Plätze. Und wenn's mal nicht so lief, ist er mit seiner Mannschaft durch Kampf wieder ins Spiel gekommen.

In Patricks Küche fällt Sonnenlicht. Ansonsten gibt es dort nur einen Wäscheständer und Mineralwasser. Nichts zu beißen. Hin und wieder kauft er was Schnelles zum Aufwärmen, am Wochenende auch mal Hackfleisch und Spaghetti. Manchmal gibt es Tee. Obwohl sein Arbeitslosengeld II nicht pfändbar ist, stottert er in kleinen Beträgen Schulden ab, anstatt zu essen. Patrick gießt die Palme auf dem Fensterbrett, drapiert Teelichter, schaut das Arrangement an und sagt: «Früher war bei mir alles dreckig und kaputt.»

Als kleiner Junge war er meist draußen. Die so genannte frische Luft war seine Stube. Er spielte mit den Freunden Hockey, Fußball, oder sie spielten anderen Leuten Streiche. Wo man sie lässt, zeigen Kinder, was sie können. Patrick hatte Ideen. Vielleicht war er ein schwieriger Schüler, aber es war in der Schule nicht nur Aufgabe des Kindes, sich Mühe zu geben. Patrick war von Natur aus beweglich, aber die Gesellschaft setzte ihm Grenzen. Letztlich blieb ihm nichts, als sich mit den Umständen abzufinden, denen er ausgeliefert war. Manchmal besuchte er mit der Schwester die Oma. Sie setzten sich zusammen und holten das Würfelspiel. Mit etwas Glück brachte er seine Steine gut ins Rennen, dann warf ihn plötzlich jemand raus. So wie das Spiel war das Leben. Es hieß: «Mensch, ärgere dich nicht!»

Während der Hauptschulzeit ging er nachmittags ins Jugendzentrum. Jungs und Mädchen hingen dort rum, hörten Musik, tranken, kifften. Sie waren eine Gemeinschaft. Die Gemeinschaft organisierte Gras, legte Geld zusammen, reichte Tüten rum. Nach einem Jahr probierte die Gemeinschaft Ecstasy. Das Glücksgefühl war unbeschreiblich, das wollte man unbedingt wieder haben. Die Gemeinschaft handelte, warf Pillen ein, machte Schulden. War Patrick in der Nacht mit der Droge unterwegs, ging am nächsten Tag in der Schule nichts mehr. Seine Lehre als Fachkraft für Lagerwirtschaft kündigte er nach einem durchwachten Wochenende. Die Mutter bat ihn, sich wenigstens Sozialgelder zu holen. Ihre Bitten ignorierte er schon längst.

Alles, was er hätte umgehen sollen, weil es Unheil bringt, rauschte fortan direkt durch sein Leben. Speed und Heroin, räuberische Erpressung, Diebstahl und Einbruch. Falsche Freunde. Sie rempelten Leute an, bedrohten sie mit Schlägen, nahmen ihr Geld und rannten weg. Es ging so leicht. Sie bezahlten die Dealer mit geklauten Handys. Sie schluckten Tabletten gegen die Angst und marschierten mit dem DVD-Player aus dem Kaufhaus. Wann auch immer in Kaufbeuren jemand 1000 Mark im Bettkasten versteckt hielt – wenn sie davon erfuhren, holten sie sich das Geld.

Im Grunde war alles, was Patrick in seinem Leben besaß, nie wirklich sein Eigen. Das Spielzeug, das man ihm geschenkt hatte, war schon benutzt worden. Einen Kasten mit Legosteinen zu besitzen, war wichtig fürs Selbstwertgefühl. Patricks Selbstwertgefühl bestand aus Legosteinen, die von jemand anderem abgestoßen worden waren. Möglicherweise hat es eine Bedeutung, dass der kriminelle Jugendliche Patrick ausgerechnet bei Kinderkram von der Polizei erwischt wurde. Er und seine Leute waren gerade in die Brauerei in Kaufbeuren eingestiegen. Jeder von ihnen hatte vier Kisten mit leeren Colaflaschen geklaut, um sich das Pfand zu holen.

Ein Pflichtverteidiger saß vor Gericht neben ihm, weil der Gesetzgeber ihn da sitzen haben wollte. Verteidigt hat der Mann nicht. Er riet dem Angeklagten, wie er sich verhalten sollte. Er sollte alles zugeben. Die Wahrheit wäre einfach besser, sagte der Anwalt. Gleich nach der Haft ging es mit der Wahrheit munter weiter. Patrick stahl eine Waffe, verkaufte sie für 800 Euro an einen Heroindealer. Er bekam ein Jahr auf Bewährung, musste zur Therapie an den Ammersee. An einem Nachmittag auf Ausgang wurde er rückfällig.

Er klaute Rucksäcke, bezahlte Drogen, kaufte mit fremden EC-Karten ein, bezahlte Drogen. Und so weiter. Er war jetzt kein Kind mehr. Wenn er nach vorn schaute, konnte er sein erwachsenes Leben sehen. Der Anblick tat seinem weichen Herz weh. Er fuhr zurück an den Ammersee, bat um eine dritte Therapie. Okay, wenn du willst, haben sie gesagt. Ohne vorher entgiftet gewesen zu sein, war es eine Tortur, den Ammersee zu überstehen. Es war sein erster großer Sieg.

Um die Kindheit loszuwerden, muss man Wege gehen, die man nicht aus dem Effeff kennt. Man muss den Geruch loswerden, in dem man sich selbst immer wiederfindet. Stimmen hören, die man nicht zu deuten vermag. Seit einem knappen Jahr lebt Patrick in Köln. Unterm Schirm seines Basecaps biegt er morgens in Mülheim um drei Straßenecken. Er steigt in die Stadtbahn, fährt bis zum Wiener Platz, nimmt die Treppe in den Untergrund, die nächste Bahn. Die rast ein paar Stationen durchs Dunkel, klettert ans Licht und überquert den Rhein. An der Neusser Straße im Stadtteil Nippes steigt Patrick aus. Es ist keine heimelige Gegend. Sie besteht aus Beton, einem schäbigen Wohnhochhaus, einem Aldi, dem plumpen Stadtbahnviadukt und dem riesigen Bezirksrathaus. Für Patrick ist es eine verheißungsvolle Gegend. Im Nebeneingang des Rathauses befindet sich die Tages- und Abendschule Köln. Die *tas* ist ein staatlich anerkanntes und gefördertes Weiterbildungskolleg, das nicht- oder unterqualifizierten Jugendlichen eine zweite Chance auf einen Schulabschluss gibt. Es ist die Chance, nicht mehr Opfer der Umstände, sondern Akteur zu sein.

Patrick musste eine Eignungsprüfung ablegen. Das Ergebnis war schlecht. Wegen seines Sieges über die Drogen haben sie ihn trotzdem genommen. Er hat gezeigt, dass er sich selbst in den Griff bekommt.

Zusammen mit einer Lehrerin betreut die Sozialpädagogin Andrea Preil die Klasse, der Patrick angehört. Preil sitzt eine Etage über den Unterrichtsräumen. Die Tür zu ihrem Büro steht offen. Die Schüler dürfen die Telefone benutzen, den Computer. Sie greifen in die Brotbüchse der Sozialpädagogin, wenn sie Lust auf ein Stück Apfel haben. «Anders als in anderen Schulen haben wir Raum und Zeit, miteinander eine Beziehung aufzubauen, in der Schüler darüber reden, was ihnen fehlt», sagt Preil. «Jugendliche mit Problemen entziehen sich solchen Gesprächen normalerweise. Zwischen Tür und Angel, dort wo Schulleben normalerweise stattfindet, kriegt man sie nicht.»

Im Sommer 2005 haben die Sozialpädagogin und ihre Kollegin mit 22 Schülern angefangen. Zwei haben die dreimonatige Probezeit nicht überstanden. Und wer eine Fünf und zwei Vieren in Hauptfächern hatte, musste dann zum Halbjahr gehen. Es ist gerade rum. In der Klasse lernen noch 15. Es gibt Regeln an der *tas*, die strenger sind als an anderen Schulen. Ab dem ersten Fehltag muss der Arzt entschuldigen. Wer einmal kein Attest hat, wird zum Gespräch geladen. Beim zweiten Mal wird nochmal geredet, dann gibt's Ermahnungsschreiben mit Durchschlag an den Arbeitgeber, Abmahnung, Kündigung. Die Regeln sind das Leben. Das Leben muss man erlernen.

Patricks Klasse gehört zu einem besonderen Programm an der Schule. Es heißt «Arbeiten und Lernen». Die Schüler gehen ein paar Tage im Monat einem geförderten Job nach, die restlichen verbringen sie in der Schule. Wenn alles gut läuft, schließen sie im Sommer die zehnte Klasse ab. Einige sind längst volljährig, viele müssen es mit aller Kraft werden. Manche leiden unter Depressionen, manche sind aggressiv. Andere werden von Migräne überfallen oder mit ihrem Kreislauf stimmt was nicht. Krankheiten sind Zeichen. Manchmal dafür, dass jemand sich schlecht ernährt. Oder dass er sich nicht anders aus den Problemen des Alltags auszuklinken vermag. In jeder Klasse haben zwei, drei Jugendliche eine Drogengeschichte. Die Erfahrungen mit den Drogen haben ihre Körper mitgenommen und sind ohnehin bitter. Es sind die Erfahrungen damit, dass es keine Mittel gibt, die man nehmen kann, um Frust zu beseitigen.

Eigentlich wollte Patricks Klasse zum Schulabschluss eine Reise machen. Es wurde beschlossen, dass jeder dafür monatlich 20 Euro abdrückt. Fortan sprachen alle mit leuchtenden Augen von der Fahrt. Kaum einer legte Geld zurück. «Die Idee war einfach nicht realistisch», sagt Andrea Preil. Von Jahr zu Jahr sind immer mehr Schüler an der *tas* verschuldet.

Patrick hat 4000 Euro Schulden bei elf Gläubigern. In seinem Briefkasten landen Vollstreckungsbescheide und Mahnungen. Sein Bewährungshelfer telefoniert mit den Gläubigern, verhandelt mit der Landesjustizkasse wegen ausstehender Prozesskosten, mit Banken wegen der EC-Karten-Schulden. Allen, die Geld wollen, haben Patrick und er den Bewilligungsbescheid für das Arbeitslosengeld II geschickt. Möglicherweise entschließt sich ja einer, einem jungen Mann, der nichts besitzt, nicht noch das Letzte aus der Tasche zu ziehen. Von $O_2$ ist ein Antwortbrief gekommen. Man werde einen Haftbefehl ausstellen lassen, teilt das moderne Mobilfunkunternehmen seinem jungen Kunden mit, wenn nicht in zwei Wochen alle Rechnungsschulden beglichen seien.

Im Berufswahlunterricht von Andrea Preil sollen die Schüler sagen, wie weit sie mit ihren Bewerbungen sind. Patrick hat sich als Lagerist in der Behindertenwerkstatt beworben. Vielleicht geht er auch zur Berufsschule, wird Kinderpfleger oder Sozialhelfer. Dort allerdings hat er seine Unterlagen noch nicht abgeliefert. Preil schüttelt den Kopf wie einst seine Mutter. «Kann ich morgen während der Schule hingehen?», fragt er. Anders als es seine Mutter getan hätte, antwortet sie: «Nein.» Seiner Klassenkameradin Nora fällt ein, dass sie dieser Tage auch nochmal aufs Amt muss. «Wollen

Sie da mal anrufen?», fragt sie die Sozialpädagogin. «Das kannst du selber tun», erwidert die.

Karl will seine Ausbildung im Ausland machen. Er hat gehört, dass er dort das doppelte Geld bekommt. Er strahlt, als wäre er schon über alle Berge. Patricia bewirbt sich hier und da, will sehen, ob sie genommen wird, und dann erst entscheiden, was sie will. Nicht nur für ihren Geschmack geht das Schuljahr zu schnell vorbei. Die *tas* ist der Ort, an dem sich das Leben der jungen Menschen noch rechtzeitig zum Guten wendet. Sie halten sich gern hier auf. Sie arbeiten hart, um den Abschluss zu schaffen, gleichzeitig ist ihnen, als würden sie Luft holen. Die 17-jährige Nina bekommt im Juni ein Kind. «Du hast Zeit», sagt Andrea Preil. Nina lächelt wie jemand, der etwas geschenkt bekommt. Wer arbeiten will, für den sieht es nicht rosig aus. Zeit ist wohl das Beste, was man bekommen kann.

Wenn sie die Eignungsprüfungen bestanden haben, arbeitet die *tas* mit den Jugendlichen, danach müssen sie wohl oder übel auf den Arbeitsmarkt. Dort gibt es nicht viel zu holen. «Eine Ausbildung wäre der Königsweg», sagt Andrea Preil. Es gibt Zeitarbeit, schlecht bezahlte Jobs, Maßnahmen, Langzeitarbeitslosigkeit. Macht Arbeit glücklich? Darüber redet Preil mit ihren Schülern im Unterricht. «Sie sollen Selbstwertgefühl von hier mitnehmen und die eigenen Stärken kennen, ohne dabei die Realität aus den Augen zu verlieren.»

Sie proben gemeinsam ein Vorstellungsgespräch, um durchzuspielen, in welche Situationen man auf der Suche nach Arbeit geraten kann. Die 17-jährige Kira soll sich als Produktionsassistentin beim Film bewerben. Ihre Klassenkameraden schauen zu. «Ich war auf einer Realschule, die ich leider aus privaten Gründen abbrechen musste. Ich habe den Schulabschluss auf der *tas* nachgemacht», sagt sie zu Andrea Preil. «Ich habe als Hausmeisterin gearbeitet und in der Küche. Ich brauche Action den ganzen Tag. Ich muss unterwegs sein, unter Strom stehen.» Die Sozialpädagogin mimt die Personalmanagerin der Produktionsfirma. «Wie stellen Sie sich die Arbeit hier vor?», fragt sie. «Ich muss Chaos vermeiden», sagt Kira. – «Und wie machen Sie das?» – «Ich bin ein durchorganisierter Mensch. Wenn ich abends nach Hause komme, will ich denken: Das ist gut gelaufen heute. Und wenn was nicht so gelaufen ist, dann fällt mir was anderes ein.»

Preil fragt: «Haben Sie auch Schwächen?» Kira starrt sie an. «Jeder Mensch hat doch Schwächen», erwidert sie. Für einen Moment ist es absolut still im Raum. Kein Stuhl knarrt, kein Fuß scharrt, kein Stift kratzt über Papier. Es ist nur ein Spiel. Sie sind unter sich, keiner will irgendjemandem etwas Böses. Aber das reale Leben lauert draußen vor der Tür. Es ist ganz nah. Und sie wissen alle, wie gemein es sein kann. «Na ja, wenn ich unter Stress stehe, kann es passieren, dass ich nicht zu allen Leuten freundlich bin», sagt Kira. Die Stille hält an. Sie springt auf. «Ach nee, das ist Scheiße, dass ich das gesagt habe, oder?»

Nora hat glasige Augen. Patrick starrt auf die Tischplatte, Karl aus dem Fenster, als würde er sich schnell ins Ausland wegdenken. «Ich weiß genau, dass ich den Job machen könnte, dass ich gut wäre», sagt Kira, «aber ich weiß nicht, wie ich das jemandem erklären soll!» Nora nickt. Sie hat sich zweimal an der *tas* beworben. Den Moment, als sie beim ersten Mal abgelehnt wurde, vergisst sie nie. «Man braucht Hoffnung, sonst macht man sich selbst immer noch mehr Probleme», sagt sie. «Ich hab wegen dieser Absage so viel wie nie zuvor geweint.»

Wenn Patrick und seine Klassenkameraden Andrea Preil anschauen, wenn sie darauf warten, dass sie ihnen etwas sagt, folgen sie einem Instinkt: Sie hatten nicht die besten Startbedingungen im Leben, sie sind selbst nicht schuld. Also sollen andere – die *tas*, die Klassenlehrerin, die Sozialpädagogin – das richten. Der Anspruch ist kühn, aber nicht unverschämt. «Ihr habt alle die Kraft, euch durchzukämpfen», sagt Andrea Preil. «Es ist nicht leicht, aber ihr schafft das, weil ihr klug seid.» Auch ihr Anspruch ist kühn. Sie fügt hinzu: «Und ihr werdet weiter unterstützt.»

Zu Weihnachten, als die Schüler etwas Geld hatten, haben sich viele einen MP3-Player angeschafft. Möglicherweise haben sie damit neue Schulden gemacht. So sind sie groß geworden: Was ich heute nicht bezahlen kann, bezahle ich später. Preise auf Raten sind Probleme auf Raten. Patrick hat sich einen Pullover gekauft und war endlich mal wieder beim Friseur. Er habe sich schon nicht mehr im Spiegel sehen können, hat er zu Andrea Preil gesagt. Er konnte den nicht mehr erkennen, der er jetzt endlich geworden war.

Seine Noten an der *tas* sind Einsen und Zweien. Plötzlich hat er Respekt vor Drogen. Oder ist es der Respekt vor sich selbst? Davor, es möglicherweise von der Vergangenheit in die Zukunft geschafft zu haben? Plötzlich hat er was zu verlieren. «Mir ist, als würde ich permanent auf Stand-by stehen», sagt er.

# Der Fluch der guten Taten

Angelika Fischer (62), Leipzig, Stenotypistin,
seit 1990 arbeitslos

Der Pfarrer hat versucht, die Sache zu beenden. Er meinte, man würde sie nicht mehr brauchen. In den Mineralwassergläsern, die die große, runde Tischplatte säumten wie eine Borte, stiegen Bläschen auf. Ein Stuhl ächzte. Jemand streckte den Arm aus, um eine Salzbrezel zu greifen. Der Pfarrer war es gewohnt, dass die Leute an seinen Lippen hingen. Diesmal hörten sie ihn scheinbar gar nicht.

Dann hat er versucht, wenigstens sich selbst aus der Sache rauszuziehen. Wie wär's, fragte er, wenn wir uns fortan nicht hier in den Kirchenräumen, sondern mal bei dem einen, mal bei dem anderen zu Hause treffen? Jeder am Tisch verstand das sehr wohl. Deshalb ging keiner drauf ein.

Natürlich könnten sie sich gegenseitig besuchen. Dann wäre die ganze Sache aber bald auch gestorben. Zwar kommen seit Jahren immer nur dieselben Leute. Doch ist es ein Unterschied, ob man abends zum Treff in die Nikolaikirchgemeinde aufbricht oder ob elf, zwölf Arbeitslose an einer Wohnungstür klingeln. Außerdem: Für die Kirchenräume hat der Pfarrer den Schlüssel. Würde er noch teilnehmen, wenn er nicht aufschließen müsste? Wer weiß. Schon bei dem Gedanken daran fühlen sie sich, als hätte sie nun auch noch der liebe Gott verlassen.

Wenigstens hat es der Pfarrer geschafft, dass sie sich nur noch alle zwei Monate treffen. Er sagt: «Die Leute sind doch eigentlich durch, die haben's hinter sich.» Im November 1990, als es in Leipzig plötzlich Arbeitslose gab, kamen sie zum ersten Mal zusammen. Sie wollten die Situation so gelassen wie möglich angehen. Trafen sich regelmäßig. Immer wieder brach jemand in Tränen aus, weil er sich nutzlos vorkam oder das Geld zum Leben nicht mehr reichte. Immer wieder ist dem Pfarrer was Tröstliches eingefallen. Sie nannten sich «Gesprächskreis Hoffnung». Weil es keine Arbeit gab, redeten sie Hoffnung herbei. Sie redeten jahrelang. Der Pfarrer sagte: «Es wird schon wieder.» Bis sie einer nach dem anderen das Rentenalter erreichten. Da sind sie nun. Alle zwei Monate in den Räumen der Nikolaikirche mit Mineralwasser und Knabbereien, unfähig zu vergessen.

Im Strafvollzug in der Leipziger Alfred-Kästner-Straße suchte man Anfang der 60er Jahre eine Stenotypistin. Angelika Fischer war noch ein Teenager. Man stellte sie ein und ließ sie den ganzen Bürokram erledigen. Mit 20 brachte sie eine Tochter zur Welt. Sie gab Gabriela in die Kinderkrippe und ging bald wieder arbeiten. Ein Jahr später wurde Frank geboren.

Kaum war er in der Krippe, suchte man in der Kästner-Straße jemanden für die Frauen-Untersuchungshaft. Was es als Stationsleiterin zu tun gab, das erfuhr Angelika Fischer von den mehrfach vorbestraften Häftlingen: wie die Akten geführt, der Tagesablauf organisiert und Neuankömmlinge aufgenommen werden. Oft arbeitete sie zwölf Stunden und mehr. Ihr Ehemann war Kraftfahrer im Rathaus, er fuhr den Dienstwagen des stellvertretenden Oberbürgermeisters. Sie hatten Freunde bei der Feuerwehr. Wenn's am Nachmittag eng wurde, rasten die zum Kindergarten. Oder jemand aus der FDJ-Gruppe holte Gabriela und Frank. Mitunter haben das Gefängnis und das Rathaus die Dienstpläne der Eheleute miteinander abgestimmt, damit einer bei den Kindern sein konnte.

Eine Frau in der Untersuchungshaftanstalt hatte ihren Mann mit der Axt erschlagen. Der Mord war rasch geschehen, die Jahre davor, in der die Frau von ihrem Mann verprügelt worden war, hatten gedauert. Es gab in der DDR keinen Ort, an dem er sie, wenn sie vor ihm geflohen war, nicht finden und greifen konnte. Es gab nicht einmal den Gedanken an so etwas wie ein Frauenhaus. Was die Häftlinge erzählten, das waren mehr als nur Geschichten. Je länger sie zuhörte, desto mehr gewöhnte Angelika Fischer sich an, die Ereignisse partout nicht mehr für das zu halten, wonach sie aussahen. Sie quälte sich mit dieser neuen Denkmethode. Sie spürte, dass sie sie in ihrem tiefsten Inneren erschütterte. Unweigerlich empfand sie den grausamen Moment, da die Mörderin ihren Kindern die Augen zugehalten und sie an der Leiche vorbei aus dem Haus gebracht hatte, als befreiend.

Die Besitzerin einer Näherei hatte ihren Angestellten zu viel Geld gezahlt. Sie schadete dem so genannten sozialistischen Wettbewerb und wurde wegen Wirtschaftskriminalität angeklagt. Fischer saß dabei, wenn der Rechtsanwalt kam und sich mit seiner Mandantin unterhielt. Für Gefangene waren die Anwälte wie Gott. Aber Gott, das stellte die Stationsleiterin in den Gesprächen fest, machte einen Unterschied zwischen männlichen und weiblichen Mandanten. Für Letztere legte er sich kaum ins Zeug. Die Frau aus der Näherei bekam zehn Jahre. Angelika Fischer gab ihr eine sehr gute Beurteilung und empfahl, eine vorzeitige Entlassung zu prüfen.

Eine Mutter, die zu zehn Monaten verurteilt worden war, weil sie ihre Kinder vernachlässigt hatte, saß ihre Strafe als Kalfaktorin in der U-Haft ab. Fischer merkte schnell, dass die Frau tablettensüchtig war. «Anstelle einer Verurteilung wäre oft nur ein bisschen Hilfe nötig gewesen», sagt sie. Der Blick aus der Haftanstalt heraus auf die Wirklichkeit machte sie krank.

1970, sie war noch nicht mal 30 Jahre alt, brach sie zum ersten Mal zusammen. Die Seele schlug Alarm, aber Angelika Fischer hörte nicht auf das Signal, ließ sich heilen und kehrte an ihren Arbeitsplatz zurück. Als sie zehn Jahre später in einer Mittagspause in den Spiegel sah, war ihr, als sprühten aus ihren Augen plötzlich Funken.

Mit jedem Schlag versuchte das Herz scheinbar einen Sprung aus dem Körper. Im Krankenhaus gaben sie ihr Elektroschocks. Sie lag flach, starrte tagelang nach draußen, rührte nicht einmal die Zeitung an, die man ihr ans Bett brachte. In Polen streikten die Arbeiter, die katholische Kirche und das Ausland schlossen sich an, die erste freie Gewerkschaft in einem sozialistischen Land wurde gegründet. Derweil bestrafte man um die Ecke in der Kästner-Straße die Frauen nach wie vor willkürlich, parteilich.

Wenn sie ihr Unwohlsein nicht zum Anlass nahm, etwas in ihrem Leben zu ändern, konnte es geschehen, dass sie sich an das Unwohlsein gewöhnte. Angelika Fischer lief vom Krankenhaus geradewegs ins Gefängnis. Man einigte sich mit ihr, sie zu entlassen. Auf dem Papier stand: aus gesundheitlichen Gründen.

Um die Scheidung bat sie nicht, sondern kam nach Hause und verkündete sie. Sie war dickköpfig im wahrsten Sinne des Wortes: Sie hatte viel nachgedacht. Die Richterin stellte sich quer: Man verlasse keinen braven Mann, der, wenn's sein müsse, alles für einen tue. «Ich bin zu reif für unsere Ehe», sagte Angelika Fischer. Sie blieb mit den 15 und 16 Jahre alten Kindern in der Vierzimmerwohnung in einem Plattenbau im Stadtteil Lößnig wohnen. Die Wohnung kostete 98 Mark Miete. Aus dem Fenster konnte man bis in die Innenstadt sehen.

Im Büro des Baubetriebs, in dem sie mittlerweile arbeitete, war ihr zu viel Papier und zu wenig Leben. Also kümmerte sie sich lieber in der Kaderabteilung um die Reisekader. Es ging um Reisen in den Irak und die Sowjetunion. Sie stellte fest, dass die Unterlagen der Abteilung voll falscher Zahlen waren. Sie bot sich an, das aufzuarbeiten. Man empfahl ihr zu verschwinden. Beim nächsten Anlass wurde sie versetzt. Ausgerechnet in die Inventur.

Die Buchungsbestände stimmten nicht. Es gab Differenzen zwischen den Zahlen auf dem Papier und dem Bestand. Durch eine merkwürdige Art zu rechnen wurde aus Minus plötzlich Plus. Aus schlechten Ergebnissen wurde Erfolg. «Das war mein Berufsleben in der DDR: zu erleben, dass alles nicht ist, wie es angeblich sein sollte», sagt sie. Sie betrachtete das Land wie einen technischen Fehler. Aus der Gefängniszeit kannte sie die Gesetze. Wer Protokolle fälsche, begehe eine Straftat, sagte sie auf der Parteiversammlung. Sie suchte in den Abrechnungen nach den Belegen für das, was auf Beratungen gegessen und versoffen wurde. Sie schleppte Unterlagen nach Hause, rechnete nach, bat die staatliche Finanzrevision um Hilfe. Wer den Dingen auf den Grund geht, dachte sie, tut dem Land etwas Gutes.

Als im Frühjahr 1989 die Leipziger Montagsdemonstrationen begannen, war Angelika Fischer Sachbearbeiterin in der Poststelle eines Baukombinats und fand heraus, dass sich Mitarbeiter seit Jahren private Rechnungen vom Betrieb begleichen ließen. Die Montagsdemonstrationen wurden immer größer. Die Wende kam. Er danke ihr für alles, was sie rausgefunden habe, ließ der ökonomische Direktor des Kombinats Angelika Fischer wissen, und er hoffe, dass sie dranbleibe.

Im Januar 1990 erhielt sie die Kündigung zum Oktober. Eine Kollegin aus der Materialwirtschaft sollte die Abwicklung des gesamten Betriebes über die Bühne bringen. Sie kam nicht klar. Hast du richtige Zahlen, fragte sie, mit meinen funktioniert das nicht. Am Feierabend ging Angelika Fischer ins Haus der Demokratie. Überall in der Stadt geschah das Gleiche: als Erstes wurden die Frauen aus den Betrieben geworfen und standen hilflos in der neuen Zeit. Fischer half, Gespräche, Informationsveranstaltungen und Treffen zu organisieren, arbeitete in einer Fraueninitiative, die sich aus dem Neuen Forum löste.

Nach der Währungsunion im Juli bekam sie noch einmal einen

modernen Lohnzettel: 870 D-Mark. Ab 1. November 1990 erhielt sie wöchentlich 176,40 D-Mark Arbeitslosengeld. Die Miete war mittlerweile auf über 400 D-Mark gestiegen. Die Stadt zahlte 258 D-Mark anteiliges Wohngeld. Auf dem Arbeitsamt wurde Fischer gefragt, was sie gern machen würde. Sie antwortete: «Frauen-arbeit, Vernetzungsarbeit, Gewerkschaftsarbeit, Gleichstellungs-angelegenheiten.» Daraufhin bot man ihr eine Stelle als Bürokraft im Autohaus an. «Ich hab so viel mit der Fraueninitiative zu tun», sagte sie. «Das ist wichtig, reißen Sie mich da nicht raus!»

Kurz darauf rief Christian Führer, der Pfarrer der Leipziger Ni-kolaikirche, im Haus der Demokratie an und lud die arbeitslosen Frauen in den «Gesprächskreis Hoffnung» ein. Jeder in der Runde sollte etwas über sich erzählen. Angelika Fischer erzählte von der Fraueninitiative. Sie sprach davon, sich in einer schwierigen Situa-tion neu zu entdecken. Sie redete von Beschäftigungsgesellschaften und Selbstbewusstsein. Sie war wie geschaffen für den Gesprächs-kreis. Der Pfarrer sprach seinen Segen. Es gibt viel Arbeit für uns alle, fügte er hinzu, denn wir müssen die Gesellschaft verändern.

Auch für das Arbeitsamt war Angelika Fischer ein angenehmer Fall. Sie klagte nicht, sie hatte zu tun. Eine Frauenbibliothek ent-stand, ebenso der Frauenkultur e.V., fünf Mütterzentren wurden eingerichtet. Sie kümmerte sich um die Vernetzung der Projekte, war bei Beratungsstellen und Wohlfahrtsverbänden zugange, im Referat für Gleichstellung der Stadt Leipzig, in der Universität, in Bildungseinrichtungen. Ein-, zweimal im Jahr lud die Vermittlerin sie zum Gespräch. Stets stellte Angelika Fischer dieselbe Frage: «Können Sie mir die soziale Arbeit, die ich mache, nicht einfach bezahlen?» Jedes Mal war eine andere Frau für sie zuständig. Jedes Mal schüttelte eine andere Frau energisch mit dem Kopf.

Sie wurde darüber aufgeklärt, dass die Regelungen der Bundes-anstalt für Arbeit es ihr nicht erlaubten, mehr als 15 Stunden pro Woche ehrenamtlich tätig zu sein. Sie hätte alle Kraft zu verwenden, um einen neuen Arbeitsplatz zu finden. Man drohte damit, ansonsten das Arbeitslosengeld zu kürzen.

Wenn Angelika Fischer nicht ehrenamtlich unterwegs und somit beschäftigt war, entdeckte sie etwas Neues an sich: die Angst. Sie saß in der Straßenbahn, starrte hinaus und merkte nach ein paar Stationen, dass ihr Blick nicht weiter als bis zum Fenster kam. Sie zögerte, das Glas zu durchbrechen. Leipzig zog in farbigen Schatten an ihr vorbei. Die so genannte Heldenstadt war im Aufbruch, drängte weiter und weiter, während sie an der trüben Scheibe hockte und rechnete, was sie im Supermarkt überhaupt noch ausgeben konnte. Sie nahm lächerliche Beträge zur Hand und dividierte sie durch die Anzahl der Tage, die der Monat noch bereithielt. Wenn sie ausstieg und an der Fußgängerampel auf grünes Licht wartete, fielen die Gedanken an die nächsten Monate wie Kleinkriminelle über sie her. Gedanken daran, dass das Arbeitslosengeld bald auslaufen würde. Dass Strom, Gas und Wasser wieder teurer wurden, die Leipziger Verkehrsbetriebe die Preise anzogen. Kaum schloss sie abends die Augen, sah sie dabei zu, wie die Miete stieg.

In Christian Führers Gesprächskreis fiel es ihr plötzlich schwer, etwas zu sagen. Sie erzählte vom autonomen Frauenhaus, das sie eingerichtet hatten. Sie berichtete, dass ein Frauennotruf geplant war. Ihre zuversichtliche Stimme kam von weit her, als hätte sie sie beim Trödler versetzt, um ein bisschen Geld zu machen. Eines Tages rollten, noch ehe sie ihre Stimme vernahm, die Tränen. Starr saß die Runde. Angelika Fischer sackte über der guten Hoffnung, die sie den anderen stets mitgebracht hatte, zusammen. «Ich weiß nicht mehr weiter», sagte sie.

Seit Dezember 1995 erhielt sie nur noch Arbeitslosenhilfe. Der Betrag verringerte sich jährlich um drei Prozent. Jedes Mal legte Fischer gegen die Kürzung Widerspruch ein. Sie wies die Ergebnisse ihrer ehrenamtlichen Arbeit vor und erklärte, sie könnte das alles nicht mehr machen, wenn sie kein Geld mehr hätte, um das

Haus zu verlassen. Jedes Jahr bekam sie einen Antwortbrief. Das Arbeitsamt wünschte ihr weiterhin viel Freude bei ihrem sozialen Engagement.

In den 15 Jahren, in denen sie arbeitslos war, gestattete das Amt ihr lediglich zweimal, in ihren sozialen Projekten als ABM-Kraft zu arbeiten. Zweimal bekam sie für ein paar Monate ein bisschen Geld. Die innovative Arbeit in Ostdeutschland nach der Wende war dem Staat ansonsten nicht viel wert. Es stimmte nicht, was sie 1990 im «Gesprächskreis Hoffnung» gesagt hatten: dass es genug zu tun gab für alle, um das Land zu verändern. Wenn man rechnete wie der Staat, hatte es nie Hoffnung gegeben.

Eine Frau beim Sozialamt, die Angelika Fischers Wohngeld bearbeitete, addierte eines schönen Tages zum Wohngeldbetrag ihre Arbeitslosenhilfe. Dann rief sie bei ihr an und bestellte sie zu sich. «Was ist denn bei Ihnen los? Mit so wenig Geld können Sie doch nicht leben», sagte sie.

Kurz darauf wurde sie zum Arbeitsamt zitiert. Es gab Ärger. Sie war im Arbeitskreis Gewalt gegen Frauen und Mädchen, im Arbeitskreis Mädchen und im Arbeitskreis Schulmediation. Sie saß beim Frauennotruf herum, in der Frauenbibliothek, war im Vorstand des Hauses der Demokratie, dann war sie dort Rechnungsprüferin. Sie kümmerte sich um Streitschlichter an Leipziger Schulen, organisierte das Sächsische Schülerstreitschlichtertreffen mit, nahm an der Sozialkonferenz von Attac teil. Das bürgerliche Engagement der Arbeitslosen Fischer hatte überhand genommen. Sie erhielt eine Art Bewährungsstrafe: Sie durfte absolut niemandem erzählen, dass sie mehr als 15 Stunden pro Woche ehrenamtlich auf Achse war.

Nach der Wende, damals, als sie ihren Mitmenschen dazu riet, sich selbst neu zu entdecken, ließ sich Angelika Fischer einen Reisepass ausstellen. Das hat sie bald sehr geärgert, weil sie ahnte, dass sie den Pass gar nicht benutzen würde. Im Urlaub fährt sie mit dem Bus vor die Stadt und pflückt Brombeeren. Sie grillt mit Freunden. Sie finden Glühwürmchen. Sie würde ihre alten Eltern in Brandenburg gern öfter sehen. Zweimal im Jahr setzt sie sich zur Schwester ins Auto, dann fahren sie zu den Geburtstagen. Nie in ihrem Leben ist sie im Ausland gewesen. Sie sagt: «Ich war nur in den alten Bundesländern.»

Seit Januar 2005 bekommt sie 331 Euro Arbeitslosengeld II und 277 Euro für die Wohnung. Ihr stehen nur 45 Quadratmeter zu. Den Rest der Miete, 100 Euro, gibt die Tochter. 1996 ist Gabriela mit ihrem Mann und zwei Kindern aus Leipzig weggezogen. Sie zahlt außerdem die Pacht für den kleinen Garten ihrer Mutter im Stadtteil Portitz. Sie bezahlt Seminare und Fortbildungen im Kinder- und Jugendbereich. Das Arbeitsamt kommt bei Veranstaltungen, die bis ins Wochenende hineingehen, nur für die Werktage auf.

Das ist für dich, sagt Gabriela, wenn sie der Mutter Geld zusteckt. Die antwortet: «Du hilfst, dass ich meine Arbeit machen kann.» Sie bäckt Kuchen für die Frauen in der Initiative, kauft ihnen kleine Geschenke zu Weihnachten und deren Kindern Überraschungseier.

Die Heizung in ihrer Wohnung steht auf 15 Grad. Aber nur im Wohnzimmer, die anderen Räume sind wie Kühlschränke. Das Wasser, mit dem sie duscht, verwendet sie noch zum Spülen in der Toilette. Wenn sie eine Platte am Herd abdreht, bleibt die noch zehn Minuten so heiß, dass das Essen weiter kocht. Man kann den Alltag kontrollieren, aber man kann ihn niemals in den Griff bekommen. 2004 musste sie 109 Euro Betriebskosten nachzahlen, obwohl ihr Verbrauch noch geringer war als in den Jahren zuvor.

Für höchstens 35 Euro kauft sie in der Woche Hausrat, Hygieneartikel, Lebensmittel ein. Die Abokarte für die Straßenbahn kostet jeden Monat 36,70 Euro. Sie ist Luxus. Angelika Fischer leistet sie sich, um sich in der Gesellschaft zu bewegen.

Mitte der 90er Jahre hat Pfarrer Führer ihr eine Freikarte für den Film «Nikolaikirche» geschenkt. Da war sie das letzte Mal im Kino. Vor drei Jahren war sie im Konzert. Das Gewandhausorchester spielte auf dem Augustusplatz, der Eintritt war frei. Theater ist nicht drin. Bücher gibt's in der Frauenbibliothek. Wenn sich einer der Arbeitskreise in der Kneipe trifft, ist Angelika Fischer nicht dabei. Der Arbeitskreis Mädchen ist letztes Jahr in eine Herberge bei Chemnitz gereist. Die jungen Frauen haben zusammengelegt, damit die ältere Dame mitkommen konnte. Zum Dank hat sie vor der Stadt Früchte gesammelt und Marmelade gekocht.

Alles, was sich in Angelika Fischers Wohnung befindet, hat sie von irgendjemandem in der Familie geschenkt bekommen. Kinder, Nichten, Neffen rangieren Möbel und Geräte aus und schleppen sie heran. «Es ist schön bei mir», sagt Angelika Fischer. «Ich habe immer ihre Zuneigung im Blick.»

Was sie noch im Blick hat: die 50 000 Euro Schulden, die ihr Sohn angehäuft hat. Sie wollte mit ihm sprechen, wie er rauskommen könnte aus der Sache, aber er wollte nicht reden. «Es gibt da eine Anwältin, die hält Gläubiger von ihm fern», sagt Angelika Fischer. Wenn es um sie selbst geht, hat sie nicht so viel Sorge in der Stimme. «Man sieht da nicht durch.» Frank war die meiste Zeit nach der Wende arbeitslos. Er lebt in einem kleinen Ort, dort sind viele Handwerker, die sich die Arbeit immer irgendwie gegenseitig zugeschanzt haben. Er hat eine Ich-AG gegründet. Er bietet Hausmeister-, Handwerker- und Wirtschaftsdienste an. Es lief eigentlich ganz gut. Seit es Ein-Euro-Jobs gibt, hat er keine Aufträge mehr.

An einem Donnerstagabend im Januar 2006 sitzen plötzlich Leute im «Gesprächskreis Hoffnung», die zuvor nie dort waren. Wieder einmal nach langer Zeit stellen sich alle in der Runde einander vor. Einer der Neuen sagt anstelle seines Namens, dass er 600 Bewerbungen geschrieben hat. Eine Frau ist seit 1991 arbeitslos, eine andere seit 1990. Eine dritte erzählt von ihrer Kündigungsklage vor über zehn Jahren. Ihr kommen die Tränen. Sie bedankt sich beim Pfarrer und den anderen in der Runde, die sie aufs Gericht begleitet haben. Es klingt, als berichte sie von einer Beerdigung. Eine junge Frau ist vor einem Jahr nach Leipzig gekommen. Ihr Mann hat Arbeit, sie findet nichts. Sie hat bei einer Kinderrechtstagung mitgemacht, eine große Dokumentation für die Leipziger Universität erstellt. Alles ohne Geld zu bekommen, aber sie hatte was zu tun.

Ein Mann sagt, immer wenn sein Arbeitslosen-Tag langsam zur Neige gehe, schaue er in der Zeitung in die Rubrik «Was sonst noch passiert». Heute stand dort plötzlich der Gesprächskreis drin. «Ich war 40 Jahre bei den Stadtwerken», sagt der Mann. «Nicht jeden Tag Kollegen in meiner Nähe zu haben, macht mich krank.» Er pflegt jetzt seine alte Mutter. Um etwas zu tun, hat er sich eine der schwersten Aufgaben ausgesucht. Der Pflegerin, die vorher bei der Mutter war, musste er dafür leider ihre Arbeit wegnehmen.

Angelika Fischer erzählt, dass sie einen Rentenantrag gestellt hat. Eigentlich ist sie noch nicht so weit. Erst 2007 steht ihr die volle Rente zu. Sie nimmt Abzüge in Kauf. 851 Euro wird sie bekommen. Davon muss sie Miete bezahlen. Der Sozialtarif der Telekom fällt weg. Weder ein Mietanteil noch Rundfunk und Fernsehen werden ihr erstattet. Sie hat als Rentnerin nicht mehr Geld zum Ausgeben als jetzt, aber sie muss nichts mehr von der Tochter nehmen, um über die Runden zu kommen. Sie kann Gabriela sozusagen entlassen. «Ich hab's geschafft!», sagt sie. Die Runde strahlt sie an.

Christian Führer möchte, dass sie sich an diesem Abend noch einmal Geschichten erzählen. «Es soll Hoffnung drin vorkommen», sagt er. Dem Mann mit den 600 Bewerbungen fällt ein, dass er als kleiner Junge einen Hund hatte, der seiner armen Familie die Haare vom Kopf fraß. Also hat der Vater das Tier genommen und ein paar Dörfer weiter vorm Metzgerladen angebunden. Jahre später ist der

Mann in dieses Dorf gekommen. Da saß der Hund vorm Metzger und wedelte, als er an ihn herantrat, mit dem Schwanz. «Es gab nicht viele Menschen in meinem Leben, die sich darüber, dass es mich gibt, so gefreut haben», sagt der Mann.

Eine Frau erzählt auch von einem Hund. Er hat in der Vorweihnachtszeit an der Tür zur Postbank gesessen. Sein Herrchen stand in der langen Schlange am Schalter. Nachdem er dran gewesen war, sagte er zu dem Tier: «Ich habe dir ja gesagt, dass sie uns hier nicht helfen werden. Aber wenn sie Geld von uns wollen, sind sie immer sehr schnell.» Der Husky schaute, als hätte er den Mann verstanden. «Ich mache mir Vorwürfe, dass ich mich nicht als Gesprächspartnerin angeboten habe», sagt die Frau.

Kürzlich sollten in Leipzig neun Pfarrstellen eingespart werden. Christian Führer hat seinen Kollegen vorgeschlagen, dass jeder auf 17 Prozent seines Gehaltes verzichtet, damit die neun weiterarbeiten können. Es ging ihm um den Zusammenhalt zwischen den Pfarrern. Um die Glaubwürdigkeit der Kirche. Vor allem um den Akt der Solidarität. Er wollte den sozial Schwachen zeigen, dass sie ruhig hoffen können. Für solche Einfälle schätzen die Menschen den Pfarrer der Leipziger Nikolaikirche sehr. Seine Kolleginnen und Kollegen tun das scheinbar nicht. Die neun Pfarrstellen gibt es nicht mehr.

ZWEITER TEIL

# Wo fängt Armut an, wo hört sie auf?

WAS ALSO ist Armut in Deutschland? Die materielle Not von Angelika Fischer, die sechzehn Jahre Arbeitslosigkeit hinterlassen haben? Die 12 000 Euro Schulden von Daniela Lehmeier? Der schwankende Boden unter Patricks Füßen?

Die Frage ist nicht mit ein paar Sätzen und Zahlen zu beantworten. Es gibt keine einheitliche Definition davon, wo genau Armut in einer Wohlstandsgesellschaft anfängt und wo sie aufhört. Fachleute sprechen von absoluter Armut, relativer Armut, materieller Armut, geistiger Armut, objektiver Armut, subjektiver Armut, primärer Armut, sekundärer Armut, Einkommensarmut, Bildungsarmut, dauerhafter Armut, temporärer Armut ...

Die Armutsforschung in Deutschland hat sich bei der Erkundung dieser verschiedenen Armutsphänomene Verdienste erworben. Aber sie ist so umfangreich geworden, dass sie sich im Streit um Definitionen und statistische Grundlagen oft um sich selbst dreht. So sind immer neue, immer weiter ausdifferenzierende Armutsbegriffe entstanden. Wenn sich dann Politiker dieser Definitionen und Berechnungsmethoden bedienen, werden sie so lange hin und her gewendet, bis Armut als ein Wunderding erscheint, das leider Gottes so überkomplex ist, dass man es irgendwie nicht genau zu fassen bekommt und daher nur schwer bekämpfen kann.

In den westlichen Gesellschaften liegt das durchschnittliche Wohlstandsniveau wesentlich über dem physischen Existenzminimum. Deshalb hat man sich hier angewöhnt, von «relativer Armut» zu sprechen. Armut wird als eine Benachteiligung aufgefasst, die sich auf einen mittleren Lebensstandard bezieht. Die EU-Mitgliedsstaaten haben sich auf eine «Armutsrisikoquote» geeinigt. Sie umfasst den Anteil aller Personen, deren Einkommen weniger als 60 Prozent eines speziell errechneten durchschnittlichen Haushaltseinkommens in ihrem jeweiligen Land beträgt.

In Deutschland lag 2004 die so errechnete Armutsrisikogrenze für einen Einpersonenhaushalt bei monatlich 938 Euro, für einen Vierpersonenhaushalt mit zwei Kindern unter 15 Jahren bei rund 1900 Euro. Diese Grenze markiert noch nicht die «Armutsschwelle», sondern einen «armutsnahen» Bereich.

Zur Erinnerung: 345 Euro plus durchschnittlich 320 Euro Mietgeld erhält der allein stehende langzeitarbeitslose Hartz-IV-Empfänger im Normalfall – sofern er nicht eine so genannte Bedarfsgemeinschaft mit seinem Lebenspartner bildet und unter Umständen ganz ohne staatliche Unterstützung auskommen muss. Eine vierköpfige Familie mit zwei Kindern hat nach Hartz IV in der Regel Anspruch auf 1600 Euro.

Die Armutsrisikoquote in der Bundesrepublik ist in den zurückliegenden Jahren kontinuierlich angestiegen. 1998 betrug sie 12,1 Prozent, 2003 bereits 13,5 Prozent. Rund elf Millionen Deutsche leben also offiziell in relativer Armut oder sind von Armut bedroht!

Die rot-grüne Bundesregierung wertete diese bedrückenden Zahlen in ihrem Zweiten Armuts- und Reichtumsbericht im Jahre 2004 tatsächlich als großen Erfolg. Nur Dänemark und Schweden hätten im internationalen Vergleich aller EU-Staaten eine niedrigere Armutsquote aufzuweisen. Die durchschnittliche Quote in der Europäischen Union betrage immerhin 15 Prozent.

Mal abgesehen davon, dass Politiker sich die Welt gern schöner rechnen, als sie tatsächlich ist – das Konzept der «relativen Armut», das sich auf den Mangel an materiellen Ressourcen bezieht, hat einen großen Nachteil. Es misst lediglich das Maß an Einkommensungleichheit in unserer Gesellschaft. Was Armut für die Betroffenen bedeutet und wie viele Arme es in Deutschland gibt, das verrät uns dieses Konzept im engeren Sinne eigentlich auch nicht. Gewiss, die Betrachtungsweise erkennt an, dass Armut mehr ist als nur Hunger und existenzielle Not, sie benennt die unsichtbare, versteckte Armut als soziale Tatsache. Aber relativ verstandene Armut lässt sich faktisch niemals beseitigen. Wenn der gesellschaftliche Wohlstand wächst, steigt auch das Durchschnittseinkommen – und mit ihm die Armutsrisikoquote.

Hat es also gar keinen Sinn, über Prozentzahlen zu reden, über Durchschnittsverdienste, über ein paar Euro mehr oder weniger? Ist es wichtiger, darauf zu verweisen, dass ein knappes Drittel aller Deutschen laut einer Forsa-Umfrage von 2005 Angst davor hat, in Armut abzurutschen? Was aber, wenn jeder der Befragten etwas anderes unter Armut versteht?

Armutsforschung und Politik versuchen seit einigen Jahren, sich von der statistischen Rechnerei knapp über- und unterhalb der Armutsgrenze zu lösen. Sie nehmen die komplexen Lebenslagen der Menschen in den Blick: Arbeit, Einkommen, Ausbildung, Wohnen, Ernährung, Gesundheit, Kultur. Sie rücken die Frage in den Mittelpunkt, ob alle Bürger eines Staates die Chance haben, sich in zentralen Lebensbereichen zu entfalten und von wichtigen gesellschaftlichen Ressourcen zu profitieren. Wer diese Chancen zur Teilhabe nicht oder nur ungenügend geboten bekommt, gilt als sozial ausgeschlossen, als arm. Die Experten bezeichnen diese Form der Ausgrenzung als Exklusion.

Als arm gelten demnach «Einzelpersonen, Familien und Personengruppen», heißt es in einer bereits 1985 festgelegten Armutsdefinition der Europäischen Gemeinschaft, «die über so geringe (materielle, kulturelle und soziale) Mittel verfügen, dass sie von der Lebensweise ausgeschlossen sind, die in dem Mitgliedsstaat, in dem sie leben, als Minimum hinnehmbar ist».

Diese Verschiebung der Perspektive erweitert das Verständnis von Armut in einer Wohlstandsgesellschaft. Es ist nicht länger nur eine Frage von Oben und Unten, sondern auch von Drinnen und Draußen. Es gibt Gewinner und Verlierer, aber auch Insider und Outsider.

Dass ein Land wie die Bundesrepublik es hinnimmt, jeden zehnten Hauptschüler ohne Abschluss in die Gesellschaft zu entlassen, ist in diesem Verständnis nicht mehr nur ein bildungspolitisches Desaster, sondern auch eine sozialpolitische Katastrophe. Es ist eine gravierende Form von Armut – von Bildungsarmut. In den hochmodernen Gesellschaften von heute ist gerade Bildung eine der wichtigsten Voraussetzungen für gesellschaftliche Integration geworden. Deutschland leistet sich ein Bildungssystem, in dem viele Kinder nicht mithalten – insbesondere Kinder aus Migrations- und bildungsschwachen Familien. Es erzeugt diese Bildungsarmut geradezu institutionell.

Das Teuflische an dieser sozialen Ausgrenzung ist die Gefahr, dass die Betroffenen in einem Kreislauf sich wechselseitig verstärkender Benachteiligungen landen: Ohne Schulabschluss keine Ausbildung, ohne Ausbildung keine Arbeit, ohne Arbeit kein Einkommen, ohne Einkommen keine Perspektive, ohne Perspektive keine Hoffnung, ohne Hoffnung kein geregeltes Leben, ohne geregeltes Leben keine gesunde Ernährung, ohne gesunde Ernährung keine Gesundheit ...

Dass Menschen zunehmend ihrer sozialen Aufstiegsmöglichkeiten beraubt werden, macht die Frage, wie Armut bekämpft und soziale Gerechtigkeit hergestellt werden können, nicht gerade einfacher. Es geht längst nicht mehr allein darum, Geld umzuverteilen. Wissenschaftler wie der indische Ökonom Amartya Sen, der amerikanische Philosoph John Rawls oder der dänische Soziologe Gösta Esping-Andersen haben bei der Armutsdefinition die Lebenschancen der Menschen in den Mittelpunkt gerückt. Der Nobelpreisträger Amartya Sen beispielsweise versteht unter

Armut einen Mangel an elementaren Fähigkeiten («capabilities») von Menschen, ein Leben führen zu können, für das sie sich mit guten Gründen entscheiden konnten und das die Grundlage ihrer Selbstachtung nicht in Frage stellt. Für Sen gehört der Zugang zu umfassender Information genauso zu sozialer Gerechtigkeit wie die Möglichkeit, ohne Scham in der Öffentlichkeit aufzutreten.

Ungeachtet aller Begriffe, Definitionen und Theorien: Armut bleibt ein komplexer Gegenstand. Sie entzieht sich einer wissenschaftlich exakten Bestimmung. Außerdem ist sie stets an gewisse Interessen und Wertvorstellungen eines jeden von uns gebunden. Armut ist ja nicht nur ein politischer, sondern auch ein ethischer Begriff. Hinter ihm steht die latente moralische Anklage derjenigen, die nicht arm sind. Wer Armut akzeptiert, der wirft die Frage auf, welche moralische Verpflichtung zum Teilen des gesellschaftlichen Wohlstands daraus erwächst.

«Armut kann immer nur das sein, worauf wir uns verständigen, was Armut ist», sagt Ulrich Schneider. «Es gibt keinen archimedischen Punkt, von dem aus sie herzuleiten wäre.»

Schneider weiß, wovon er redet. Er ist ein Profi in Sachen Armut. Über die Hälfte seines Leben schon bewegt sich der 48-Jährige entlang den Rändern dieser Gesellschaft. Absolvierte seinen Zivildienst in einem geschlossenen Heim mit stark verhaltensauffälligen Jugendlichen. Arbeitete in Obdachlosenvierteln. Saß beim Kinderschutzbund am Sorgentelefon. Leitete in Münster ein Projekt mit sesshaften Zigeunern, die alle nur von Sozialhilfe lebten. 1988 stieg er beim Paritätischen Wohlfahrtsverband ein. Seit sieben Jahren ist er dort Geschäftsführer.

Man kann ihn sich bei der Arbeit mit Menschen, die vor allem Probleme und sonst nichts besitzen, gut vorstellen. Schneider fixiert sein Gegenüber mit großen, breit stehenden Augen. Zur Halbglatze trägt er lange, weit auslaufende Koteletten. Er spricht kein Geschäftsführerdeutsch, er sagt Sätze, die vermutlich auch diejenigen verstehen, die sich den Tag mit Gerichtsshows und Heimwerker-Soaps auf Pro 7 vertreiben. Fragt man Schneider, was er unter Armut in diesem Land versteht, muss er nicht lange überlegen. «Arm? Das bedeutet, einfach abgehängt zu sein», sagt er. «Arm sind all die Menschen, die aus normalen, sozial notwendigen gesellschaftlichen Bezügen herausgedrängt werden.»

Ein Arbeitsloser, der auf Hartz IV herunterfalle, der aber noch Kredite tilgen müsse, der seinen Kühlschrank abbezahle, wo müsse der sparen? Schneider lässt die Frage nur kurz im Raum stehen, er beantwortet sie gleich selbst: «Bei einfachen Dingen.» Vielleicht könne der Mann im Kegelverein seinen Kumpels einfach keine Runde mehr spendieren, vielleicht reiche es auch nicht mal mehr fürs eigene Bier: «Da fängt sozialer Ausschluss an, ganz subtil, völlig unspektakulär.»

Der Armutsprofi ist es gewohnt, in skeptische Gesichter zu blicken. Ja, wiederholt er, der erzwungene Verzicht aufs Bier im Sportverein, das könne Armut bedeuten. «Wer verstehen will, was Armut ist, muss sich emotional berühren lassen. Nur mit intellektueller Reflexion kommt man da nicht weit», sagt Schneider. «Wer kein Problem dabei empfindet, wenn er sich im Supermarkt an der Fleischtheke bestes Schweinefilet einpacken lässt, während zehn Meter weiter eine alte Frau die billigsten Nudeln und zwei Eier in ihren Einkaufswagen legt, weil es für mehr nicht reicht, der wird auch kaum von Armut sprechen.»

Der Geschäftsführer sitzt mit seinem Wohlfahrtsverband in der Oranienburger Straße in Berlins Mitte, inmitten trendiger Cafés und schicker Klamottenläden. Er weiß, wie sehr das eigene Umfeld den Blick auf die Welt lenkt. Er hat Verständnis dafür, wenn jemand sagt, er kenne keine Armen. Über dreißig Jahre sozialer Arbeit haben ihn gelehrt, dass nichts von selbst kommt. «Die Wahrnehmung von Armut ist eine Fähigkeit, die man erlernen muss.»

Er hat das ja auch an sich selbst beobachten können. Wenn er früher von Armut sprach, dachte er an die Obdachlosen, die er betreute, oder an ausgesuchte Problemfamilien in heruntergekommenen Wohnquartieren. Heute hat Schneider selbst Familie, zwei Kinder, die er täglich zur Schule bringt, und eine Mutter, die er jeden Sonntag im Pflegeheim besucht. Plötzlich nimmt er neben seiner Arbeit auch andere, alltäglichere Formen von Not und Bedürftigkeit wahr. Ein Mädchen, das im November mit Sandalen zur Schule kommt. Einen Jungen, der sich ausgerechnet immer dann krankmeldet, wenn seine Klasse ins Theater oder ins Museum geht. Eine Familie, die nächtelang rechnet, ob sie sich die Reparatur ihres alten Autos leisten kann. Eine alte Frau im Pflegeheim, die vom Sozialamt so wenig Taschengeld erhält, dass sie sich nicht auf die Geburtstagsfeier ihres Mitbewohners traut – weil sie nicht ohne Blumen erscheinen möchte.

Diesen Blick für die unscheinbaren, normalen Ungerechtigkeiten nicht zu verlieren oder ihn auch erst zu erlernen – das ist das Ziel eines Wettbewerbs, den der Paritätische Wohlfahrtsverband gemeinsam mit der Aktion Mensch im Sommer 2006 ins Leben gerufen hat. «Was ist Armut?» ist er überschrieben. Kinder aus allen Schulen und Jugendzentren des Landes sind aufgerufen, darzustellen, wann und wie Armut ihr Leben berührt. Ob sie in ihrem Dorf oder ihrem Stadtteil armen Menschen begegnen und was genau diese Menschen in ihren Augen bedürftig macht. Sie können Aufsätze schreiben, Bilder malen, Fotos machen. Am Ende werden die besten Beiträge als Buch veröffentlicht, auch eine Ausstellung wird es geben.

Die Kinder sollen die Gesellschaft, in der sie leben, neu kennen lernen. Kinder nehmen bei so etwas in der Regel weniger Rücksicht als Erwachsene. Ihr Blick ist schonungsloser. Ehrlicher.

Als Ulrich Schneider 1988 beim Paritätischen Wohlfahrtsverband anfing, war «Armut» noch ein Tabuthema. Allein der Begriff war verpönt. Helmut Kohl weigerte sich schlichtweg anzuerkennen, dass in seinem Land arme Menschen lebten. Schneider hält es allein deswegen schon für einen Riesenerfolg, dass die rot-grüne Bundesregierung Armut in Deutschland offiziell anerkannte und vorgab, die Bekämpfung dieser Armut in den Mittelpunkt ihrer Politik zu rücken.

Aber mit jeder neuen Armutsstatistik und jeder neuen Armutsdefinition wurde das Thema komplizierter und abstrakter. Inzwischen wimmelt es in den Armutsdebatten nur so von Begriffen wie «Nettoäquivalenzeinkommen», «Gini-Koeffizient» und «Einkommensmedian». Der Paritätische Wohlfahrtsverband geht deshalb genau den umgekehrten Weg. Er arbeitet bei der Bestimmung von Armut inzwischen wieder mit einem alten, aber klar umrissenen Maß: dem Sozialhilfeniveau. «Sozialhilfe ist begrifflich eingeführt», sagt Schneider. «Jeder verknüpft damit konkrete Vorstellungen, seien sie im Einzelfall richtig oder falsch. Darüber hinaus ist Sozialhilfe keine relative, sondern eine absolute Größe.»

345 Euro – das ist für den Paritätischen Wohlfahrtsverband also das Maß aller Dinge. Wer mit diesem Existenzminimum auskommen muss, ist arm. Ende der Diskussion.

Nach Berechnungen des Paritätischen Wohlfahrtsverbandes leben heute 7,2 Millionen Menschen auf Sozialhilfeniveau. Das macht 7,2 Millionen Mal Armut – nicht «relative Einkommensarmut», nicht «Armutsrisikoquote», nicht «Bedrohung von Armut». Sondern messbare Armut. Sozialer Ausschluss.

Zum Jahresende 2004 waren es rund drei Millionen, die von Sozialhilfe lebten. Mit der Einführung von Hartz IV am 1. Januar 2005 schnellte diese Zahl rasant in die Höhe. Das war kein Versehen, sondern politisch so gewollt. Gerhard Schröder und seine rot-grüne Regierung setzten auf die harte Tour. Deutschland kämpfte auf dem Weltmarkt mit der Billigkonkurrenz aus China und der Slowakei, da sollte sich keiner mehr auf Kosten des Staates ausruhen. Wer heute seine Arbeit verliert, rast in hohem Tempo nach unten, ein Jahr und ein paar Übergangszahlungen später ist er auf Sozialhilfeniveau. Alle über 55 Jahre haben Glück: Bei ihnen dauert es 18 Monate.

7,2 Millionen Menschen auf Sozialhilfeniveau – das sind vor allem Langzeitarbeitslose, die im Monat von maximal 345 Euro Arbeitslosengeld II plus durchschnittlich 320 Euro Mietzuschuss leben; deren Kinder unter 15 Jahre, die 207 Euro Sozialgeld erhalten; Ehemänner und Ehefrauen, die gar keine Unterstützung mehr bekommen, weil ihr Partner noch Arbeit oder Vermögen besitzt; rund eine Million Erwerbstätige, die so wenig verdienen, dass sie zusätzlich zu ihrem Niedriglohn aufstockendes Arbeitslosengeld II beantragen müssen. Das sind aber auch diejenigen, die ihre Ansprüche aus unterschiedlichen Gründen gar nicht geltend machen, immerhin mehrere Hunderttausend.

Die alte Sozialhilfe gibt es nicht mehr. Mit der Hartz-IV-Reform wurden Arbeitslosenhilfe und Sozialhilfe zusammengelegt. Neu geschaffen wurde eine so genannte «Grundsicherung für Arbeitsuchende», das Arbeitslosengeld II. Sie bemisst sich nicht mehr nach dem zuletzt verdienten Einkommen, wie noch die Arbeitslosenhilfe, sondern nach einer vom Staat festgelegten Bedürftigkeit. Obwohl die Regierung immer wieder versichert hatte, sie werde die neue Grundsicherung höher ansetzen als die Sozialhilfe, beschloss sie etwas anderes: Die 345 Euro Arbeitslosengeld II entsprechen ziemlich genau dem alten Sozialhilfe-Regelsatz.

«Eine soziale Grundsicherung muss vor Armut schützen, damit sie diesen Namen verdient», sagt Ulrich Schneider. «Das kann man vom Arbeitslosengeld II und dem Sozialgeld nicht behaupten.»

Der Paritätische Wohlfahrtsverband hat bereits 2001 in einer Expertise belegt, dass sich der Regelsatz in der Sozialhilfe zwischen 1993 und 2001 real nicht erhöht hatte. Im Gegenteil, Sozialhilfeempfänger verfügten in Westdeutschland sogar über 3,8 Prozent und in Ostdeutschland über 5,1 Prozent weniger Kaufkraft. Im vorigen Jahr haben Schneider und seine Leute eine neue Untersuchung vorgelegt. Sie wiesen detailliert nach, dass die Regierung bei der Festsetzung der Höhe des Arbeitslosengeldes II statistisch getrickst und den Bedarf für die Betroffenen völlig willkürlich und am Leben vorbei ermittelt hatte.

Schneider listet akribisch auf, was die Regierung beispielsweise als monatlichen Bedarf für Kinder bis 15 Jahre festgesetzt hat: 3,65 Euro für Schuhe. 13,88 Euro für Kleidung. 79,63 Euro für Nahrungsmittel und Getränke. 1,41 Euro für Spielzeug. 0,44 Euro fürs Fahrrad. 1,33 Euro für Schulhefte, Schreibzeug und Malsachen. 1,36 Euro für Zoo-, Kino- und Theaterbesuche.

Er lässt eine Pause, als er mit der Aufzählung fertig ist. Er weiß, was die Zahlen erzählen: Dieses Sozialgeld von 207 Euro im Monat ist ein Witz. Es soll den Kindern das soziale und kulturelle Existenzminimum sichern, behauptet die Regierung. Aber mit 1,36 Euro in der Tasche wird ein Kind im Theater gerade mal bis ins Foyer vorgelassen.

Schneiders Verband hat Ende Mai 2006 in einer neuen Expertise errechnet, dass das Arbeitslosengeld II und das Sozialgeld für Kinder 20 Prozent unter einem Niveau liegen, das tatsächlich vor Armut schützt. Sein Vorschlag für einen fairen Regelsatz: «415 Euro im Monat – 70 Euro mehr als die momentan gewährten 345 Euro.» Außerdem solle die Regierung wieder die Möglichkeit einräumen, einmalige Leistungen zu gewähren, beispielsweise für Kinderschuhe, Wintermäntel oder ein gebrauchtes Fahrrad; diese einmaligen Pauschalen sind in das Arbeitslosengeld II eingerechnet worden. «Wenn heute außergewöhnliche Ausgaben anfallen, wie etwa der Kauf einer Schulmappe zur Einschulung», sagt Schneider, «dann ist es den Eltern gerade noch erlaubt, bei der Arbeitsagentur ein Darlehen aufzunehmen, das ihnen sogleich wieder in Raten von den 207 Euro abgezogen wird. So tappen sie in die Verschuldungsfalle.»

Was hingegen macht die Große Koalition? Sozialpolitik nach Kassenlage. Sie überlegt, ob sie das Arbeitslosengeld II kürzt – um Kosten zu sparen. Einige reden schon von einem neuen Regelsatz von 225 Euro. Die im Bundeshaushalt 2006 vorgesehenen Ausgaben von 24,4 Milliarden Euro für Hartz IV werden voraussichtlich um drei Milliarden Euro übertroffen. Die Politiker haben das Ausmaß an Armut in dieser Gesellschaft unterschätzt. Es melden sich einfach zu viele Bedürftige.

Reichen, nachdem die Miete für die Wohnung bezahlt ist, 345 Euro für ein würdevolles Leben? Oder 207 Euro für ein Kind? Oder 1243 Euro für eine fünfköpfige Familie mit drei kleinen Kindern? Vielleicht hilft es, das Ausmaß des Problems zu erkennen, wenn jeder einmal den von der Regierung festgesetzten Erwachsenen-Regelsatz für sich selbst durchrechnet: 9,90 Euro im Monat für Körperpflege und Friseur. 5,95 Euro für Möbel und Einrichtungsgegenstände. 0,71 Euro für Rundfunkgeräte. 6,09 Euro für Schuhe. 3,50 Euro für Reparaturen in der Wohnung. 5,98 Euro für Bücher. 2,21 Euro für Schreibwaren. Möglicherweise verliert dadurch ja der eine oder andere seine abgeklärte Haltung zum Thema Armut.

In Wirklichkeit jedoch passiert häufig das Gegenteil. Die Zahlen werden aus dem Zusammenhang gerissen und aufgebauscht. Der Ausnahmefall einer vierköpfigen Familie, die mit allen möglichen Ansprüchen, Übergangsgeldern und Zusatzkosten 1800 Euro staatliche Unterstützung im Monat erhält, wird gern zum komfortablen Normalfall erklärt. «Arm durch Arbeit, reich durch Hartz IV?», lautet der Titel der Talkshow «Sabine Christiansen» am 28. Mai 2006. Ein paar Tage zuvor hatte der *Stern* die These vertreten, Hartz IV mache in Wahrheit reich und bequem. Deswegen würden die Bedürftigen heute auch «phantasievoll» erkunden, «wie ein Platz an den Fleischtöpfen des Sozialstaats erobert werden kann».

Schneider kennt all diese Zahlen und Rechenbeispiele auswendig. Sein Urteil ist klar: «Hartz IV bedeutet eine tiefe Zäsur. Dieses Konzept verschärft die Armut in Deutschland radikal.»

Er hält eine Karte in die Luft. Noch eine Anklage. Die Karte zeigt die Bundesrepublik, eingeteilt in 429 Kreise. Auf ihr kann man anhand von Farben ablesen, wie viele Kinder in welchem Gebiet auf Sozialgeld angewiesen sind. Helles Gelb heißt: Kreis mit niedriger Betroffenheit. Dunkles Gelb und helles Rot: mittlere Betroffenheit. Dunkles Rot: sehr hohe Betroffenheit. Westdeutschland ist ein gelbes Meer, lediglich an ein paar Stellen sind rote Flecken zu sehen, in Nordrhein-Westfalen, Hessen und rund um Bremen zum Beispiel. Der Osten hingegen versinkt in dunklem Rot, nur südlich von Berlin, in Brandenburg, leuchtet ein einziger dunkelgelber Fleck. Deutschland ist sogar in seiner Armut gespalten.

Und die Kinderarmut hat einen traurigen Rekordstand erreicht. Mit Hartz IV stieg die Zahl der bedürftigen Kinder von 965 000 auf heute 1,7 Millionen. In Westdeutschland wächst etwa jedes achte Kind in Armut auf – in Ostdeutschland jedes vierte. In Städten wie Görlitz, Halle oder Schwerin leben fast 35 Prozent der Kinder von Sozialhilfe.

Welche Folgen hat das für ein Gemeinwesen, wenn jedes dritte Kind in einer Familie von Langzeitarbeitslosen groß wird? Worauf gründet das Selbstwertgefühl dieser Kinder? Wie sollen sie Leistungsbereitschaft und Motivation ausprägen, wenn sie in Stadtteilen leben, in denen sie keine Chance haben, auch nur einen Erwachsenen zu kennen, der regelmäßig arbeitet? Wie verhalten sie sich gegenüber einer Erwerbsgesellschaft, die ihre Eltern überflüssig macht? Welche andere Chance haben sie, als die Armut ihrer Eltern zu erben?

Diese Fragen treiben den Armutsprofi Ulrich Schneider um – schlüssige Antworten darauf hat er keine. «Ich weiß nur, dass in diesen Parallelgesellschaften kleine Zeitbomben ticken.»

Kinder sind von Armut mehr betroffen als Rentner, Frauen mehr als Männer, Familien mehr als kinderlose Paare, Proletarier mehr als Akademiker, Einwanderer mehr als Einheimische, Ostdeutsche mehr als Westdeutsche. Am größten ist das Armutsrisiko für allein erziehende Mütter und Väter (35,4 Prozent) sowie für junge Migranten (34 Prozent). Eines verbindet sie jedoch alle: Die mit Abstand wichtigste Ursache für ihr Abrutschen in Armut ist der Verlust der Arbeit. Und wer noch nie einen Job hatte, kann gar nicht erst abstürzen – er ist bereits unten.

Für die Problemgruppen unter den Abgehängten benutzen Forscher manchmal einen abwertenden Begriff: A-Bevölkerung. Ausländer, Alleinerziehende, Arbeitslose.

Welche wirtschaftlichen, sozialen und psychischen Folgen Arbeitslosigkeit hat, ist in Tausenden von soziologischen Aufsätzen und Büchern der Weltliteratur beschrieben worden. Am meisten berührt immer noch die allererste Studie über die Wirkungen lang andauernder Arbeitslosigkeit. Sie beschäftigt sich mit den «Arbeitslosen von Marienthal». Im Jahre 1933 wurde sie von den Soziologen Marie Jahoda, Paul F. Lazarsfeld und Hans Zeisel verfasst. Der schmale Band gilt als Pionierarbeit der empirischen Sozialforschung. Es ist kein Werk voller Zahlen und Prozentrechnungen, es analysiert eindringlich, was aus Menschen wird, die sich nutzlos fühlen. Das Buch liest sich, als sei es gestern geschrieben worden. Angela Merkel sollte es vor ihrer nächsten Hartz-Reform einfach mal zur Hand nehmen.

«Jetzt treten wir in den Ort, und der Eindruck, den wir gewinnen, ist der einer abgestumpften Gleichmäßigkeit. Was uns im weiteren Verlauf noch in den verschiedensten Belegen begegnen wird, das tritt uns von allem Anfang an in einem einförmigen, bewegungsarmen Bild entgegen: hier leben Menschen, die sich daran gewöhnt haben, weniger zu besitzen, weniger zu tun und weniger zu erwarten, als bisher für die Existenz als notwendig angesehen worden ist.» Was die Autoren gleich zu Beginn präzise und empathisch schildern, führen sie in ihrer Studie, für die sie ein Jahr lang vor Ort geforscht haben, in vielen Details akribisch aus: die katastrophalen Folgen für eine Ortschaft, in der auf einen Schlag fast alle Erwachsenen ihren Arbeitsplatz verloren.

Das Industriedorf Marienthal in Niederösterreich schließt 1929 infolge der Weltwirtschaftskrise seinen einzigen Großbetrieb, eine Baumwollspinnerei. Von 478 Familien leben drei Viertel fortan allein von Arbeitslosenunterstützung. Arbeit haben nur noch wenige, der Bürgermeister, der Gemeindesekretär, drei Gendarmen, der Wirt, die Hebamme, die Lehrerin, der Briefträger. Zweieinhalb Jahre nach dem kollektiven Absturz finden die Sozialforscher in dem einst so lebendigen Ort eine «müde Gemeinschaft» vor. Die Menschen lesen keine Zeitung mehr, die Arbeiterbibliothek hat fast alle Besucher verloren, der einstmals herrschaftliche Park ist verwildert, der Montessori-Kindergarten geschlossen. Selbst die in der Geschichte Marienthals bekannten politischen Schlägereien, etwa nach Versammlungen, bleiben plötzlich aus. Bei den Landtagswahlen im April 1932 verzeichnet die Polizei lediglich ein paar Plakatvernichtungen.

Das gesamte Leben schwingt in einem 14-tägigen Rhythmus. Alle zwei Wochen wird das Arbeitslosengeld ausgezahlt. Dieser Tag der Auszahlung besitzt weitaus größere Bedeutung als der Sonntag: Besseres Essen kommt auf den Tisch, ein Teil der Schulden wird abbezahlt.

Die Dorfbewohner reduzieren alle Bedürfnisse und Ansprüche. Sie leben gleichmütig und erwartungslos dahin. Sie verlieren fast völlig das Verhältnis zur Zeit. Nichts mehr muss schnell oder pünktlich geschehen, weil egal ist, was überhaupt geschieht. Die Menschen laufen langsamer, ihre Gespräche werden schleppender, wenn ein Auto durchs Dorf fährt, bleiben fast alle stehen und drehen den Kopf ein wenig. Während den Frauen die Arbeit im

Haushalt wenigstens noch ein paar Orientierungspunkte gibt, verlieren sich die Männer im Nichtstun. «Losgelöst von ihrer Arbeit und ohne Kontakt zur Außenwelt, haben die Arbeiter die materiellen und moralischen Möglichkeiten eingebüßt, die Zeit zu verwenden», schreiben Jahoda, Lazarsfeld und Zeisel. «Sie, die sich nicht mehr beeilen müssen, beginnen auch nichts mehr und gleiten allmählich ab aus einer geregelten Existenz ins Ungebundene und Leere. Wenn sie Rückschau halten über einen Abschnitt dieser freien Zeit, dann will ihnen nichts einfallen, was der Mühe wert wäre, erzählt zu werden.»

Der Ort als Ganzes resigniert. Er fügt sich dem Niedergang. Die aktivsten und energischsten Marienthaler wandern ab. Zurück bleiben diejenigen, die die Beziehung zur Zukunft völlig verloren haben. Ihre körperliche Widerstandskraft schwindet. Die Gesundheit der Kinder leidet unter der einseitigen Ernährung. Die Jugendlichen verschwinden völlig von der Bildfläche und treiben sich herum. Neben der Aussichtslosigkeit der Lage erfahren die Familien zunehmend materielle Not. Langsam, aber stetig steigt der finanzielle Druck. Die Arbeitslosenunterstützung wird von der Notstandshilfe abgelöst, die Notstandshilfe verringert sich, bevor sie ganz eingestellt wird. Neben dieser Kürzung der Unterstützung ist fast genauso gravierend, dass sich das Inventar abnutzt und für Neuanschaffungen kein Geld da ist. Die Schuhe und Kleider zerreißen, das Geschirr zerbricht, ein Krankheitsfall reißt eine ganze Familie in Schulden. Die Armut wird existenziell.

Die Sozialforscher erkennen: «Schon eine Differenz von monatlich 5 Schilling heißt, nur mehr mit Saccharin kochen können oder doch noch Zucker verwenden; die Schuhe in Reparatur geben können oder die Kinder von der Schule zu Hause lassen müssen, weil sie nichts mehr an den Füßen haben; heißt sich gelegentlich eine Zigarette zu 3 G [Groschen] leisten zu können oder immer nur Stummel auf der Straße aufklauben; 5 Schillinge mehr oder

weniger, das bedeutet die Zugehörigkeit zu einer anderen Lebens-
form.»

Die Marienthaler haben alles verloren: Arbeit, Status, Tradition,
Lebensstandard, Selbstwertgefühl. Sie empfinden «Arbeitslossein»
als eigenen Stand. «Am Ende dieser Reihe», fassen die Autoren
zusammen, «stehen Verzweiflung und Verfall.» Als Nachklang zu
ihrer Studie äußern Jahoda, Lazarsfeld und Zeisel, spürbar mitgenommen von ihrer fast zwölfmonatigen Forschung vor Ort,
eine ungewöhnliche Hoffnung. «Wir haben als Wissenschaftler
den Boden Marienthals betreten: wir haben ihn verlassen mit dem
Wunsch, daß die tragische Chance solchen Experiments bald von
unserer Zeit genommen werde.»

Die Hoffnung war, wie wir heute wissen, mehr als vergeblich. Die
Chancen für solcherlei Experimente sind in unserer Zeit schier
unbegrenzt. Deutschland nach Hartz IV ist, so bedrückend der
Anlass auch sein mag, geradezu ein Paradies für empirische Sozialforscher. Denn was Anfang der dreißiger Jahre für Marienthal
galt, gilt heute für eine moderne kapitalistische Gesellschaft wie
die Bundesrepublik erst recht: An der Erwerbsarbeit hängt einfach
alles, Wohlstand, Identität, Selbstachtung, Zugehörigkeitsgefühl.
Ihre Macht erwächst dabei aus einem geradezu paradoxen Effekt:
Je weniger Arbeit zu vergeben ist, desto mehr erlangt sie soziales
Prestige, und wir werden geradezu krank, wenn sie uns entzogen
wird.

Im 21. Jahrhundert steht jedoch mehr auf dem Spiel als nur die
Lebensweise einer dörflichen Gemeinschaft. Es geht um den moralischen Anspruch der westlichen Demokratien insgesamt: Freiheit
mit Wohlstand zu verbinden. «Zuerst verloren die Kirchen ihre
Kraft, dann die Familie, die Gemeinde, die Nation», analysiert
Ralf Dahrendorf. «Überall sind Gesellschaften den Weg von stän-
dischen zu vertraglichen Bindungen gegangen. Am Ende war der

Arbeitsvertrag fast die einzige noch übrig gebliebene Methode, um dem Leben von Menschen Struktur zu geben. In dem Maße, in dem das nicht mehr die Regel, ja für die meisten nicht mehr die Lebenserfahrung ist, entsteht eine gefährliche Leere. Die moralischen Grundlagen der Gesellschaft lösen sich auf.»

Wenn die Erwerbsarbeit zur zentralen Anerkennungs- und Integrationsinstanz für jeden Einzelnen geworden ist, dann gilt umgekehrt, dass sie diejenigen, die nicht in ihrem Besitz sind, rigoros aus der Gesellschaft ausgrenzt. Und das betrifft immer mehr Menschen, weil immer mehr nicht nur arbeitslos werden, sondern auch arbeitslos bleiben. In den zurückliegenden vier Jahren ist die Zahl der Langzeitarbeitslosen auf fast 40 Prozent angestiegen. In manchen Regionen Ostdeutschlands ist sogar jeder Zweite seit Jahren ohne Beschäftigung. Die Folgen sind die gleichen wie in Marienthal: Wachsende Verzweiflung und schleichender Verfall.

Dort, wo Arbeitslosigkeit sich verfestigt, wird Armut fast unausweichlich. So richtig es sonst ist, darauf hinzuweisen, dass Armut kein gleichsam naturgegebener, unabänderlicher Zustand ist, dass Betroffene sich aus Armut auch wieder befreien können – in diesem Fall hat ein Befreiungsversuch nur geringe Aussichten auf Erfolg. Selbst bei Jugendlichen, die gerade erst am Anfang ihres beruflichen Lebens stehen, ist dies der Fall. Bei ihnen ist die Arbeitslosigkeit ja eng mit anderen Handicaps verknüpft: gescheitertem Schulabschluss, zerrütteten Familien, kaum ausgeprägten sozialen Fähigkeiten, emotionaler Armut. Sie stecken in einer Sackgasse fest. Die einzige Karriere, die sie vor sich haben, ist eine Armutskarriere.

Es spricht für sich, dass Berliner Hauptschüler, von der Lehrerin auf ihren Berufswunsch angesprochen, antworten: «Ey, Alte, ich will Hartz IV werden.»

Diesen Teufelskreis aus Langzeitarbeitslosigkeit und Armut zu durchbrechen, war ja gerade eines der erklärten Ziele der Schröder-Regierung, als sie die Hartz-Revolution anzettelte. Entsprechend großspurig war der Kanzler gestartet. «Heute ist ein schöner Tag für die Arbeitslosen in Deutschland», ließ Gerhard Schröder den Vorsitzenden seiner Reformkommission, den VW-Personalmanager Peter Hartz, im August 2002 verkünden. Das Ziel des Hartz-Konzepts: die Halbierung der Arbeitslosigkeit. Aus damals vier Millionen sollten bis Ende 2005 zwei Millionen Arbeitslose werden.

Heute sind es fünf Millionen.

Hartz I, Hartz II, Hartz III, Hartz IV – mit all diesen Reformen ist die Regierung gescheitert. Sie glaubte an ihre eigene Lüge von der Vollbeschäftigungsgesellschaft. Sie behauptete einfach: Sozial ist, was Arbeit schafft. Egal, was für eine Arbeit es ist. Egal, wie die Arbeit bezahlt wird. Egal, ob die Arbeit zum Arbeitslosen passt.

Ganz egal, ob überhaupt genug Arbeit da ist.

Sie nannte das «Fordern und Fördern». Sie versprach den Menschen, sie bei der Arbeitssuche zu unterstützen, ihnen durch bessere Vermittlung Jobs zu beschaffen und sie aus ihrer Armut zu befreien. In Wahrheit erhöhte sie lediglich den Druck. Wer sich dem auch nur einmal entzieht, dem wird sofort drei Monate lang sein Arbeitslosengeld um 30 Prozent gekürzt. Verweigert sich der Arbeitslose innerhalb dieser Zeit nochmal – weitere 30 Prozent weg. Lehnt er drei Arbeitsangebote innerhalb eines Jahres ab, wird ihm die gesamte Unterstützung gestrichen. Es mag ja sein, dass Druck manchmal beflügelt, dass vielleicht 10 bis 15 Prozent der Langzeitarbeitslosen einen schlecht bezahlten Job annehmen, weil man sie dazu drängt – dann bleibt jedoch immer noch eine Mehrheit, die diese Chance gar nicht hat: die Ungelernten, die Älteren, die gesundheitlich Angeschlagenen, alle Arbeitslosen in Gegenden, wo es schlichtweg keine Arbeit gibt. Sie werden geopfert, damit sich am Ende des Arbeitslosenheeres ein bisschen was bewegt.

Es ist fast so wie bei dem Spiel «Reise nach Jerusalem»: Die

Stühle werden immer weniger, die Musik spielt immer schneller – nur die Zahl der Mitspieler bleibt im wirklichen Leben gleich.

Wenn man später einmal Historiker fragt, wann die alte Bundesrepublik zu Ende gegangen ist, werden sie sagen: mit Hartz IV. Mit diesem Gesetz verabschiedete sich der deutsche Sozialstaat von seinen Versprechen der umfassenden Daseinsfürsorge und der Statussicherung. Ab jetzt war Selbstbehauptung gefragt. Der Staat wälzte die Risiken, die er früher selbst auf sich nahm, einfach auf seine Bürger ab. Er interessierte sich nicht dafür, dass viele Schwache nicht so stark, mobil und flexibel sind, um das moderne Überlebensprogramm erfolgreich bestehen zu können.

«Niemand wird es künftig gestattet sein», sagte Schröder im März 2003 in seiner Regierungserklärung zur Agenda 2010, «sich zu Lasten der Gemeinschaft zurückzulehnen.»

«Selbstaktivierung» nennen die Politiker das neue Programm. Es erfordert den Unternehmer seiner selbst. Die Ich-AG. Sie soll die Rettung ausgerechnet denjenigen bringen, die ohnehin dabei sind, den Anschluss zu verlieren. Selbst der Arbeitslose wird so nach den Bedürfnissen des Marktes zugerichtet. Aus ihm wird ein Wirtschaftssubjekt, das dem Markt rund um die Uhr zur Verfügung zu stehen hat. Er darf sich nicht in Sicherheit wiegen, denn Sicherheit macht bequem.

Es ist kein Zufall, dass die verknöcherte Bundesanstalt für Arbeit ausgerechnet von der Unternehmensberatung McKinsey umgebaut worden ist. Schließlich sollte auch die Arbeitslosigkeit, die Unwirtschaftlichkeit schlechthin, der Diktatur der Effizienz unterworfen werden. Die Mammutbehörde in Nürnberg gehört jetzt zur McKinsey-Welt. Sie ist keine Anstalt mehr, sondern eine «Agentur». Sie betreut keine Arbeitslosen, sondern «Kunden». Die «Kunden» warten nicht mehr in trostlosen Arbeitsämtern, sondern in hellen «Jobcentern». Deren Eingangsbereich heißt «ServiceCenter», die Empfangsdamen nennen sich «Scouts». Sie geleiten die «Kunden» zu ihrem «PaP», ihrem persönlichen Ansprechpartner, oder führen ihn gleich zum «Case Manager», ihrem Arbeitsvermittler. Dessen Aufgabe ist es, den passenden Job für den passenden Arbeitslosen, pardon, «Kunden» zu finden – diese Tätigkeit heißt «matching». Hinweise oder gar Beschwerden? Darum kümmert sich das «Kundenreaktionsmanagement».

Alles ist modern, modern, modern – nur die Arbeitslosen sind wie früher. Die neue Managerlogik passt natürlich nicht mehr so richtig zum sozialpolitischen Auftrag der Behörde. Als die Regierung Ende vorigen Jahres die ersten drei Hartz-Gesetze evaluieren ließ, knallten ihr mehrere Forschungsinstitute 2500 Seiten und jede Menge schlechter Nachrichten auf den Tisch. Deren ernüchterndes Fazit: Die meisten Instrumente sind wirkungslos, einige verlängern sogar die Arbeitslosigkeit. Eine verbesserte Arbeitsvermittlung konnten die Ökonomen schon gar nicht feststellen. Im Gegenteil: Gerade jene Arbeitslosen, die bei der Jobsuche erhebliche Hilfe benötigten, würden benachteiligt. Ihr Risiko, dauerarbeitslos zu werden, steige.

Bessere Arbeitsvermittlung kann helfen. Manchmal. Aber insgesamt sind die Hartz-Reformen ein hilfloser Versuch, die «gefährliche Leere», von der Dahrendorf spricht, mit irgendetwas zu füllen, und sei es mit Zwang. Heraus kommt dabei keine Revolution, sondern Repression.

Wie etwa im Falle von Omid Amiri, dem arbeitslosen Iraner, der in diesem Buch porträtiert ist. Er wurde vom Amt ultimativ aufgefordert, an einem Bewerbertraining teilzunehmen, andernfalls werde ihm seine Leistung gestrichen. Ausländer, die kaum Deutsch konnten, sollten lernen, am Computer ihre Unterlagen zu erstellen. Amiri war kurz zuvor von demselben Amt zum Informatiker ausgebildet worden. Er spricht perfekt Deutsch, Englisch und Persisch. Er beherrscht die Sprache seiner neuen Heimat so gut, dass er auf der Behörde die richtige Frage stellen konnte: «Wollen Sie mich verarschen?»

Für Leute wie Amiri, Arbeitslose, die alles versuchen, die sich umschulen lassen, die motiviert sind, die jeden Job annehmen würden und am Ende trotzdem scheitern, hat der Soziologe Heinz Bude eine charakteristische Bezeichnung gefunden: Er nennt sie «aktive Verlierer».

Dieser Hartz-IV-Irrsinn, der Sisyphus-Kampf mit der harten Wirklichkeit, der absurde Zwang, das ganze System irgendwie am Laufen zu halten, die ohnmächtige Hoffnung auf irgendein rettendes Ereignis – darüber hat der Schriftsteller Jakob Hein ein wunderbares Buch geschrieben. Sein Held treibt es auf die Spitze: Er macht das alles nicht mehr mit. «Herr Jensen steigt aus» heißt der Roman.

Herr Jensen verliert eines Tages völlig überraschend seine Arbeit als Briefträger bei der Post – ausgerechnet im Rahmen eines neuen Programms zur Verhinderung betriebsbedingter Kündigungen. Herr Jensen versteht diese Maßnahme nicht. Hat er nicht zehn Jahre lang sorgfältig, ja geradezu liebevoll die Post in die Briefkästen gesteckt? Aber nach anfänglicher Irritation macht er Gebrauch von seiner Freiheit, schließlich ist er doch genau das: frei gestellt. Er überwindet seinen alten Lebensrhythmus, lernt, spät aufzustehen, bestellt seine Zeitung ab, schmeißt seinen Fernseher aus dem Fenster und sieht die Welt plötzlich so, wie er sie noch nie gesehen hat. Er stellt unbequeme Fragen. Er will in dieser verrückten Welt keinen, wie sagt man so schön, festen Platz einnehmen.

Dass er für sein Geld, das er jahrelang in die Arbeitslosenversicherung einbezahlt hat, herumgescheucht wird, stimmt ihn sehr unzufrieden. Die erste Weiterbildungsmaßnahme des Arbeitsamtes, «Fit for Gastro», lässt er noch stillschweigend über sich ergehen; sie ist eine reine Beschäftigungstherapie. Bei der zweiten Maßnahme rebelliert Herr Jensen. Er soll für die Welt qualifiziert werden, aus der er kommt. «Fit for Logistics» heißt das Programm. «Ich habe mehr als fünfzehn Jahre bei der Post gearbeitet, bevor mir gekündigt wurde. Ich kenne mich in der Branche aus», versucht er der Sachbearbeiterin klar zu machen.

«Dann ist doch der Kurs vielleicht eine gute Möglichkeit, wieder einzusteigen», entgegnet sie.

«Nein», antwortet Herr Jensen, «mir wurde gekündigt, um Kündigungen zu vermeiden, in der Branche gibt es keinen Wiedereinstieg. Ich bin fit für die Branche, leider ist die Branche nicht mehr fit für mich.»

Wo man dem deutschen Elend begegnen kann? Nicht überall im Land, aber mittlerweile doch an vielen, oft unscheinbaren Orten. In Delmenhorst zum Beispiel. Provinzstadt an der Bahnlinie Oldenburg–Bremen.

Manchen erscheint Delmenhorst geradezu als Ort der Sehnsucht. «Ich bin jetzt da, wo ich mich haben will / Und das ist immer Delmenhorst», singt Sven Regener auf dem neuen Album von «Element of Crime». «Erst wenn alles scheißegal ist / Macht das Leben wieder Spaß / Hinter Huchting ist ein Graben / Der ist weder breit noch tief / Und dann kommt gleich Getränke Hoffmann / Sag Bescheid wenn du mich liebst.»

Diese widerspenstige Trauer über eine verlorene Liebe, die heiter-melancholische Art, das Leben so zu nehmen, wie es kommt, die Hymne auf Delmenhorst – das ist typisch für die Berliner Rockband. Regener, nicht nur Sänger von «Element of Crime», sondern auch der literarische Erfinder von «Herrn Lehmann», hat viel übrig für die spöttischen Beobachter am Rande, für die, die davon überzeugt sind, dass manches immer so bleibt, wie es ist. Denen die neuen Zeiten nicht ganz geheuer sind. Die sich freiwillig ein Exil in der Provinz suchen, und sei es, um ihrer alten Liebe zu entfliehen. Erst wenn alles scheißegal ist, macht das Leben wieder Spaß.

«Mittelpunkt der Welt» heißt die neue Platte von «Element of Crime». Das Coverfoto zeigt eine Bushaltestelle auf dem flachen

Land, nichts als ein Schild und endloser, blauer Himmel, aufgenommen irgendwo im Oderbruch. Weiter weg von Deutschlands neuer Mitte kann man gar nicht sein. Außer vielleicht in Delmenhorst. «Delmenhorst ist einfach eine Stadt, die man nicht groß auf dem Zettel hat», sagt Regener. «Deshalb war es reizvoll, sie poesiefähig zu machen.»

Wenn man mit der Regionalbahn von Bremen kommend nach Delmenhorst fährt, kann man nicht übersehen, wie sich kurz vorm Bahnhof rechts entlang der Schienen ein riesiges Fabrikgelände erstreckt. Ein imposantes Backsteingebäude reiht sich an das andere. Still und erhaben liegt das Anwesen da. Wie tot.

Es ist tot, jedenfalls das, was es einmal war: das Herz Delmenhorsts. Die Norddeutsche Wollkämmerei und Kammgarnspinnerei, von den Bewohnern nur «Wolle» genannt. Fast 100 Jahre lang der bedeutendste Arbeitgeber der Stadt, gegründet 1884, geschlossen 1981. Mehr als nur ein Werk – ein ganzer Komplex aus Produktionsstätten, Wohnsiedlungen, Bäckerei, Krankenhaus, Badeanstalt, Kinderhort, Unternehmervilla und herrschaftlichem Park, eine Stadt in der Stadt, eine der größten einheitlich gestalteten Industrieanlagen Europas.

Die Fabrik hat Heerscharen von Arbeitern ernährt, darunter viele ausländische Gastarbeiter, Ungarn, Polen, Galizier, Tschechen, die Firmenchef Lahusen nach Delmenhorst lockte, indem er ihnen das Himmelreich auf Erden versprach. Die kleine Stadt erlebte eine regelrechte Bevölkerungsexplosion. Die «Wolle» war der Stein und Metall gewordene Glaube daran, dass es im Leben irgendwie immer aufwärts geht.

Heute versuchen sie hier, Anschluss an die neue Zeit zu finden. In die riesigen Hallen sind kleine Technologieunternehmen, Kultureinrichtungen und Bildungsstätten eingezogen, das frühere Mädchenwohnheim dient als Seniorenwohnanlage. Das Stadtentwicklungsprojekt «Nordwolle Delmenhorst» präsentierte sich sogar als Außenstandort zur Weltausstellung EXPO 2000 in Hannover. Aber selbst die Zukunft erzählt immer wieder nur vom Untergang der alten Industrie. Das Fabrikmuseum, Mittelpunkt des neuen Stadtteils, hält diese Geschichte lebendig. In jedem seiner Räume erinnert es daran, dass die Stadt sich abmühen kann, wie sie will, die riesige Lücke, die das Werk gerissen hat, wird sie niemals füllen.

Delmenhorst ist die Arbeit ausgegangen.

Aber die Menschen, die die Stadt einst anwarb, sind immer noch da: knapp 80 000, darunter 10 000 Ausländer, Einwanderer mit deutschem Pass sowie Spätaussiedler aus der Sowjetunion. Sie versuchen, aus Delmenhorst das zu machen, was man gern «Dienstleistungszentrum» nennt, wenn man nicht mehr weiter weiß. Dienstleistung – das heißt hier vor allem Einzelhandel. Und Einzelhandel – das bedeutet zu wenige und zu schlecht bezahlte Jobs, Stundenlöhne von sieben Euro brutto und darunter. Das Schicksal von Delmenhorst lässt sich in ein paar traurige Zahlen packen. Arbeitslosenquote: 17 Prozent. Dahinter verstecken sich fast 70 Prozent Langzeitarbeitslose. Die Hälfte aller Beschäftigten arbeitet in 400-Euro-Jobs oder anderen geringfügigen Beschäftigungsverhältnissen. Keine Stadt in Niedersachsen hat ein niedrigeres Pro-Kopf-Einkommen. Und keine andere Stadt in ganz Deutschland hat im Verhältnis zur Einwohnerzahl mehr private Insolvenzen zu verzeichnen als Delmenhorst.

Diese Armut sieht anders aus als noch vor 25 Jahren, als die «Wolle» dichtmachte und plötzlich Hunderte auf der Straße standen. Damals zahlte der Staat den Arbeitslosen einfach Geld, ließ sie in Ruhe, und alle zusammen hofften sie auf bessere Zeiten. Heute wird immer noch Geld gezahlt, wenn auch weniger als früher, aber auf bessere Zeiten hoffen nicht mehr viele. Die Probleme wurden von Jahr zu Jahr, von Generation zu Generation größer. Heute sind sie allen über den Kopf gewachsen.

Natürlich gibt es immer noch Menschen, die an materieller Not leiden. Aber viel mehr als an Geld mangelt es ihnen am Glauben an sich selbst. Sie haben sich aufgegeben, sie sind unfähig, die einfachsten Dinge ihres Alltag zu organisieren, sie haben verlernt, sich für irgendetwas in ihrem Leben anzustrengen. Schon ihre Großeltern lebten von Sozialhilfe, danach ihre Eltern, jetzt sie selbst, und wenn nichts passiert, wird es ihren Kindern nicht besser ergehen. Dass der Staat für ihre Tristesse bezahlt, halten sie für selbstverständlich.

Viele von denen, die einmal unten sind, sind für immer unten. Ihre Armut heißt Chancenlosigkeit. Sie zeigt sich als Bildungsarmut, als Verhaltensarmut, als Armut an Zuwendung. Die einen versaufen ihr Arbeitslosengeld, die anderen vernachlässigen ihre Kinder seelisch und körperlich.

Es ist kein Zufall, dass die Ausländer und Migranten in Delmenhorst von dieser Armut mehr betroffen sind als die Einheimischen. Ihre Vorfahren entstammten einfachen Verhältnissen, sie waren in der «Wolle» als Hilfsarbeiter angestellt. Bildung hatte in ihren Familien noch nie einen besonders hohen Stellenwert. Der Sackgasse, in der sie sich befinden, können viele schon deswegen nicht entkommen, weil sie nur schlechtes oder gar kein Deutsch sprechen. Und die Gesellschaft lädt sie auch nicht gerade dazu ein, sich zu integrieren.

«Die Stadtverwaltung versteht sich als erster Anwalt der Schwachen», sagt Friedrich Hübner. «Aber wir unterstützen sie nicht, indem wir ihnen zusätzlich Geld in die Hand drücken. Erstens haben wir kein Geld, und zweitens können wir mit Geld ihre Probleme nicht mehr lösen.»

Hübner ist Stadtrat für Soziales in Delmenhorst, seit über zwölf Jahren schon. Wenn er in dieser Zeit eines gelernt hat, dann ist es die Einsicht ins Zuspätkommen: Der Staat hat vieles gut gemeint in der sozialen Arbeit, aber immer erst dann geholfen, wenn das Kind schon in den Brunnen gefallen war. Er hat die Not gelindert, aber nicht behoben. Er hat Hilfe angeboten, aber nie darauf gedrängt, dass sie auch angenommen wird. «Wir müssen früher eingreifen», meint Hübner heute. «Etwa zehn Prozent aller Kinder werden in ein familiäres Umfeld hineingeboren, in dem sie von Anfang an keine Chance haben.»

Prävention – so heißt das neue Zauberwort für den Sozialstadtrat. Aber was kann vorsorgende Sozialarbeit schon bedeuten in einer Stadt wie Delmenhorst, die bei allem, was sie tut, vom Geld redet, das sie nicht hat. 18 Millionen Euro betrug das strukturelle Defizit im Haushalt 2005 – da hat es jede noch so gute Idee schwer, Wirklichkeit zu werden.

Hübner, ein Mann von Mitte 60, der Lederjacke trägt, versucht, was er kann. Im März hat der Ausschuss für Jugend, Familie und Soziales des Rates der Stadt ein Projekt beschlossen, das den Anspruch, Kindern «von Anfang an» helfen zu wollen, ernst nimmt. So genannte Familienhebammen sollen sich um diejenigen kümmern, die schon in der Schwangerschaft und dann unmittelbar nach der Geburt mit der Sorge um ihre Kinder überfordert sind: jugendliche Mütter und Väter, allein erziehende Frauen, Familien mit besonderen sozialen Schwierigkeiten. Sie werden in ihrem häuslichen Umfeld betreut. Die Hilfe reicht von der Einhaltung der Impftermine über die tägliche Organisation des Haushalts bis hin zu pädagogischer Beratung. Nach dem ersten Lebensjahr der Kinder soll ein «familienstützender Dienst» diese Betreuung fortsetzen.

Dabei kooperiert die Stadt mit den freien Wohlfahrtsverbänden. Sie haben es leichter als das Jugendamt, die Problemfamilien zu erreichen. Aber die Realität außer Kraft setzen, das können sie auch dann nicht, wenn alle zusammenhalten – es fehlt, natürlich, an finanziellen Mitteln. Für ganz Delmenhorst wird es zunächst nur zwei oder drei Familienhebammen geben. «Wir müssen lernen zu verstehen, dass die richtige Vorsorge heute uns morgen möglicherweise viel Geld erspart», sagt Hübner. «Oder glaubt irgendjemand, Gefängnisse sind billiger als kostenlose Kindergärten?»

Was später passiert, wenn schon der Start ins Leben misslingt, kann man in Delmenhorst an jeder Ecke der Stadt beobachten. In den Kindergärten, wo bereits Drei- und Vierjährige hungrig aus dem Wochenende kommen, weil ihre Eltern schon lange nicht mehr wissen, was ausreichende und gesunde Ernährung bedeutet. In den Gymnasien, wo nur noch 11 Prozent aller Schüler ihren Abschluss machen, so wenig wie nirgendwo sonst in Niedersachsen. In den Hauptschulen, wo jedes dritte Migrantenkind scheitert. In der ARGE, dem Jobcenter für Hartz-IV-Empfänger, wo viele Schulabbrecher und Ungelernte ohne jede Chance auf anständige Arbeit auf Jahre hinaus «betreut» werden. Im Wollepark, einer Großsiedlung mit Neubauten, in der die Hälfte aller Wohnungen leer steht und die Gescheiterten unter sich sind, Milieus, wo nur Türkisch oder Russisch gesprochen wird, Lebensräume, die von den gut situierten Bürgern der Stadt längst verlassen worden sind, wenn sie denn überhaupt jemals dort gewohnt haben.

«Wir hätten hier gern Kinder aus besseren Familien», sagt Hartmut Seedorf. «Dann könnten alle voneinander lernen.»

Seedorf ist Leiter der Parkschule; sie ist die größte Grundschule in Delmenhorst, mitten im Problemkiez Wollepark gelegen. «Ghettoschule», sagen die, die glauben, es woanders besser getroffen zu haben. Fast die Hälfte der Schüler hier kommt aus Familien, in denen kein Deutsch gesprochen wird, es sind Türken, Russen, Libanesen, Iraner, Syrer, Kosovo-Albaner. In manchen Klassen sitzen nur noch zwei, drei deutsche Kinder.

«Wir sind keine Problemschule», sagt ihr Leiter. Das klingt so, als wolle er die Lage schöner darstellen, als sie tatsächlich ist. Dabei setzt Seedorf sich für seine Schüler ein. Er möchte nicht, dass sie als Ghettokinder abgestempelt werden. Er sieht es schon realistisch: Probleme haben alle, in der Parkschule bündeln sie sich nur mehr als anderswo. «Wir sind eine Brennpunktschule.»

Hier kämpfen sie tagtäglich mit Schwierigkeiten, die Politiker gern als «neue soziale Frage» verpacken: Kinder, die zu Hause nicht einmal einen Schreibtisch haben, um ihre Schularbeiten erledigen zu können; muslimische Eltern, die ihre Töchter nicht am Sport- und Schwimmunterricht teilnehmen lassen; Mütter und Väter, die noch nie eine Elternversammlung besucht haben; Mädchen und Jungen, bei denen zu Hause nicht nur kein Deutsch, sondern nicht einmal die Sprache der Eltern fehlerfrei gesprochen wird. Kinder über Kinder, denen es schwer gemacht wird, jemals in ihrem Leben etwas gewinnen zu können, und sei es nur die Chance auf eine ordentliche Ausbildung.

Für Rührseligkeiten ist ein Mann wie Seedorf nicht zu haben, dafür ist er zu lange im Geschäft. Der Direktor und seine Lehrer versuchen, keine falschen Rücksichten zu nehmen. Eltern, die ihre Kinder nicht zur Schule schicken, weil sie auf die kleinen Geschwister zu Hause aufpassen sollen, müssen mit Sanktionen rechnen. Mit Zwang allein erreicht man hier jedoch nicht viel. Wer mit den Eltern der Schüler ins Gespräch kommen will, darf sie nicht zu sich zitieren. Er muss ihnen Angebote machen.

Vor zweieinhalb Jahren hat die Parkschule das Projekt «Meine Mama lernt Deutsch» ins Leben gerufen. Eine Lehrerin, gebürtige Türkin, gibt türkischen Müttern Sprachunterricht – und weckt bei den Frauen, die oft ängstlich sind, ganz nebenbei ein wenig Verständnis für die deutsche Kultur: Warum ist für das Lernen nicht allein die Schule zuständig? Warum sollen ihre Töchter an Klassenfahrten teilnehmen? Wie wichtig ist ein Schulabschluss für die Zukunft der Kinder? In diesem Schuljahr haben 19 Mütter den Kurs begonnen – zwölf sind immer noch dabei.

«Im Grunde tun wir in der Schule nichts anderes, als die Regeln und Werte unserer Gesellschaft zu vermitteln», sagt Hartmut Seedorf. Diese Art der Integration ist, bei allen Hindernissen, nicht das Schlechteste. In 20 Jahren könnte sie sich für Delmenhorst auszahlen. Vielleicht.

All diese Anstrengungen werden ohnehin vergeblich sein, wenn das Wichtigste auch in Zukunft fehlt: vernünftige Arbeit. Solange die Lage so trostlos bleibt, wie sie ist, hat Delmenhorst auch mit der alten sozialen Frage zu kämpfen: mit Menschen, die schlicht Not leiden, die nicht genug Geld haben, um sich allein über Wasser halten zu können. Auf sie trifft man in der Breslauer Straße.

Hier sitzt die «Tafel», ein Verein, der dreimal die Woche Lebensmittel an die Bedürftigen der Stadt verteilt – montags, dienstags, mittwochs, immer von neun bis zwölf Uhr. Heute, an einem Mittwochvormittag im März, zieht sich eine lange Schlange die Straße hinab, vor allem Frauen, aber auch ein paar alte Männer, die etwas abseits stehen und russisch miteinander sprechen. Sie müssen ihre Armut zur Schau stellen, das Haus hat keinen Hintereingang.

Monika Schmidt, ehrenamtliche Chefin der «Tafel», hat momentan 1326 Delmenhorster auf ihrer Liste stehen: Langzeitarbeitslose, Niedriglohnjobber, Alte mit Minirente. Jeder Einzelne von ihnen muss seine Bedürftigkeit nachweisen, mit Papieren und Bescheinigungen: Wer mit weniger als 624 Euro im Monat auskommen muss, erhält einen Tafelpass und darf sich Lebensmittel abholen, nur einmal pro Tag, darauf wird streng geachtet, Kinder werden auf dem Tafelpass extra vermerkt.

Jeder Gast zahlt pro Besuch einen Euro, Kinder 25 Cent. Ende 2004 kamen 500 Leute an jedem Ausgabetag. Fragt man Monika Schmidt, warum heute fast dreimal so viele Schlange stehen, guckt sie streng und sagt nur ein Wort: «Hartz IV». Schmidt weiß, was das neue Arbeitslosengeld II für viele bedeutet – die 50-jährige Frau muss selbst davon leben. Zwölf Jahre lang hat sie vergeblich versucht, als Sozialpädagogin Arbeit zu finden.

Die «Tafel» finanziert sich fast ausschließlich durch Spenden.

Die Raiffeisenbank-Volksbank hat in diesem Jahr 1000 Euro überwiesen, manchmal sind es auch einfache Bürger, die 50 Euro schicken. Von den Parteien im Stadtrat fühlt sich Monika Schmidt im Stich gelassen. Viele wollten einfach nicht sehen, wie viel Armut es in Delmenhorst mittlerweile gebe. Der Vorsitzende des Rates habe sich bei ihr erkundigt, wozu die «Tafel» überhaupt notwendig sei, die Arbeitslosen würden doch vom Staat ausreichend unterstützt. «Was tun Sie eigentlich für Delmenhorst?», hat der SPD-Mann kühl gefragt.

«In Delmenhorst gibt es 7000 Hartz-IV-Empfänger. Jeden Fünften davon ernähre ich», antwortete sie. «Mehr tue ich nicht.»

Wer will, kann das Drama von Armut und Arbeitslosigkeit ein paar Kilometer hinter Delmenhorst noch einmal erleben, wenn auch ganz anders: als Liebesschlacht. Im Schauspielhaus in Bremen wird Moritz Rinkes «Café Umberto» aufgeführt, ein Stück über Beziehungen in den Zeiten von Hartz IV. Im Mittelpunkt stehen drei Paare, die sich verlieren, weil ihr Leben außerhalb des Marktes sie von sich selbst entfremdet. Der erfolglose Musiker Jaro und die vagabundiere Kleidermacherin Jule, der arbeitslose Dozent Anton und die brotlose Malerin Paula, der schwer vermittelbare Erdkundelehrer Lukas und die gefragte Fernsehmoderatorin Sonia – sie alle ringen um ein bisschen Liebe, um individuellen Sinn in einer Leistungsgesellschaft, die alle Fähigkeiten, auf die sie nicht angewiesen ist, im Handumdrehen entwertet. Der Ort des Beziehungskampfes: der Wartesaal einer durchmodernisierten Arbeitsagentur.

Solche Geschichten vom Durchkommen sind auf vielen Theaterbühnen und im deutschen Film schwer angesagt. Erik Gedeon hat im Staatsschauspiel Dresden «Hartz IV – Das Musical» inszeniert, Roland Schimmelpfennig «Angebot und Nachfrage» im Schauspielhaus Bochum, Armin Petras «3 von 5 Millionen» im

Berliner Maxim-Gorki-Theater. Das Kinopublikum nahm Andreas Dresens Film «Sommer vorm Balkon» genauso begeistert auf wie Robert Thalheims «Netto» und Eoin Moores «Im Schwitzkasten». Deutschland hat keine Lust mehr auf belanglose Komödien. Die neuen Helden sind – arbeitslos. Sie geraten ins Trudeln, verharren, grübeln, zeigen sich ratlos. Wie die ganze Republik.

Es sind neue Tragödien, die sich dort abspielen, nicht mehr am Rande der Gesellschaft, sondern in ihrer Mitte. Auch Moritz Rinkes Helden sind Menschen seines Milieus: Künstler, Akademiker, Kreative, deren Ideen niemand mehr braucht. Der Dramatiker hat für sein Stück mehrere Wochen lang in Berliner Arbeitsagenturen recherchiert und dort nicht schweigsame Verlierer, sondern lauter interessante Gesprächspartner getroffen: Biologen, Germanisten, Therapeuten, Designer, Soziologen, Journalisten, Architekten. «Da wird einem natürlich schnell klar, dass ein Schreiben über Arbeitslosigkeit in der gut gemeinten sozialkritischen Weise nicht mehr funktioniert», sagt Rinke, «also in einer Art Hauptmann'scher *Weber*-Blick für heute und von oben nach unten, mit Bier trinkenden Grubenarbeitern aus Gelsenkirchen, das trifft es einfach nicht mehr. Die beruhigende Mitte, von der in den Neunzigern immer noch die Rede war und von der wir uns dann so schön sozialkritisch und dramatisch über die Ränder beugten, die gibt es doch gar nicht mehr.»

Das Publikum in Bremen schaut nicht mit der üblichen Theaterdistanz auf die Figuren im «Café Umberto». Es lässt sie nah an sich heran. «Das zu begreifen, dass nichts mehr vor einem liegt! Ich glaube, das ist die erste Nachricht, die man bekommt vom eigenen Tod», sagt Lukas, der arbeitslose Lehrer, an einer Stelle. «Plötzlich nimmt einen diese Ahnung an die Hand und zeigt uns, wie das Schiff sich langsam dreht. Die ganze Lebenskraft auf offener See zurück …»

Die Zuschauer wissen, wovon der Mann redet. Sie sind alle Spezialisten für Verunsicherung.

Ist diese Verunsicherung der Gebildeten und Etablierten größer als ihre tatsächliche Bedrohung? Ja. Ist diese Angst vor dem sozialen Abstieg deswegen unberechtigt? Nein.

Die Mittelschicht verfügt, im Gegensatz zu den Armen, über die Fähigkeiten und die Mittel, ihre Furcht artikulieren zu können. Deswegen sieht es in der Öffentlichkeit so aus, als gebe es kein größeres Problem als die Verunsicherung, die in der Mitte der Gesellschaft um sich greift. Wenn Akademikerkinder in den Feuilletons darüber schreiben, wie es ist, auf dem Arbeitsamt eine Nummer zu ziehen, dann liest sich das mitunter so, als sei Arbeitslosigkeit samt der damit einhergehenden Erniedrigung erst im 21. Jahrhundert über Deutschland hereingebrochen.

Eine Bedrohung kann eben nur derjenige empfinden, der auch etwas besitzt, was von Verlust bedroht werden kann: Einkommen, Arbeit, Vermögen, gesicherte Existenz, sozialer Status. Gerade deswegen hat ja die breite Mittelschicht Hartz IV als tiefe Zäsur empfunden. Nicht etwa, weil alle persönlich dadurch in Armut gestürzt worden wären, das war nur selten der Fall, sondern weil das wichtigste Versprechen, das ihnen der Staat gegeben hatte, plötzlich nicht mehr galt: Wer einmal aufgestiegen ist, wer erst einmal zur Klasse der beruflich qualifizierten Arbeiter und Angestellten gehört, der kann durch eigenes Verschulden nicht aus dem Schutz des Sozialsystems herausfallen. Die Sozialhilfe musste kaum einer von ihnen je in Anspruch nehmen.

Mit Hartz IV verliert die Mittelschicht die staatliche Absicherung ihres Lebensstandards. Ein Ingenieur, ein Facharbeiter, ein Bankangestellter, ein Universitätsdozent – sie erhalten nach nur einem Jahr Arbeitslosigkeit genauso wenig staatliche Unterstützung wie ein ungelernter Hilfsarbeiter; eher noch weniger, weil sie vorher ihre Ersparnisse und ihr Vermögen aufbrauchen müssen.

Wer von oben oder aus der Mitte nach unten stürzt, fällt nicht tiefer – er legt jedoch einen weiteren Weg zurück. Und er zweifelt unter Umständen mehr an sich selbst. Sein akademisch geschulter Geist setzt ihm zu. Er durchschaut seine Misere, er grübelt ständig über sie nach.

Wie der hoch verschuldete Marketingdirektor Markus Schirmer in diesem Buch. Sein Hauptproblem ist nicht das fehlende Geld, sondern der Verlust an Anerkennung. Er, der immer ein aktives Mitglied der Gesellschaft war, zieht sich zurück. «Der Verzicht auf das Mitleid der Leute ist das letzte Stück Würde, das mir bleibt», sagt er.

Jugendliche ohne Hauptschulabschluss, Migranten ohne ausreichende Deutschkenntnisse und Langzeitarbeitslose ohne berufliche Ausbildung können durch Hartz IV kaum noch an Selbstwertgefühl und Status einbüßen; entweder haben sie bereits fast alles verloren oder hatten erst gar keine Chance dazu. Mit ein wenig Glück ergattern sie jetzt, diszipliniert durch ein paar Trainingsmaßnahmen, einen schlecht bezahlten Job.

Diese Angst der akademisch geprägten Milieus vor dem Abstieg, das sei der Vollständigkeit halber erwähnt, breitet sich vor allem in Westdeutschland aus. Im Osten haben selbst die Gebildeten und Qualifizierten die Erfahrung einer sozialen Entwertung ihrer beruflichen Fähigkeiten bereits hinter sich. Auch Besitz und Vermögen, die verloren gehen könnten, sind dort viel weniger vorhanden. Und da die DDR sowieso eher eine proletarisch geprägte Gesellschaft war, ist eine bürgerliche Mitte, die jetzt ausfransen könnte, in Ostdeutschland nach der Wende so gut wie nicht entstanden.

Selbstverständlich bilden sich Ärzte, Germanisten, Architekten, Lehrer und Software-Ingenieure ihre aufsteigende Unsicherheit nicht ein. Sie hat handfeste Gründe: Ihre Leistung führt nicht mehr automatisch zum Erfolg. Der Glaube daran, dass jeder, der gut ist, es immer irgendwie schafft, ist durch das Scheitern der New Economy samt ihrem Traum vom neuen, flexiblen Menschen schwer erschüttert worden. Und der Abbau sozialer Sicherungen, egal ob durch Rentenkürzungen, steigende Arztkosten oder Zuzahlungen bei Medikamenten, trifft schließlich alle gleichermaßen. Wer heute nicht mehr ein paar hundert Euro für die Eigenbeteiligung an der neuen Brücke zahlen kann, muss seine Zähne eben so lassen, wie sie sind.

Dennoch, das Risiko, von dauerhafter Arbeitslosigkeit oder gar Armut betroffen zu werden, ist für Akademiker viel kleiner als für weniger gut Ausgebildete. Entgegen dem allgemeinen Trend ist die Quote der Akademikerarbeitslosigkeit im Jahr 2005 sogar leicht gesunken: um 0,3 Prozent. Sie liegt bei rund vier Prozent – und ist damit dreimal so niedrig wie die durchschnittliche Erwerbslosenquote von 12 Prozent. Bildung ist in dieser Gesellschaft also immer noch der beste Schutz vor Arbeitslosigkeit und Armut. Trotzdem reflektieren gerade junge Akademiker vor allem ihre Gefährdungen: die Existenz als unbezahlter Dauerpraktikant, die lediglich befristete Einstellung von Absolventen, ungeschützte Honorarverträge für Jungwissenschaftler.

So gesehen spiegelt sich in der wachsenden Unsicherheit der akademischen Milieus die Entwicklung auf dem gesamten Arbeitsmarkt wider. 2004 waren in Deutschland nur noch knapp 24 Millionen Personen vollzeitbeschäftigt – 20 Prozent weniger als 1991. In Ostdeutschland brach die Vollzeitbeschäftigung regelrecht ein. Diese Erosion des Normalen bezeichnete Ulrich Beck bereits 1999 als «Brasilianisierung» des Arbeitsverhältnisses.

Die Folge: Arbeitnehmer erster und zweiter Klasse. Hier diejenigen mit einer Vollzeitstelle samt Sozialversicherung und Kündigungsschutz – dort das wachsende Heer von Beschäftigten, die ihr Geld nicht in festen Jobs verdienen: Leiharbeiter, Mini-Jobber, Ich-AGs, Beschäftigte mit befristeten Stellen, Ein-Euro-Jobber sowie jene, die unfreiwillig Teilzeit arbeiten. Für viele von ihnen ist dieser flexible Status keine Übergangslösung, nicht, wie von der Politik behauptet, die Brücke in den ersten Arbeitsmarkt, sondern der Dauerzustand einer unsicheren Existenz. Mehr als zwei Millionen Menschen müssen zusätzlich zu ihrem Beruf noch einen Nebenjob ausüben, damit sie über die Runden kommen.

Wissenschaftler sprechen von «prekären», also heiklen, unsicheren Beschäftigungsverhältnissen. Sie sehen das Proletariat verschwinden und das «Prekariat» die historische Bühne betreten.

Manche erkennen in dieser Entwicklung den neuen Geist des Kapitalismus schlechthin: die permanente Verunsicherung aller Lebensbereiche. Der verstorbene französische Soziologe Pierre Bourdieu bezeichnete sie als «Teil einer neuartigen Herrschaftsform». Seine berühmte flammende Rede, die er im Dezember 1997 auf einem Kongress in Grenoble hielt, stand unter der Überschrift «Prekarität ist überall». «Sie ist zu jedem Augenblick in allen Köpfen präsent», sagte Bourdieu. «Weder dem Bewusstsein noch dem Unterbewussten lässt sie jemals Ruhe... Die objektive Unsicherheit bewirkt eine allgemeine subjektive Unsicherheit, welche heutzutage mitten in einer hoch entwickelten Volkswirtschaft sämtliche Arbeitnehmer einschließlich derjenigen unter ihnen in Mitleidenschaft zieht, die gar nicht oder noch nicht direkt von ihr betroffen sind.»

In den letzten zwei, drei Jahren ist «Prekarisierung» ein modernes Schlagwort für die aktuelle Krise geworden, es hat die engen Zirkel soziologischer Fachdiskurse längst verlassen. Bemächtigt hat sich dessen vor allem die vom Abstieg bedrohte Jungintelligenz: moderne Kulturarbeiter, Journalisten, Modemacher, Schauspieler, Web-Designer, all diejenigen, die sich ohne feste Anstellung und mit wenig Geld als die Tagelöhner des 21. Jahrhunderts durchs Leben schlagen. Ihre hohe Mobilität, ihr Leben mit zeitlich begrenzten beruflichen Projekten, ihre Pflege breiter sozialer Netzwerke, ihre Vermischung von Arbeit und Freizeit machen diese prekären

Intellektuellen und Künstler gewissermaßen zur Avantgarde des Unternehmers seiner selbst.

Das Berliner Stadtmagazin *Zitty* widmete den Prekären im Februar 2006 eine Titelgeschichte und nannte sie halb heroisierend, halb bedauernd «urbane Penner». «In dieser Stadt sieht man uns überall», heißt es in dem Text. «Wir bevölkern die Cafés mit unseren Laptops. Wir betreiben kleine Läden, in denen wir vorne junge Mode oder minimale Möbel ausstellen. Und wenn man spätabends an den erleuchteten Fenstern unserer Ladenlokal-Büros vorbeigeht, sieht man uns immer noch Design entwerfend hinter den Rechnern sitzen. Wir sind hip, hoch qualifiziert, diffus kreativ und arm.» Ihr Klagelied war zugleich die Überschrift der Geschichte: «Meine Armut kotzt mich an».

Auch politisch machen sie Furore. Der 1. Mai ist schon längst nicht mehr der Kampftag des Proletariats – sondern des Prekariats. Am 1. Mai 2006 gingen die «Prekären» in 20 europäischen Städten auf die Straße, in Mailand und Barcelona genauso wie in Helsinki und Hamburg. Es ist die Handy-, Internet- und MTV-Generation, die da gegen jede Form von unsicherer Existenz demonstriert, es sind Wohlstandskinder, denen der Einstieg ins Arbeitsleben schwer gemacht wird. Ihre Veranstaltung heißt Mayday, ihre Sprache ist Pop, ihr Vorbild die Love Parade. Sogar einen Schutzpatron hat die Bewegung schon: Er heißt San Precario. Erfunden haben sie ihn in Italien; in Mailand fand 2001 die erste Mayday-Parade statt. Der Heilige Prekarius trägt einen blauen Arbeiteroverall, über seinem Kopf schwebt ein Heiligenschein, er versteht sich als «Beschützer aller Prekären auf Erden».

Und selbst die Popmusik singt inzwischen das bleischwere Lied von den Härten des Lebens. «Wer lebt prima und wer eher prekär? Wer geht putzen und wer wird Millionär?», fragt die Berliner Band Britta auf ihrem neuen Album «Schöner leben». Die Antwort gibt sie selbst: «Besser wohnen, auch mal reisen, Champagner, Tanz und Kokain / Das wär ein prima Leben, das kriegen nur die andern hin / Für uns heißt es weiter rechnen, krebsen, wursteln, durchschlagen / Ich zähle täglich meine Sorgen / Dabei denk ich noch nicht einmal an morgen / Ich hab ja keine Angst, nur manchmal frag ich mich / Ist das noch Boheme oder schon die Unterschicht?»

Diese Frage stellt sich die Verkäuferin bei Lidl ganz gewiss nicht. Sie wird auch nie auf einer Mayday-Parade auftauchen. Arbeitslose Akademiker haben außer ihrer Unsicherheit eben wenig gemein mit den vielen Ungelernten. Diese bilden aber die Mehrheit des Heeres an Niedriglohnjobbern. Drei Merkmale sind für ihre prekären Beschäftigungsverhältnisse charakteristisch: Erstens liegt der Lohn deutlich unter dem Durchschnittseinkommen, zweitens macht er keine zuverlässige Zukunftsplanung für den Einzelnen möglich, und drittens sind die Arbeitnehmerrechte reduziert.

Nimmt man die international übliche Definition der Niedriglohngrenze zur Grundlage – zwei Drittel des so genannten Medianeinkommens, also eines speziell errechneten Durchschnittsverdienstes –, dann arbeiten in Deutschland knapp 21 Prozent aller abhängig Beschäftigten für Niedriglöhne. Mindestens sechs Millionen schuften zu Stundenlöhnen von 9,83 Euro brutto in Westdeutschland und zu 7,15 Euro brutto in Ostdeutschland.

Das sind keineswegs, wie viele glauben, nur Hilfsarbeiter, gering Qualifizierte, dazuverdienende Ehefrauen sowie ausländische Arbeitnehmer. Selbst nach Tarif bezahlte Fachkräfte verdienen unter 6 Euro die Stunde. Arbeiter im Sanitär- und Heizungshandwerk in Rheinland-Pfalz bekommen in der tariflichen Grundvergütung 863 Euro im Monat, Stundenlohn 5,15 Euro. Floristen in Sachsen-Anhalt im dritten Berufsjahr: 959 Euro, Stundenlohn 5,38 Euro. Friseure in Sachsen nach der Lehre: 615 Euro, Stundenlohn 3,82 Euro. Zwei Drittel der schlecht Verdienenden sind übrigens Frauen.

Selbst Arbeit schützt also längst nicht mehr vor Armut, auch nicht in Deutschland. Die amerikanische Publizistin Barbara Ehrenreich prägte dafür den Begriff «working poor» – Armut trotz Arbeit. Gerade infolge der Hartz-IV-Reform hat die Zahl der Billigjobs drastisch zugenommen. Laut einer Studie des Deutschen Instituts für Wirtschaftsforschung leben in der Bundesrepublik mittlerweile drei Millionen Menschen unterhalb der Armutsschwelle, obwohl sie erwerbstätig sind. Und Hunderttausende verdienen dabei so wenig, dass sie nicht einmal ihre bloße Existenz sichern können. Allein bis September vergangenen Jahres bezogen offiziell bereits 900 000 Menschen trotz einer Beschäftigung ergänzendes Arbeitslosengeld II. Nach Schätzungen der Bundesagentur für Arbeit ist diese Zahl mittlerweile auf über eine Million gestiegen.

Working poor – davon ist die Mittelschicht weit entfernt. Ist also doch alles wie früher? Sind die neuen Klassengegensätze, die die Auflösung der «nivellierten Mittelstandsgesellschaft» (Helmut Schelsky) zum Vorschein bringt, nur die alten? Werden die sozialen Spaltungen dieser neuen, alten Klassengesellschaft nach wie vor durch Besitz und Bildung reproduziert? Ist Armut immer noch ein Klassenphänomen?

Ja, alles spricht dafür. Das hat Olaf Groh-Samberg, Soziologe an der Universität Münster, in einer aktuellen Studie Ende 2005 auch empirisch belegt. Demnach ist der enge Zusammenhang zwischen Armut und Klassenstruktur seit Mitte der achtziger Jahre stabil. Drei Viertel der dauerhaft und mehrfach armen Personen stammen aus der Arbeiterklasse. Deutsche Familien aus höheren sozialen Klassen weisen unterdurchschnittliche Armutsquoten auf. «Die angeblich ‹neue soziale Frage› scheint eher die alte», schreibt Groh-Samberg. «Die Arbeiterklassen sind vom ökonomischen Strukturwandel und dem Umbau des Wohlfahrtsstaates am stärksten betroffen.» Die Armut wächst also unten – und nicht etwa oben, nur weil dort der Wohlstand bröckelt.

So richtig diese Analyse auch ist – sie verstellt ein wenig den Blick auf die gesellschaftliche Dynamik, auf die Grauzonen und Übergänge des sozialen Wandels. Allein mit «oben» und «unten», «arm» und «reich», «drinnen und draußen» ist die hoch differenzierte bundesdeutsche Gesellschaft nicht mehr präzise zu beschreiben. «Wir müssen unseren Blick von diesen gegensätzlichen Begriffspaaren befreien», sagt Berthold Vogel. Er plädiert dafür, statt von Exklusion lieber von «sozialer Verwundbarkeit» zu sprechen, statt von Armut lieber von «prekärem Wohlstand».

Vogel ist Soziologe am Hamburger Institut für Sozialforschung. Wenn man in seinem Büro unter dem Dach einer weißen Villa in der Nähe der Außenalster sitzt, unter sich eine ausgeruhte, wohlhabende Stadt, dann könnte man leicht falsche Schlüsse ziehen. «Ich will den Scheinwerfer keineswegs von der Armut weglenken», sagt Vogel.

Der 43-jährige Wissenschaftler sucht nach einer neuen Perspektive auf die Veränderungen in diesem Land. Der wirtschaftliche Strukturwandel erreicht die Kernbereiche der Arbeitswelt. Die Neuausrichtung der sozialstaatlichen Politik zielt immer mehr auf die Mitte der Gesellschaft. Der stabile Wohlstand wird brüchig. Da reiche es eben nicht, sagt Vogel, soziale Ungleichheiten statistisch zu messen und zu quantifizieren. Der Blick müsse erweitert werden – auf den Zusammenhang zwischen Armut und Ausschluss einerseits sowie auf das Verhältnis von Armut und der allmählichen Erosion von sozialer Stabilität andererseits. Mit anderen Worten: Der Blick von oben nach unten ist genauso wichtig wie der von unten nach oben. Und wo treffen diese Blicke aufeinander? In der Mitte.

«Das kollektive Aufstiegsversprechen des alten, des sorgenden Wohlfahrtsstaates war wichtig für den Zusammenhalt unserer Gesellschaft, vermutlich noch wichtiger als die geschriebene Verfassung», sagt Vogel. Und nun? «Keiner kann vorhersagen, was mit einer Gesellschaft passiert, deren ungeschriebene Verfassung sich plötzlich ändert.»

Bei aller Ungewissheit, eines steht fest: In neuen Zeiten braucht man auch neue Worte. «Soziale Verwundbarkeit» und «prekärer Wohlstand» – mit diesen Begriffen will der Hamburger Soziologe nicht nur die tatsächliche, sondern auch die gefühlte soziale Ungleichheit und Unsicherheit einfangen: die Instabilität der beruflichen Position, die Unwägbarkeit der Karriere, die Angst vor dem sozialen Abstieg.

Vogel nimmt die Gesellschaft nicht als statisches Gebilde mit in sich abgeschlossenen Welten wahr: Hier eine Unterschicht, die immer arm und sozial ausgeschlossen ist – dort eine Mittelschicht, die im Prinzip immer wohlhabend und integriert ist. Beide Realitäten schieben sich ineinander. Wohin das führt? Die Antwort bleibt offen. Eine Mittelschicht, die verwundbar ist, muss in Zukunft nicht zwangsläufig verwundet werden. Sie kann ja auf bestimmte Ressourcen zu ihrer eigenen Absicherung zurückgreifen. «Beide Begriffe nehmen eine prekäre, materiell und sozial unsichere Zone in den Blick», sagt Vogel. «In ihr geht es zwar noch nicht um Armut und soziale Ausgrenzung. Aber der erreichte Lebensstandard und die beruflichen Positionen sind nicht sicher.»

Bedeutet dies schon das Ende des Sozialstaats? Nicht unbedingt. Was jetzt kommt, bezeichnet der Soziologe als «gewährleistenden Wohlfahrtsstaat». Dieser bedeute nicht das Ende jeder staatlichen Unterstützung, garantiere aber nur noch eine bestimmte staatlich-institutionelle Grundausstattung. Soziale Risiken werden nicht mehr minimiert, der soziale Status nicht mehr geschützt – den Bürgern werden Chancen ermöglicht, die zu nutzen allerdings ihre Aufgabe ist. Damit zieht sich der Staat nicht automatisch zurück, er kehrt am sozialen Rand vielmehr in autoritärem Gewande wieder. Gerade bei der Betreuung der Langzeitarbeitslosen verschärft er ja seine Kontrollpraktiken und Zwangsmaßnahmen drastisch.

Wie genau dieser neue, abgespeckte Sozialstaat aussehen wird, welche sozialen Rechte für die Bürger aufrechterhalten bleiben, aus welchen Bereichen der öffentlichen Daseinsvorsorge der Staat sich zurückziehen wird – das vermag Vogel nicht zu prophezeien. Er hält es auch noch nicht für ausgemacht. Er möchte weder in den Chor der neoliberalen Staatsverächter einstimmen noch in den der resignierten Staatsverteidiger, in deren Augen sowieso alles den Bach runtergeht. Für diese gelassene Haltung hat der Soziologe das schöne Bild vom «Nachmittag des Wohlfahrtsstaats» geprägt. «Am Nachmittag gibt es weder Euphorie noch Tragödie, weder Neubeginn noch endgültigen Verlust», sagt er. «Die Diskussion der aktuellen Gestalt des wohlfahrtsstaatlich geprägten Kapitalismus thematisiert eine Zwischenzeit.»

Der Abend ist noch nicht erreicht, die Nacht noch fern? Der Nachmittag als Zwischenphase ist dann jedenfalls auch ein Kampfplatz: um neue Maßstäbe von Wohlstand und Sicherheit, um die Größe der Stücke am kleiner werdenden Kuchen, um die Bereitschaft des Teilens. Und da zeigt sich, dass keine Gruppe so sehr dazu neigt, die eigene Bedrohung auf Kosten anderer abzuwehren, wie die Mittelschicht. Die anderen – das sind in diesem Fall fast immer die Schwächeren. Die Ressentiments gegen sie lassen sich am leichtesten befeuern.

Die Mitte der Gesellschaft, die Abermillionen von «normalen» Arbeitnehmern, von Facharbeitern und Akademikern, hat ihren sozialen Aufstieg dem Ausbau des Sozialstaates zu verdanken. Sie ist bis heute der größte Profiteur dieses sozialen Systems. Gerade Aufsteiger neigen jedoch fast immer dazu, sich nach unten abzuschotten, weil sie dorthin, wo sie herkommen, nie wieder zurückfallen wollen. Also verteidigt die Mittelschicht die Privilegien, die ihr dieser Wohlfahrtsstaat gebracht hat – vom Ehegattensplitting im Steuerrecht über die Eigenheimzulage bis hin zum kostenlosen Studium – bis zum äußersten.

Und tappt dabei in die Distinktionsfalle. Ihre Geringschätzung und Abwertung trifft all jene, denen sie sich überlegen fühlt. Das hat gravierende politische Folgen. «Die stabile Mitte wird feindseliger», stellt Wilhelm Heitmeyer fest.

Der angesehene Bielefelder Soziologe erforscht in einer Langzeituntersuchung, mit der er 2002 begann, die Ursachen für «gruppenbezogene Menschenfeindlichkeit» in der bundesdeutschen Gesellschaft. Dabei nimmt er die politische Mitte, die mit der sozialen Mitte, also der Mittelschicht, weitgehend identisch sein dürfte, gesondert in den Blick. In der 2006 erschienen Folge 4 der «Deutschen Zustände» bilanzieren Heitmeyer und sein Team für die Befragten der «stabilen Mitte», also derjenigen, die sich in den zurückliegenden Jahren durchgängig als Mitte positioniert haben: Ihre Fremdenfeindlichkeit, ihr Antisemitismus, ihre Islamophobie, die Abwertung von Obdachlosen und die Befürwortung von Etabliertenrechten steigen signifikant; tendenziell auch der Rassismus. Als Ursachen für dieses Anwachsen nennt der Soziologe drei Gründe: das Gefühl sozialer Bedrohtheit, die Wahrnehmung eigener politischer Machtlosigkeit sowie zunehmende Orientierungslosigkeit.

Der Mechanismus der Rechtfertigung für ihr Verhalten ist in der gesellschaftlichen Mitte relativ simpel: Sie verweist einfach auf die eigene Normalität. Diese Normalität gehört ihr ja in zweifacher Hinsicht. Zum einen hat die Mitte normative Kraft. Das, was sie meint, erscheint als richtig und normal, auch wenn es Feindseligkeiten sein sollten. Zum anderen kann die Mitte ihre Vorurteile als normal wahrnehmen, weil ihre Meinungen tatsächlich oder vermeintlich Konsens sind.

«Es gibt kein Recht auf Faulheit in unserer Gesellschaft», sagte Gerhard Schröder im Frühjahr 2001. Die Mittelschicht verstand diesen Satz genau so, wie er gemeint war: als perfiden Angriff auf die Schwächsten, die ja doch nur in der sozialen Hängematte liegen und sich vom Staat alimentieren lassen. Der Kanzler wusste, dass er damit in der politischen Mitte Punkte machen würde – und die Mitte wusste, dass sie sich für ihr billiges Ressentiment nicht mehr zu schämen brauchte. Die Haltung war «normal».

Zwei Jahre später wurde diese Sündenbock-Theorie Grundlage der Hartz-IV-Politik. Wenn die Hoffnung schwindet, dass alles wieder gut wird, braucht eine Regierung Schuldige, sonst ist sie selbst geliefert. Nicht mehr der Arbeitsmarkt war jetzt das Problem – sondern der Arbeitslose.

Manchmal äußert sich das Überlegenheitsgefühl der Mittelschicht nur als Dünkel. Das ist harmloser. Es kann mitunter sogar putzige Züge annehmen. Etwa wenn sich bürgerliche Kreise ihre eigene Unterschicht zusammenbasteln.

Der typische deutsche Arme des Jahres 2006 sieht demnach so aus: Er trägt einen Jogginganzug aus Ballonseide und trinkt schon zum Frühstück seine Büchse Bier. Er wohnt in heruntergekommenen Wohnblocks am Rande der Großstadt und parkt vor seiner Tür einen breit bereiften BMW oder Audi TT. Das Einzige, was er auf die Reihe kriegt, ist das pünktliche Kassieren seiner Hartz-IV-Stütze. Die verkloppt er beim nächsten McDonald's, wo er sich mit Pommes und Big Mäc sein Übergewicht anfrisst. Was er immer besitzt, ist die modernste Version eines Nokia-Handys; was er unter Garantie nie kennen gelernt hat, ist blanke Not. Die einzige Armut, von der er je betroffen war, ist die Armut in seinem Kopf. Ach ja, reich ist er auch noch – an Kindern. Die stammen natürlich von mehreren Partnern.

Diese Ausgabe, multipliziert mit, sagen wir mal, zehn Millionen – macht die neue Unterschicht in Deutschland. Die Hartz-IV-Klasse. Unsere angeblichen Armen.

Persönlich angetroffen in seiner Nachbarschaft hat sie von ihren Erfindern noch niemand, aber man weiß ja vom Hörensagen, was sich mittags so herumtreibt in den Talkshows des Unterschichtenfernsehens von RTL und Pro 7: der Pöbel, der Plebs, *white trash*.

Ausgelöst hat dieses ganze Gerede von der «neuen Unterschicht» der Historiker Paul Nolte. Er hat diesen Begriff geprägt. Er steht mit seinen Ansichten exemplarisch für eine Schieflage der sozialen Debatte. Nolte ist Jahrgang 1963, aufgewachsen in einem links-liberalen Elternhaus, heute Professor für Neuere Geschichte an der Freien Universität Berlin. Nolte ist ein kluger Kopf, er verkörpert eine seltene Mischung aus intellektueller Unabhängigkeit und mo-ralischer Emphase. In vielem, was er sagt, klingt das Pfarrershaus seiner Kindheit durch.

In seinen Aufsätzen und Büchern, sofern sie sich mit der «neuen Unterschicht» beschäftigen, verbindet er die präzise Analyse der deutschen Klassengesellschaft mit der luftigen Alltagsrecherche in seiner bürgerlichen Wohngegend Berlin-Lichterfelde. Diese Kom-bination bildet die Grundlage seiner Hauptthese, dass Armut in Deutschland schon lange keine Frage von materieller Not mehr sei. Was wir heute vorfinden, sei im Grunde eine kulturelle Ar-mut – eine Armut, die nicht das Produkt der Verhältnisse, sondern des Verhaltens ist, eine Armut des Konsums, der Ernährung, der Bildung. O-Ton Nolte in seinem neuen Buch «Riskante Moderne»: «Deshalb gilt für die neue Kinderarmut weniger die Faustregel: Kinder machen arm, sondern eher umgekehrt: Armut macht Kin-der.» Tja, so kann man es natürlich auch sehen.

Nolte wirft der Mehrheitsgesellschaft zu Recht vor, sie habe sich über Jahre mit Geldzahlungen von den wirklichen Problemen am Rande der Gesellschaft freigekauft. Er hat dafür auch einen Begriff gefunden, der dieses Wegsehen öffentlich dramatisiert: «fürsorg-liche Vernachlässigung». Diese Kritik hat auf vielen Seiten die Ein-sicht verstärkt, dass allein mit Geld soziale Probleme nicht zu lösen sind. Aber mit der Erfindung der «neuen Unterschicht» verengt Nolte gleich wieder den Blick auf die vielfältigen Armutsmilieus in diesem Land.

Die «neuen Armen», die er beschreibt, gibt es, gar keine Frage. In Delmenhorst zum Beispiel trifft man sie an vielen Orten. Bildungsarmut, Verhaltensarmut, falsche Ernährung, Vernachlässigung ihrer Kinder, ja, mit all diesen Problemen schlagen sie sich herum. Aber Noltes Kritik richtet sich nie gegen die materiellen Lebensverhältnisse, denen diese Menschen ausgesetzt sind. Er ästhetisiert und moralisiert ihre sozialen Probleme. Er empfiehlt ihnen bürgerliche Werte, ein bisschen Disziplin, ordentliches Essen, weniger Alkohol – der Rest wird schon, irgendwie. Einfach mal den Fernseher ausschalten und ein gutes Buch zur Hand nehmen. «Es muss ja nicht unbedingt Goethe sein», rät Professor Nolte.

Und was ist mit den Armen, auf die Nolte beim Zappen durchs Nachmittagsprogramm im Fernsehen offenbar noch nicht gestoßen ist? Die 45-jährige Ethnologin aus Leipzig, sehr gut ausgebildet, drei Hochschulabschlüsse, seit acht Jahren arbeitslos, die ihre Fähigkeiten bei einem Ein-Euro-Job mit Büchersortieren in einer Bibliothek verschleudern muss. Der 58-jährige Ingenieur aus Bochum, seit sechs Jahren arbeitslos, der froh wäre, wenn er beweisen könnte, dass ihm in Sachen Arbeitsmoral von den Jüngeren niemand so leicht etwas vormacht. Die 30-jährige Daniela Lehmeier aus diesem Buch, die trotz ihrer Arbeitslosigkeit so lange gespart hat, bis sie ihrem Sohn zu Weihnachten einen Gutschein über 120 Euro im Monat schenken konnte – für Nachhilfeunterricht. Alles verwahrlostes Subproletariat? Bildungsarme? Menschen ohne materielle Not?

Vielleicht muss die «neue Unterschicht» ja so homogen und prollig daherkommen. Dieser Blick von oben auf das komische Assi-Volk da unten verspricht ein wenig Entlastung. Er erzeugt jenen Schauder, der es der Mitte der Gesellschaft leicht macht, sich als etwas Besseres zu fühlen.

Und er kompensiert die Angst vor dem eigenen Abstieg.

Wenn Nolte ehrlich wäre, müsste er zugeben, dass er vom Leben armer Menschen so gut wie nichts weiß. Ihm geht es so wie vielen anderen in diesem Land.

## «Wir haben alles, was wir brauchen»

Jana Amiri (37), Arzthelferin, und Omid Amiri (36),
Applikationsentwickler, Wiesbaden,
beide arbeitslos

Am Gustav-Stresemann-Ring steht ein riesiges Haus. Ein enormer Quader in der Stadtlandschaft. Von Frankfurt/Main braucht man 35 Minuten bis hierher, vom Flughafen 39 Minuten, von Mainz zwölf. Vom Wiesbadener Hauptbahnhof kann man den Bus nehmen. Die Haltestelle ist nicht zu verfehlen. Anders als normale Haltestellen ist sie nicht nach der Straße benannt. Sie heißt wie der Quader: Statistisches Bundesamt.

Das Statistische Bundesamt sammelt und analysiert Informationen zu Belangen des Lebens, bereitet sie auf und stellt sie dar. Es geht um Zahlen. Im Jahr 2005 hat Deutschland die meisten seiner Waren nach Frankreich exportiert. Diese Geschäfte brachten 79,9 Milliarden Euro. Der Inlandstourismus nahm um zwei Prozent zu. Campingplätze und Beherbergungsstätten verkauften rund 19,9 Millionen Übernachtungen. Die Angestellten im produzierenden Gewerbe in Hessen verdienten durchschnittlich 3897 Euro brutto.

Wo Zahlen sind, wird aufgerechnet. Die Baden-Württemberger haben die höchste Lebenserwartung, die Berliner geben das meiste Geld für Kultur aus, in hessischen Haushalten stehen die meisten Computer. Von Wiesbaden aus betrachtet, wirkt unser Land übersichtlich. Als stecke in den Statistiken die Chance, zu verstehen, was in Deutschland los ist. Das Zahlenmaterial kann beim Bundesamt über den Statistik-Shop bezogen werden. Das meiste ist kostenpflichtig. Wer die Chance, zu verstehen, nutzen will, muss dafür bezahlen.

Auf einer farbigen Landkarte ist die Kaufkraft der Deutschen dargestellt. Alle gelben Landkreise sind der Durchschnitt. Berlin ist gelb, ansonsten findet man die Farbe nur im Westen. In grünen Regionen haben die Leute weniger Geld zur Verfügung. Je dunkler das Grün, desto weiter liegt die Kaufkraft unterm Durchschnitt. Auf der statistischen Landkarte gibt es immer noch die DDR. Sie ist die dunkelgrüne Portion, die oben rechts am Bundesgebiet dranhängt.

Dann gibt es noch die rötlichen Gebiete. Wer dort lebt, hat viel mehr Geld im Portemonnaie als der Durchschnitt. Mancherorts leben so viele Reiche auf einem Fleck, dass die Landkreise dunkelrot sind. Nördlich und südlich von Hamburg zum Beispiel, in Dortmund und Umgebung, in und um München. In Wiesbaden.

In der Wiesbadener Marktgasse, einer der Ladenstraßen unweit vom Hessischen Landtag, parken im Februar 2006 aufgemotzte alte Autos. Vor einem schnittigen, tief gelegten BMW bleibt ein Mädchen stehen. Sie ist keine 20. «Oh, Mama!», ruft sie. «Das Auto will ich haben! Das ist saugeil!» Die Mutter kommt heran, mit ihr der Bruder und die Großmutter. Sie haben eingekauft, tragen Päckchen und Tüten. Das Mädchen tanzt um das protzige Gefährt. «Das ist genau das, was ich schon immer haben wollte», jauchzt sie. Die Familie steht und schaut. «Na ja, das wäre was», sagt die Mutter.

Auf der Rheinstraße, die an der Innenstadt mit den schicken Ladenpassagen vorbeiführt, kommt Omid Amiri mit seinem alten Transporter gefahren. Der kleine Wagen klappert, aber er rollt noch. Unter dem Rückspiegel, wo sich in anderen Autos das Radio befindet, hängen nur Drähte. Omid ist ständig auf Achse. Er hat immer wieder Ziele. An manchen Tagen muss er fest an seine Ziele glauben. Musikalische Ablenkung braucht er nicht.

Heute ist unterwegs plötzlich der Akku seines Handys leer. Das ist nicht gut. Erst kürzlich hat er einer Hausverwaltung seine Nummer hinterlassen. Wenn es was zu reparieren, montieren, auszubessern oder anzustreichen gibt, wollen sie ihn anrufen. Auch bei einem Heizungsbauer liegt seine Nummer. Der Mann will ihn dazuholen, wenn er mal an einen größeren Auftrag kommt.

Omid hält mit seinem Transporter bei Peter an. Während der Akku auflädt, zanken sich die beiden Freunde. «Warum schaffen es die Iraner einfach nicht, sich eine demokratische Regierung zu wählen?», fragt Peter. Omid wird sofort wütend. «Du sitzt hier in deiner Demokratie und machst dir keine Vorstellungen davon, dass es zum Beispiel gar keine Kandidaten gibt!» Er ist 1994 als Student aus dem Iran geflohen. Alles, was er tun konnte, um in Deutschland anzukommen, hat er erledigt. Er hat die Jahre durchgehalten, bis dem Asylantrag stattgegeben wurde. Er hat sich um ein anerkanntes Abitur gekümmert, eine Informatik-Ausbildung gemacht. Er spricht Persisch, Englisch und Deutsch. Er hat Jana geheiratet. Er fühlt sich für seine Familie verantwortlich, sie ziehen zwei Kinder groß.

Ehe er heute Morgen losfuhr, hat er noch zu einer weiteren Hausverwaltung Kontakt aufgenommen. Bald wird er auf einem Fest kochen, sich um die Beleuchtung kümmern. Er könnte sich vorstellen, mit so was auf Dauer sein Geld zu verdienen. Er bietet sich als Caterer an und auch für Computerdienstleistungen. Er sagt: «Es geht mir gut.» Diese Aussage ist nichts für die Statistik. Sie passt zu Omid, aber nicht zu dem Leben, das er in der reichen deutschen Stadt Wiesbaden führt.

Er merkt das zuweilen selbst. Weil seine Freunde die Stirn in Falten legen, wenn er den Satz ausspricht. Schnell redet er dann vom Krieg zwischen dem Iran und dem Irak. Von Sirenen, Flugzeugen und Todesangst. Davon, dass Raketen sich nie ankündigen, sondern plötzlich einschlagen. Er erzählt, dass er einmal 200 Meter entfernt stand. Dass er Glück hatte. Jana kennt die Geschichte. Sie sagt: «Du kannst so lässig vertrauen.» Eigentlich ist ihr Mann zu schade für den Überlebenskampf. Wenn er mit seinem klapprigen Auto losfährt, weil er eine Idee hat, was es für ihn zu tun gäbe, dann landet er immer da, wo er eigentlich nicht hingehört. «Er ist ein Kopfmensch», sagt sie. «Er ist ein Programmierer, kein Handwerker.»

Jana Amiri ist nach dem Abitur von Mainz nach Wiesbaden gekommen. Sie hat Arzthelferin gelernt, dann Ethnologie studiert. Sie wollte in die Entwicklungshilfe gehen. 1993 reiste sie mit ihrem damaligen Freund vier Monate durch Indien. Sie kam schwanger zurück. Im Oktober 1994 wurde Luca geboren. Jana versäumte die Zwischenprüfungen, das Bafög wurde gestrichen. Sie war 26. Als Studentin stand ihr keine Sozialhilfe zu. Lucas Vater war über alle Berge. Geld für den Sohn hat er ihr nie gegeben. Sie brach das Studium ab.

«Es ist, wie es ist», sagt sie heute über das abgebrochene Studium. «Wenn man traurig ist, ändert sich auch nichts.» Das könnte ein Satz von ihrem Mann sein.

Erst als Luca drei Jahre alt war, bekam sie einen Kitaplatz. Sie arbeitete als Kellnerin im Café und als Schwangerschaftsvertretung in einem Wasserladen. Dort wurde Leitungswasser durch eine geheimnisvolle Maschine gejagt, damit es seine Energie wiederbekam. Die Wiesbadener Kundschaft kaufte den Liter für eine Mark.

1998 suchte Jana eine Wohnung. Die meisten Vermieter wollten kein Kind im Haus haben. Sie fand drei Zimmer im Stadtteil Westend. Dem Sozialamt war die Wohnung zu groß, sie sollte ein Zimmer vermieten. Ein Ausländer zog ein. Auch für ihn war es nicht gerade einfach gewesen, eine Bleibe zu finden. Sie verliebten sich.

Es war eine von Omids guten Ideen, mit Jana nicht nur zu leben, sondern auch zu arbeiten. Sie meldeten ein Reisegewerbe an. Beruflich war dieses Gewerbe ihre schönste Zeit. Von April bis

Weihnachten fuhren sie jedes Wochenende mit einem VW-Bus los, verkauften Kunsthandwerk und Silberschmuck aus Thailand und Indonesien. Sie verdienten nicht das große Geld, aber sie konnten selbst bestimmen, wie sie leben. Sie waren frei. Unabhängig von den Maßstäben, die eine Stadt wie Wiesbaden zum Leben unweigerlich vorgibt.

Sie verkauften auf Musikfestivals, Stadtfesten, Erntefesten, auf Märkten, auf der Kirmes. Manchmal nahmen sie nicht einmal die Standmiete ein. Mitunter verdienten sie 6000 Mark. Luca war immer bei ihnen, sie schliefen mit dem Jungen im Bus oder im Stand. Wenn die Weihnachtsmärkte schlossen, flogen sie nach Thailand. Dort kamen sie drei Monate zu dritt mit 1000 Mark aus. Am Ende verkauften sie die Schlafsäcke.

Mit dem Reisen war es vorbei, als Luca 2001 in die Schule kam. Omid wollte allein weitermachen, doch das Gewerbe unter freiem Himmel ist hart. Es müssen zwei zupacken. Es wird viel getrunken, es gibt Diebe und Überfälle. Und Omid hätte jedes Wochenende die Familie allein lassen müssen. Er wollte Luca ein Vater sein. Er sagt: «Und zwar richtig.»

Das Reisegewerbe hat er heute noch. Neulich kam ein Brief vom Finanzamt. Er sollte Steuern zahlen oder das Gewerbe aufgeben. Es anzumelden hat ihn einst alles in allem 700 Mark gekostet. «Bekomme ich die dann zurück?», hat er gefragt. Natürlich nicht. So manches, womit die Deutschen Ordnung ins Leben bringen wollen, macht das Leben schwer. «Dann behalte ich selbstverständlich, was ich von Ihnen gekauft habe», sagte er.

Nach dem Reisegewerbe bekam er wieder Sozialhilfe. Er lief aufs Amt, weil er von anderen Hilfeempfängern gehört hatte, dass sie Post bekamen und zu einer Ausbildung antreten sollten. Gehen Sie heim, sagte man zu Omid, Sie werden angeschrieben! Zwei Monate wartete er, dann sprach er wieder vor. «Ich mache mir Sorgen», sagte er, «weil ich keine Post bekomme.» Der Mann hinterm

Schreibtisch wurde laut. Was glauben Sie, wer Sie sind?, fragte er. Viele Menschen warten eine Ewigkeit, ehe sie einen Termin bei mir bekommen und Sie schneien hier einfach rein!

«Ich wollte nicht, dass er mir Kaffee kocht. Auch nicht, dass er allzu freundlich ist. Ich wollte nur, dass er seine Arbeit macht», sagt Omid. «Ich dachte, der freut sich, dass einer von allein angelaufen kommt, sich Sorgen um seine Zukunft macht. Andere erhalten Briefe und melden sich krank, weil sie gar keine Ausbildung machen wollen.»

Er bekam eine Informatikausbildung. Wurde Applikationsentwickler. Arbeit bekam er keine. Man schickte ihn zum Bewerbertraining: Ausländer, die kaum Deutsch konnten, lernten, am Computer ihre Unterlagen zu erstellen. Omid lief aufs Amt zurück. Er beherrschte sogar das Deutsch, mit dem man ausdrückt, dass man absolut nicht mehr versteht, was sie mit einem anstellen. Er fragte: «Wollen Sie mich verarschen?»

Vor einiger Zeit hätte Jana in einer Küche anfangen können. Sie hätte für Kinder gekocht. Sie hatte den Job schon, da bekam sie einen Anruf. Man habe nochmal ins Gesetz geschaut. Wer einen Koch entlassen hat, darf dafür keine Frau einstellen, die nicht Köchin ist. Omid hätte gern den Hörer an sich gerissen. Das war wieder so ein Gesetz, das den Deutschen nicht hilft, sondern das Leben unnötig erschwert. «Wenn ich mit dem Koch schlechte Erfahrungen mache, die ungelernte Frau jedoch den Laden schmeißt, dann ist es mein gutes Recht, sie dafür zu bezahlen, oder?»

Nachdem Luca in der Schule war, arbeitete Jana als Kellnerin. So lange, bis der Bauch zu sehen war, in dem Sara heranwuchs. Das Mädchen wurde im März 2002 geboren. Im August 2001 haben seine Eltern geheiratet. Sie informierten das Sozialamt, aber dort interessierte ihre Ehe niemanden. Weil Luca nicht Omids leibliches Kind war, blieben die Kosten für seinen Kitaplatz unverändert. Reinen Gewissens ließ Jana sich Zeit. Erst im Februar 2002, zur nächstbesten Gelegenheit, meldete sie die Ehe nun auch dem Jugendamt. Dort indes schrie man auf. Warum sie jetzt erst käme? Sie erhielt für den Jungen Unterhaltsvorschuss, der ihr mit der Heirat nicht mehr zustand. Man rechnete zurück. Schwupp, waren da 1081 Euro Schulden. Bis Oktober 2005 hat Jana abgezahlt.

Seit Mai 2003 lebt sie mit Omid in einem Stadtteil ganz am Rand Wiesbadens. Im oberen Stockwerk eines Backsteinhauses haben sie die schimmligen Wände einer Wohnung trockengelegt, Putz abgeschlagen, Wände rausgerissen, ein Bad eingerichtet, unterm Dach ausgebaut. Sie zahlen 400 Euro Miete für 50 Quadratmeter. Der Stadtteil ist fast schon ein Dorf. In der Nähe gibt es eine Burg, es gibt Obstwiesen und sanft ansteigende Berghänge.

Weinbauern leben hier, aber auch Arbeiter, die SPD wählen. Man sieht nicht, ob jemand seine Arbeit verloren und etwa kein Geld hat. Man sieht die Autos, die Statussymbole, die vor den Grundstücken und in den Gärten abgestellt werden. In Wahlkampfzeiten hängen an der Straße, die Omid aus dem Zentrum Wiesbadens nach Hause gefahren kommt, erst hier am Stadtrand die ersten Plakate der «Republikaner».

Seit Luca mit den Kindern ringsum spielt, seit er abends zu Hause manchmal spricht wie sie, hören seine Eltern, worauf es den Leuten in der Gegend ankommt. «Man wird danach beurteilt, was man besitzt», sagt Jana. Sie hat Sara nicht in den katholischen Kindergarten gegeben, der ganz in der Nähe ist. «Dort zeigt man noch mit dem Finger auf Ausländer.»

Sie lebten gerade ein paar Monate hier, da grölten nachts Jugendliche vorm Fenster. Kanake raus und Deutschland den Deutschen! Am nächsten Morgen sprach Omid mit der Polizei. «So was haben wir hier nicht», meinte ein Polizist. Sein Kollege sagte: «So was gibt's überall und wird's auch immer geben.»

Omid, Jana, Luca und Sara leben vom Arbeitslosengeld II und vom Kindergeld. Sie haben knapp 1500 Euro im Monat. Bis auf die

Miete, die das Amt übernimmt, haben sie all die Kosten, die eine vierköpfige Familie so hat. Sie besitzen zwei alte Autos. Jeden Tag bringen sie Sohn und Tochter kilometerweit ins Stadtinnere. Das Benzin wird immer teurer. Sollten sie deshalb ihre Ansprüche aufgeben? Sollten die Kinder nicht eine gute Schule und einen guten Kindergarten besuchen? Luca hat einen brasilianischen Kampftanz gelernt. Er spielt Fußball. Sara tanzt für 20 Euro im Monat. «Das muss alles drin sein», sagt Jana. «Dann fehlt das Geld eben woanders.»

Mit den beiden Autos gelangen Jana und Omid auch überall dorthin, wo sie mal etwas Arbeit bekommen. Jana wird vielleicht bald in der Kneipe eines Freundes kellnern. Sooft sie kann, arbeitet sie mit Harke und Spaten fürs Gartenbauamt. Was sie oder Omid verdienen, wird der Familie bis auf einen kleinen Freibetrag vom Arbeitslosengeld II abgezogen. Sie tun genau das, was das Amt von den Arbeitslosen verlangt, sie bemühen sich, ihren Lebensunterhalt selbst zu verdienen. Darüber hinaus schaffen sie das, was das Amt nicht interessiert: Sie schränken sich zugunsten ihrer Kinder ein. Sie versuchen ein Leben mit Niveau.

«Arm ist, wer keine Moral hat und keine Würde», sagt Omid. Kein Geld zu haben, strengt ihn lediglich an. «Die Menschen in Deutschland leben unter Konsumgesetzen. Das eigentlich Schwere ist, sich denen zu entziehen. Es ist ein bisschen, als würde man straffällig werden.» Jana kauft für die Familie auf dem Flohmarkt ein oder bei ebay im Internet. Sie ist eine Künstlerin im Ersteigern. «Mir ist egal, was ich anziehe, aber sie hätte schon gern schöne Sachen», sagt ihr Mann. «Sie ist eben ein deutsches Kind.»

Luca hat sich zu Weihnachten eine Playstation gewünscht. Bei seinem Freund stehen Playstation, DVD-Player samt Fernseher und eine Anlage im Kinderzimmer. «Das würdest du alles auch nicht bekommen, wenn wir Geld hätten wie Heu», hat Omid zu ihm gesagt. Luca weiß, dass seine Eltern andere Prioritäten setzen. Sie finden, dass das alte Mountainbike, das er von einer Nachbarin geschenkt bekam, reicht. Es hat achtzehn Gänge. Es ist ein schönes Rad. Luca weiß auch: Die Räder seiner Freunde haben mehr Gänge.

«Manchmal bin ich schon richtig aggressiv geworden, weil ich gegen so viele Vorstellungen anreden musste, die gar nicht meine sind», sagt Jana. «Man ist nicht jemand Besonderes, nur weil man ein tolles Handy hat. Markenware zu besitzen, macht nicht glücklich.» Sie ertappt sich dabei, dass sie ihrem Sohn die Tatsache, dass seine Eltern keine Arbeit haben, schönredet. «Wir können einfach so losfahren und Freunde besuchen, ohne Urlaub nehmen zu müssen», sagt sie.

Vor den letzten Sommerferien haben Eltern in der Schule den Amiris einen schönen Aufenthalt in Portugal gewünscht. Luca hatte erzählt, sie würden dorthin fliegen. Es tat ihm gut, so was zu sagen. Es war wie ein Rausch. Anderswo hatte er erzählt, es ginge in die Türkei.

Als dann die Ferien begannen, wunderten sich Omid und Jana, dass er nicht zum Training ging, seine Freunde nicht besuchte. Es stellte sich raus, dass keiner von ihnen da war. Alle waren im Trainingscamp. «Und warum du nicht?», fragten sie. Luca hatte die Einladung nicht zu Hause abgegeben. «Es war zu teuer», antwortete er. «Er hat es nicht einmal mehr versucht», sagt Omid. «Das macht mich unendlich traurig.»

Im Frühjahr geht es auf Klassenfahrt. Die Reise kostet 100 Euro. Auf dem Kühlschrank hat Jana Rechnungen gestapelt. Strom und Gas werden so schnell nicht abgeschaltet, das Telefon auch nicht. Sie sparen. Die Mahnungen auf dem Kühlschrank belaufen sich bis jetzt auf 300 Euro.

Einmal haben alle Freunde seiner Eltern zusammengelegt und Luca zum Geburtstag einen nagelneuen Gameboy geschenkt. Er hat ausgepackt, das Teil angestarrt und gefragt: «Wessen war das denn vorher?»

Aus der ersten Schule, die er besuchte, kam er stets mit beunruhigenden Geschichten nach Hause. Jana ist vormittags am Schulhof vorbei spazieren gegangen. Sie hat gesehen, wie sich die Kinder dort prügelten. Niemand kümmerte sich. Eines Tages ist sie selbst auf den Schulhof gelaufen und hat eingegriffen. Mittlerweile besucht der Junge in Wiesbaden eine integrierte Gesamtschule. Es gab 700 Bewerber, 75 wurden genommen. Jana hat ihre ganze multikulturelle Familie zu einem Termin beim Direktor geschleppt. Sie boten Mithilfe jeder Art an, Omid versprach einen Computerkurs für die Kinder. Es war ihre aufrichtige Art, den Lauf der Dinge zu beeinflussen. Omid und Jana Amiri sind Leute, die eigentlich nie Zeit haben. Sie sind ständig beschäftigt mit Dingen, bei denen andere fragen würden, was sie dafür bekommen.

«Wir haben alles, was wir brauchen», sagt Jana. Sie denkt nicht groß über ihre Situation nach. «Würde ich das tun, dann könnte mich das womöglich traurig machen.» Sie würde gern mal Geld ausgeben. Sich für 100 Euro neue Klamotten zulegen. In einen richtigen Urlaub fahren. Ihr Vater war Schreiner, ihre Mutter hatte eine Steppmaschine zu Hause und fertigte für eine Fabrik Schuhe. Sie arbeiteten von morgens bis abends. Mit 61 ist Janas Mutter gestorben. Wenn sie das Leben ihrer Eltern mit ihrem vergleicht, fühlt sie sich besser. «Die beiden hatten kaum Zeit füreinander.»

Als Sara geboren wurde, hat Jana von einem katholischen Frauenverein Geld für die Erstausstattung des Babys bekommen. Sie hat sich geschämt. Moment mal, hat die Sozialarbeiterin gesagt, Sie erziehen ein Kind, Sie tun was für diese Gesellschaft, warum schämen Sie sich? «Auch wenn es kaum jemand so ausspricht, ist arbeitslos sein doch immer so, als würde man aus anderer Leute Tasche leben», sagt Jana. Es ist dieses Ämter-Gefühl. Man will sich ständig rechtfertigen.

Omid ist kürzlich in eine Beratung der Wirtschaftspaten Rhein/Main e.V. vermittelt worden. Ehemalige Unternehmer und Industrielle versuchen in diesem Verein, an Jüngere ihr Wissen weiterzugeben und Kontakte zu vermitteln. Ein Mann hörte Omid lange zu. Es war eine Begegnung der seltenen Art, so wie die katholische Sozialarbeiterin für Jana. «Kümmere dich um die IT-Branche», sagte der Pate. «Das ist dein Ding, alles andere ist nichts für dich.» Omid sollte einen Wirtschaftsplan erstellen. Der Mann schickte per Post eine Software, die half, ein eigenes Profil zu erstellen. Er hat abends bei Amiris zu Hause angerufen. «Verschwende deine Energie nicht für Handwerkerarbeiten und Dienstleistungen!», hat er nochmal zu Omid gesagt. Seit dem Anruf hallen die Worte in dessen Ohren wider und wider. Allein das Wort Energie! Bislang wurde ihm Energie immer nur entzogen: bei der täglichen Suche nach kleinen Jobs, in unsäglichen Gesprächen auf Ämtern und in der ARGE. Der Hinweis, sie für was Besseres zu verwenden, lädt ihn regelrecht auf.

«Kennst du das, wenn du im Auto was liest, dass dir dann schlecht wird?», fragt Omid, während er in seinem klapprigen alten Transporter auf der Rheinstraße entlangfährt. «Da gibt es einen Trick. Du musst immer nur zum Horizont sehen.»

# Ein Dreckskerl in seinen besten Jahren

Walter Edler (55), Hamburg, arbeitslos,
obdachlos

Als das Handy klingelt, versucht Walter Edler gerade, drei von Monikas Hunden loszuwerden. Er fuchtelt mit den Händen. Monika steht im grünen Anorak in den kahlen Büschen und ruft. Es klingt schrill. Edler setzt ein paar Schritte in ihre Richtung, als wolle er zu ihr. Unter seinen Sohlen knirscht die gefrorene Wiese. Die kleinen, kurzbeinigen Tiere trollen neben ihm her, aber sobald er innehält, sobald er kehrtmacht, um den Park zu verlassen, bleiben sie stehen. Sie trauen ihm nicht. Es sind Hunde mit Vergangenheit. Hunde, die keiner mehr wollte, bevor Monika sie zu sich in die kleine Zweizimmerwohnung nahm. Mittlerweile sechs an der Zahl. Es ist eng, wenn sie zu siebt auf dem Sofa sitzen. Manchmal schneit dann noch Edler rein. Auch für ihn brauchen die Hunde nicht aufzustehen. Er ist Monikas bester Freund, tut alles für sie, aber die Hunde sind Monikas Ein und Alles. Ihre Aufgabe. Um warm zu werden mit dem Leben, muss der Mensch Gutes tun. «Ohne die Hunde gäbe es mich schon nicht mehr», sagt sie.

Walter Edler fischt das klingelnde Handy aus der Jackentasche. «Ich bin noch mitten bei der Arbeit!», brüllt er. Er kann nicht leise reden. Was unterscheidet den Menschen im Park von den Hunden im Park? Er kann sich äußern. Manchmal ist das fast der einzige Unterschied. Deshalb lässt Walter Edler seine Stimme auftrumpfen. Er redet gegen den Lärm der Straße an. Er wedelt mit der Hand, damit die Hunde kapieren, dass sie ihm von der Pelle sollen, ab zu Monika in die Büsche, weil er mal los will. «Ich meld mich später!», brüllt er ins Telefon. «Hab noch zu arbeiten!»

Immer wieder klingelt es, während er unterwegs ist. Im U-Bahn-Tunnel von Wandsbek, wo sich alte Bekannte wärmen. Am Ufer bei den Anglerfreunden. Sie haben gerade einen mageren Hecht aus dem Alsterkanal gezogen. Der Fisch hat den Haken so tief geschluckt, dass die Männer das Todesurteil vollstrecken. Das Telefon klingelt auch im kleinen Park nahe dem Kanal, wo Edler Tag für Tag mit den Drogensüchtigen gelungert hat, bis die Polizei das Gelände umstellte und die Stadt Hamburg einen Spielplatz baute. Er sagt den Anrufern nicht, dass es gerade nicht passt, weil in diesem Moment ein Fisch umgebracht wird. Er sagt nicht, dass er gerade mit Freude beobachtet, wie in den Bäumen im Park immer noch diese prächtigen Habichte lauern, die sich die Krähen im Sturzflug aus der Luft holen, um sie zu verspeisen. Er sagt: «Ich habe noch zu arbeiten.»

Er sagt, was andere Menschen sagen. Menschen, die früh aus dem Haus gehen und abends heimkehren. Er spielt Normalität: ein Handy haben, keine Zeit, Rückruf bei der nächstbesten Gelegenheit. Dabei wissen die Anrufer, wie es um ihn steht.

Er spielt für sich selbst. Um warm zu bleiben. Einsatzbereit.

Er wurde am 19. März 1950 geboren. Sie waren fünf Mädchen, fünf Jungen, Walter irgendwo mittendrin. «War nicht so doll», sagt er über sein Zuhause. Der Vater ist zur See gefahren. «Mutter hatte uns am Hals.» Immerzu waren die Kinder auf Nahrungssuche. Was nicht niet- und nagelfest war, brachten sie mit. Sie waren kleine Kriminelle, die ihrer Mutter helfen und sie ein bisschen glücklich machen konnten. Aus Walter Edler wurde ein Raubein. Mit 15 kam er in ein Heim für schwer Erziehbare. Für drei Zigaretten am Tag schickte man ihn auf den Kartoffelacker und ließ ihn Fischernetze stricken. Einen Beruf hat man ihm nicht beigebracht. Mit 19 traf er

Monika. Die Leute, mit denen sie beide rumhingen, nannten sich Banden, Rockerbanden, und haben ausschließlich Dummheiten angestellt. Monika ist auf den Tag genau drei Jahre jünger als er. Das schlicht strukturierte, überschaubare Leben hielt also Zufälle bereit. Das musste was bedeuten. Sie verliebten sich ineinander.

Walter Edlers Leben verlief dann doch auf geradem Weg ins Gefängnis. Raub, Körperverletzung, Diebstahl und ein paar andere Delikte. Dann hat man ihn für einen Überfall verurteilt, es gab nur Indizien, keine Beweise, die Komplizen wurden nie gefasst, und Edler hat geschwiegen und behauptet, unschuldig zu sein. Er kann aber erzählen, wie die Sache gelaufen ist. «Wir sind in ein Haus eingedrungen, um die Kasse zu holen, ohne Blut, nur mit psychischen Tricks, ‹Halt das Maul!› und so.» Seine Methoden, durchs Leben zu kommen, konnten andere in Lebensgefahr bringen. «Was daran Körperverletzung war? Ich hab den Hausherrn im Keller mit den Füßen an den Wasserhahn gebunden und seine Eier gekühlt.» Vor Edler musste man Angst haben. «Folter nennen die so was.» Insgesamt hat er 22 Jahre im Knast gesessen. Jedes Jahr am 19. März ist eine Karte von Monika gekommen.

Die Welt vor den Knastmauern hat er in all den Jahren nicht groß vermisst. In dieser Welt war er ein Dreckskerl gewesen. Jetzt war er mit sich allein und musste das aushalten. Er hat Tai-Chi gemacht und geboxt, einen Falken gepflegt, Wellensittiche gezüchtet, ist Zimmermann geworden und Trainer. «Ich war ein Guter im Knast, ich bin da gern hingegangen», sagt er, «es war wichtig, dass sie mich eingesperrt haben.» Als seine Haftzeit dem Ende zuging, durften inhaftierte Frauen auf die Zelle. Wiedereingliederung ins Leben hieß das. Aber Edler wollte gar nicht mehr raus.

Zu der Zeit kam auch die Psychologin Ortrud, um ein ökologisches Gartenprojekt mit Häftlingen zu starten. Er übernahm es. Er baute einen Teich. Freunde von draußen haben Pferdemist rangekarrt, der Bruder riesige Ladungen Steine aus der Heide. 1989 wurde Edler wohl oder übel entlassen. Monika war verheiratet. Er hatte Ortrud.

Mit ihr zog er in eine Hamburger Mietwohnung. «Zusammenleben war anders als Haft», sagt er. «Haft war Distanz.» Warum kommst du erst jetzt?, fragte Ortrud. Wo warst du? Du hast ja Bier getrunken! «Ich war Knete für die Frau», sagt er. «Sie wollte was aus mir machen.» Oft ist er wütend losgegangen, einmal blieb er einen ganzen Monat weg. Ausgerechnet da ging es ihr nicht gut. Sie holten sie mit Blaulicht ins Krankenhaus. Dort ist sie ausgebüxt, weil der Hund allein zu Hause war. Zu Hause ist sie dann gestorben. Mit Schmerzen, an Krebs, mit 45 Jahren. Der Mann, den sie liebte, war in dem Moment nicht weit weg, eigentlich nur um die Ecke, aber das konnte er nicht erfahren, weil ihn seine Wut ausgiebig beschäftigte. «Dabei waren nach der ersten Behandlung ihre Haare schon wieder so schön gewachsen», sagt er.

Walter Edler stand mit dem Leben in Freiheit nicht mehr auf Kriegsfuß, aber er verstand unter Freiheit etwas anderes. Gleich nebenan ging die DDR unter. Er fuhr mit einem Freund los, weil in der Zeitung stand, die Banken dort sähen aus wie Tante-Emma-Läden. In welches Städtchen sie auch kamen, stets waren Polizisten gerade dabei, den Überfall vom Vortag zu Protokoll zu nehmen. Die klare Einsicht hat sie davor bewahrt, sich im Osten was zu holen.

Dafür von den Reichen und den Geldgierigen im Westen. Für ein betrügerisches Unternehmen sollte er jeden Morgen mit Schlips und Anzug antanzen, Leute anrufen und zu Geldgeschäften überreden. Edler nannte diese Leute «Patienten». Sie hörten ihn am Telefon lispeln, weil er nach dem Knast so gut wie keine Zähne mehr im Mund hatte. Sie gingen ihm alle auf den Leim. Es war Irakkrieg, sie wollten Geld ins Öl stecken, 30 000 US-Dollar, manche sogar Millionenbeträge. Kaum einer der Geldgeber, glaubt Edler, hat je großen Gewinn gemacht. Das Unternehmen schon. Auf Edler wären ein paar schöne Prozente abgefallen. Wenn er mitgemacht hätte. Aber er ließ schnellstens die Finger von der Sache.

Fortan hat er Jobs erledigt, Schichten geschoben, ausgeholfen, ausgetragen. «Ich bin ein Glücksritter», sagt er, «mir fällt immer was in den Schoß.» Sein Leben bestand aus Marihuana und Kokain, Bier und Schnaps, aus Abhängen, Feiern, Reisen. Seiner Mutter hat er immer mal einen Tausender gegeben. Sie hat davon was für Kinder und Enkel gekauft. «So war das nicht gemeint», sagte Edler zu ihr. Weil er sich für nichts zu schade war, gab es viel Arbeit für ihn. Er nahm nur noch so genannte ehrliche Jobs an.

Ihm war nur nicht ganz klar, was er unter Ehrlichkeit zu verstehen hatte. Er rackerte wie auf Vollzeit, wurde spät, schwarz und mies belohnt und verdarb zudem die Bedingungen auf dem Arbeitsmarkt. Man sah in ihm weder den Zimmermann noch den Boxtrainer oder Öko-Gärtner. Er war sich nicht zu schade, sich klein zu machen. Bis die gebückte Haltung zur Tortur wurde und er sich auch mal aufrichten musste. Schließlich hat der Glücksritter wieder mal jemandem die Fresse eingeschlagen. Kieferbruch. Zehn Monate Haft. «Das war Erholung für mich», sagt er.

Nach der Erholung stand er ohne Geld und Habe auf der Straße. Kam bei seiner Freundin Helma unter, wohnte eine Weile mit Monika zusammen, machte Mietschulden ausgerechnet bei der Hamburger Wohnungsgesellschaft, die kostengünstige Quadratmeter zu bieten hat. Er flog aus der Wohnung und von den Bewerberlisten. Er hatte keine Adresse mehr, wo eine gute Nachricht hätte landen, demzufolge auch kein Konto, auf dem sich hätte Geld ansammeln können. Er war jetzt ganz unten. Das Sozialamt für Wohnungslose vermerkte seinen Namen in der Kartei. Vielleicht wäre er sonst ganz aus dem Gedächtnis der Gesellschaft verschwunden. Bis er irgendwo was geklaut hätte. Dann hätte sie ihn zu sich zurückgeholt, die Gesellschaft, und ihn mit gespreizten Fingern in eine ihrer Untersuchungshaftanstalten gesteckt, weil Diebe, die keinen

Wohnsitz haben, sich schnell ihrer so genannten gerechten Strafe entziehen können.

Walter Edler trägt einen borstigen Schnauzer, der sich wie ein Dach über die Mundwinkel biegt. Seine Haut ist vom Wetter gegerbt. Er war mal blond. Mit den Jahren hat es die Farbe von seinem Schädel geweht, nun ziehen sich die Haare mehr und mehr in den Windschatten, auf den Hinterkopf zurück. Dafür leuchten Edlers tief sitzende Augen immer noch sehr blau. Er besitzt einen Pullover mit Rollkragen, einen mit Kapuze, das angeraute Hemd, eine Trainingsjacke, eine Jeansjacke, eine Weste. Er trägt alles übereinander. Seit nun einem Jahr hat er keine Wohnung. Im Erdboden am Ufer des Alsterkanals, den er sich als Zuhause auserkoren hat, steckt das klamme Hamburger Herbstwetter. Das Laub fault. Die schützenden Büsche sind kahl. Die prächtige Weide, deren Ruten wie ein Schirm zwischen dem Wetter und Walter Edler hingen, hat ein Sturm gebrochen. Es ist kurz vor Weihnachten 2005. Temperaturen sind etwas, woran man sich gewöhnt.

Er erhält jeden Monat 345 Euro Arbeitslosengeld II. Einen Ein-Euro-Job bekommt er nicht. Aus der langen Liste von Leuten, die ihnen angeboten werden, suchen sich die Beschäftigungsträger nicht die aus, die keine Adresse haben. Das Amt verlangt aber, dass er sich bewirbt. Walter Edler hat das Telefonbuch genommen und eine Liste mit Adressen erstellt, die ihn angeblich alle nicht nehmen wollten. Er hat anderes zu tun. Eine Schlafstelle, um die keine Wände stehen, muss verteidigt werden. Außer vorm Zahnarzt hat er keine Angst. Nachts im Freien zu schlafen, ist gefährlich. Edler besitzt ein kleines Zelt. Es ist keine Festung, fühlt sich aber gut an. Seit einem halben Jahr hat er zu seinem Schutz auch noch einen Hund. Bonnie ist ein kleiner Cockerspaniel, der einem zur kalten Jahreszeit am unfreundlichen Kanalufer richtig Leid tun kann. Für diese Zeit ist sein Herrchen mit ihm bei Helma untergekommen.

132

Morgens verabschiedet sich Walter Edler von Helma und verlässt das Haus, so wie jeder normale Mensch es tut. Er läuft durch Hamburg, zum Amt, in die Suppenküche, an die Imbissbude und hierhin und dorthin. Er hat einen Stadtplan in der Tasche, einen Gewässerplan und seinen Angelschein. Man kann nie wissen. Er geht immer auch zu Monika in die Nordschlesische Straße. Wenn sie nicht genau weiß, wann sie aus dem Park zurück ist, gibt sie ihm einen Schlüssel. Mit dem kommt er aber nicht zur Haustür rein. «Harald, passt dein Schlüssel?», ruft er einem Mann zu, der mit Plastiktüten voller Flaschen auf dem Gehweg vorbeiwankt. Harald fixiert das Schlüsselloch und trifft nicht. Sein Oberkörper lehnt sich gefährlich weit zurück, als er zu einem neuen Versuch ausholt. «'schuldigung, dass ick so nach Alkohol stinke, aber nachher bin ick wieder fein», lallt er. «Danke, Harald», sagt Edler. Er schaut sich nach anderen Plastiktütenmännern um. Als würden sie hier am Rand der Gesellschaft immerhin alle mit einem Generalschlüssel für den Notfall herumlaufen.

Monikas Wohnung ist schon voll, selbst wenn sie mit den Hunden noch gar nicht da ist. Plüschtiere, Tierreliquien stehen herum, Nachgemachtes, Ausgestopftes, Tiere aus Plastik und Keramik. Einiges davon hat Walter Edler ihr geschenkt. Sie freut sich jedes Mal so sehr. Tiere sind nicht Menschen. Edler räumt die Kaffeetasse in die Küche, wenn er ausgetrunken hat. «Ob die nun hier rumsteht oder da», grummelt Monika. «Lass», erwidert er. Sie reden in einem rauen, aber herzlichen Ton. Ihren Aussagen fehlen Satzteile, die nicht unbedingt nötig sind. Sie müssen nicht sagen, was sie fühlen. Das Leben besteht aus Fakten. Am Boden vorm Klo steht ein Ascher voller Kippen. In der Dusche liegt seit Tagen nasse Wäsche. In der Dose auf dem Tisch lagern die Tabletten für Monikas Seele. Sie ist brutal vergewaltigt worden. Edler sagt, er würde den Typen am liebsten umbringen. Bei einem Raubein kann auch Zuneigung gefährlich werden und Unglück bringen. In zweifacher Hinsicht ist es gut für Monika, dass man den Vergewaltiger längst eingesperrt hat.

Vor einem knappen Jahr hat Walter Edler Monika bedroht. Dann hat er bei Helma randaliert. Es war nicht sein erster Suff, aber er hatte am nächsten Morgen plötzlich das Gefühl, dass es der letzte gewesen sein sollte. Keinen Tropfen Alkohol hat er seitdem mehr getrunken. Er ist jetzt ein ganz anderer Mann. Jeden Tag verbringt er mit betrunkenen Obdachlosen, doch er hat weder Entzugserscheinungen noch Rückfälle. Sagt er. Als hätte man ganz am Rand der Gesellschaft einen kürzeren Draht zur Erkenntnis: «Allein der Gedanke, dass ich nicht mehr trinke, macht mich jeden Morgen glücklich.»

Passend zu seinem neuen Dasein hat er eine neue Stimme gefunden. Es ist die Stimme von Karin Müller. Er braucht sie dringend. Denn meist gerät er schon im Wartezimmer der ARGE in Fahrt, weil Leute, die nach ihm gekommen sind, vor ihm aufgerufen werden. Endlich selbst an der Reihe, stellt er auf gewohnte Weise knappe, lautstarke Fragen. So wie diese: «Wo ist mein Geld?» Die zuständige Sachbearbeiterin antwortet: «Hier nicht.» Er will ein Darlehen haben. Sie will lieber erst mal klären, wo die 345 Euro verblieben sind. Er braucht das Geld, aber das sagt er nicht, sondern er brüllt. Mit jedem seiner Worte weicht die Frau mehr und mehr zurück. Edler brüllt auch mit den Händen. Sie denkt daran, einen Kollegen zu rufen. Sie entfernt sich immer weiter davon, Edler etwas zu geben.

Karin Müller arbeitet am Brauhausstieg in der Beratungsstelle für Wohnungslose. Seit Edler zu ihr kommt, ist der Brauhausstieg seine Postadresse. Sein Geld kommt jetzt per Scheck hier an. Sie sagt: «Obdachlose werden auf den Ämtern anders behandelt, weil sie äußerlich einen anderen Eindruck machen. Sie reden in der Lautstärke der Straße, sie bewegen sich nicht, sondern poltern.» Wer seine Erfahrungen unter freiem Himmel sammelt, kann bürokratische Verfahrensweisen nur schwer akzeptieren. Der versteht nicht, warum er bei Wohnungsbesichtigungen immer durchfällt, weil er ein Obdachloser ist, wo sich das Problem doch im Nu erledigt hätte, würde man ihm die Wohnung geben. Er versteht nicht, warum überall, wo er auftaucht, schon seine Schufa-Einträge sind. Über 30-mal hat Edler sich im letzten Jahr um eine Wohnung beworben. Manchmal waren sie bei der Besichtigung nur zu dritt. «Das Schlimmste ist, immer wieder Hoffnungen fahren zu lassen», sagt er.

Karin Müller versteht sich mit Edlers Sachbearbeiterin. Sie ruft anstelle seiner bei ihr an. Ein Darlehen gibt es nur in Ausnahmefällen. «Wird man Ausnahmefall, wenn man besonders freundlich ist?», fragt sie. Die Antwort kennt sie: Jedenfalls nicht so, wie er es versucht hat. «Frau Müller ist 'ne feine Frau», sagt Walter Edler. «Sie hört mir zu. Die meisten Menschen tun das nicht, sie machen nur ihre Arbeit.» Sie ruft auf seinem Handy an, weil sie will, dass er zur Weihnachtsfeier in die Beratungsstelle kommt. Er ziert sich, als hätte sie ihm einen Heiratsantrag gemacht. «Ich und Weihnachten!», sagt er.

Was für andere Weihnachten ist, ist für Edler sein Freund Norbi. Ein wahrer Freund. Einer, der ihm nicht beweisen muss, dass er für ihn da ist, weil man das ganz einfach fühlen kann. Sie haben sich im Gefängnis kennen gelernt. Norbi hatte ein paar dumme Dinger gemacht und 22 Monate bekommen. Edler holte ihn zum Boxen, trainierte ihn, da war er aufgehoben, vor allem weg von den anderen Häftlingen, dort wäre er nämlich untergegangen. Norbi bekommt auch Arbeitslosengeld II. Er versucht, als Fliesenleger und Maler dazuzuverdienen. Im Kofferraum seines alten Autos rumpeln fünf Säcke Füllmasse durch die Gegend. Er hat sie geschenkt bekommen. «Das hilft wirtschaften!», sagt er. Die Männer jubeln, als wären die Säcke ein Lottogewinn.

Norbi will die Sitzlehne für seinen Freund hochklappen, damit er mitfahren kann. Er schafft es nicht ganz. «Bestens, Norbi!», sagt

Edler. Er sitzt zu einem spitzen Winkel vornüber gebeugt unter der Füllmasse, neben ihm Norbis großer Schäferhund, nass und stinkend, weil er bei Minusgraden in einem Tümpel baden war. Sie passieren die große Ampelkreuzung, an der seit 25 Jahren ein Obdachloser wohnt. In den Büschen liegt sein lumpiges Nachtlager. Sie würden ihn grüßen, aber er sitzt am Bordstein mit gesenktem Kopf, als würde sein langer Bart ihn nach unten ziehen. An der Fassade des Hauses gegenüber hängt ein aufblasbarer Weihnachtsmann. Es scheint, als wolle er über die Balkone einsteigen, um zu klauen.

Und dann findet Weihnachten plötzlich doch statt. Für Walter Edler ist es das erste Mal in seinem Leben. «Ein Engel ist gekommen», sagt er im Januar. Es war Norbi. Er hat ihm Geld gegeben, um seine Schulden zu begleichen. 2140 Euro auf einen Schlag hat die Wohnungsgesellschaft bekommen. Im nächsten Augenblick hat es Edler auf eine Warteliste für Wohnungen verschlagen. Da kann man sich regen und machen, sich fit halten und ein Handy dabei haben, erst für 2140 Euro haben sich für ihn die Türen zur Gesellschaft geöffnet. Er fühlt sich wie auf einer weiten Reise. «Ich muss jetzt nicht pausenlos danke! sagen, der Norbi weiß schon, was er für mich getan hat», sagt Edler. «Der hat genauso wenig Geld wie ich. Vielleicht hat er durch die Jobs immer mal was zur Seite gelegt.»
Norbi hat sich an die Haftzeit erinnert. Daran, was Edler für ihn getan hat. Er hat seine Dankbarkeit bewahrt, was in schlechten Zeiten unter Menschen nicht gerade üblich ist. Edler will, dass man ihn nicht Norbi, sondern Engel nennt. «Wir werden in Zukunft mal was zusammen machen, arbeitsmäßig», sagt er. «Zukunft hab ich ja jetzt!»
Für diese Zukunft braucht er einen Taschenkalender. Er geht zu Rossmann an der Wandsbeker Chaussee. «Hallo, Frau Rossmann, haben Sie einen Kalender?», ruft er der Verkäuferin zu. «So einen,

der mich das ganze Jahr begleitet?» Die Frau schreckt vor seinem freundlichen Gepolter zurück, starrt ihn an und schüttelt kaum den Kopf.

Edler betritt einen Kramladen. «Hallo, habt ihr so einen Kalender, wo ich was reinschreiben kann jeden Tag?» Man schickt ihn zur Einkaufspassage. Dort ist ein Buchladen. Er irrt durch zwei Etagen, kommt zwischen Regalen und Türmen aus Büchern ins Taumeln. «Haben Sie so einen Begleiter für mich?», fragt er die Buchhändlerin. Sie zeigt ihm die Restbestände. Viele Male umkreist er sie, entscheidet sich dann für «Angeln und Fischen». Es ist der erste Taschenkalender seines Lebens. Vor der Passage hält er ihn ins Tageslicht. «Ich bin dabei, mich zu legalisieren», sagt er.

In der Beratungsstelle am Brauhausstieg öffnet ein Zivi die Tür. Edler ist zu früh. Plötzlich macht er irgendwie größere Schritte. Frau Müllers Arbeitszeit hat noch nicht begonnen. Im Erdgeschoss des Hauses befindet sich ein beheizter Raum, in dem eine Thermoskanne mit dunklem Kaffee steht. «Ich warte dort!», sagt Edler. «Nur ungern», antwortet der Zivi und stellt sich in die Tür. Edler drängt vorbei. Er hat die Antwort nicht vernommen. Er hat sich längst abgewöhnt, darauf zu hören, dass die Leute nicht begeistert sind von ihm.

«Das geht heute alles ganz schnell», sagt er später zu Karin Müller. «Jetzt bin ich nämlich wieder aufgenommen. Ich bin auf der Liste. Bald hab ich einen Ort, von dem aus ich früh losgehen und Power machen kann.» Er kommt in Fahrt wie eine Rakete in der Rampe. So viel Optimismus, wie er verfeuert, haben am Brauhausstieg nicht mal alle Berater zusammen. «Die Schulden sind weg, die Schmach, jetzt bin ich wieder auf dem Markt. Jetzt noch die Zähne machen lassen. Am besten, alle raus mit einem Ruck und ein schönes, neues Gebiss. Was dann kommt? Ich weiß nur, dass es aufwärts geht! Mit dem Alkohol war das auch so. Eine Sache des Kopfes. Ich hab mich sozusagen selbst glücklich gemacht. Es geht mir viel besser seitdem, rundum. Gesundheitlich. Und ich bin nicht mehr so aggressiv.» Gleich zischt er ab. «Sie treffen mich gerade in meinen besten Jahren!»

Wenn Menschen, die schlechte Erfahrungen gemacht haben, auf andere Menschen treffen, haben die möglicherweise nicht viel zu lachen. Bei der Wohnungsgesellschaft arbeitet scheinbar nur der Anrufbeantworter. Walter Edler steht mit seinem Handy im Wetter, versucht es um zehn, halb elf. «Schon wieder dieser Sabbelapparat!», flucht er. «Das kostet Geld!» Er fährt hin. Gleich die erste Mitarbeiterin, die ihm begegnet, kriegt seinen Zorn ab. «Wo sind Sie denn alle?» Heute sei doch Freitag, antwortet sie. «Heute ist ein Tag wie jeder andere!», sagt er. «Dienstzeit!» Als wäre eine funktionierende Wohnungsgesellschaft sein zweiter Herzschlag. Er bekommt einen Termin. Er bekommt eine Liste mit Adressen, die zu haben sind. Er darf nicht über 45 Quadratmeter nehmen. Er findet eine Wohnung mit 26, aber sie liegt zu weit weg, er muss bei Monika und Helma bleiben, weil die ihn brauchen.

Abends um zehn geht er mit Bonnie die letzte Runde. Außer den üblichen Utensilien ist jetzt auch noch die Wohnungsliste in der Jackentasche. Sie fühlt sich gut an. Morgen trifft er sich mit Norbi an der Imbissbude. Sie werden einfach so dastehen. Nichts essen, nichts trinken. «Wir reden über die Zukunft», sagt er. «Wir wollen erfolgreich sein.» Irgendwann wird er seinen Kalender rausholen. Auch so was, was normale Menschen machen. «Man muss so vieles auf dem Zettel haben», sagt er. Man kann ihn bis weithin hören.

## Aus dem Luxus gefallen

Markus Schirmer (41), Frankfurt am Main,
Wirtschaftswissenschaftler

Ausgerechnet Markus Schirmer hat an «Wer wird Millionär?» geschrieben. Er will in die Sendung. Sie läuft seit Jahren, aber er hat sie nicht öfter als fünf-, sechsmal gesehen. Er hat überhaupt kaum ferngesehen. Fast immer, wenn die Kandidaten bei Günther Jauch aufgaben, hätte er noch nicht einmal einen Joker gebraucht. Er kann sich unheimlich viel merken. Er kommt auf Ideen. Eigentlich ist er der ideale Kandidat. Eigentlich wäre er nie auf die Idee gekommen, sich zu bewerben.

Bei der 64 000-Euro-Frage würde er zocken, denn 64 000 Euro nützen ihm sowieso nichts. 125 000 Euro könnten helfen, die Schulden schneller abzuzahlen als über die geplanten sechs Jahre, nach denen ihn das Insolvenzverfahren von den Schulden befreit. Mit 250 000 Euro wäre er aus den Miesen. Erst wenn er die 500 000-Euro-Frage beantwortet hätte, bliebe ein bisschen Geld für ihn selbst übrig.

Heute ist wieder Post im Briefkasten. Auf dem Umschlag klebt das gelbe Etikett der Justizbehörde. Markus Schirmer meinte, man hätte ihm zu viel Geld von seinem Einkommen abgezogen. Also hat er beim Insolvenzgericht einen Antrag auf Neuberechnung des pfändungsfreien Betrages gestellt. Er hat sich Hoffnung auf eine Rückzahlung gemacht, mit der er die Schulden bei der Krankenkasse begleichen könnte.

Das Amtsgericht macht die Hoffnung zunichte. Es lässt Markus

Schirmer wissen, dass seine Miete nicht mehr als 462,50 Euro betragen darf. Er zahlt 850. Dabei ist er schon von seinem Reihenhaus in diese kleine Wohnung im Stadtteil Nordend gezogen.

Bei der Krankenkasse liegt er mit drei Monatsbeiträgen im Rückstand. Es ist Mitte April. Bis Anfang Mai hat er noch Zeit, dann fühlt sich die Kasse nicht mehr für ihn zuständig. Komme was wolle. Außerdem wird der Fall dann ans Bundesversicherungsamt gemeldet. In den Augen der Krankenkasse befindet sich Schirmer nicht in Not. Er ist schlichtweg vertragsbrüchig geworden. Ein Bußgeldverfahren steht an, das ihm bis zu 2500 Euro Strafe einbringen kann. Sein Arbeitgeber, eine internationale Marketingfirma im Frankfurter Umland, würde ihm den Betrag, den er der Kasse schuldet, gern als Prämie für seine guten Leistungen geben. Aber jede Prämie, die man ihm zahlt, jeder Verdienst, den er erarbeitet, jedes Geschenk, das ihm jemand macht, gehört dem Insolvenzverwalter.

Markus Schirmer wurde 1964 in Karlsruhe geboren. Er hat zwei Geschwister, der Vater arbeitete als Sachbearbeiter bei der Bausparkasse. Nachdem die Eltern sich scheiden ließen, ging die Mutter für den Lebensunterhalt putzen. Über Geld wurde nie gesprochen, man hatte ja sowieso keins. «Ich fürchte mich nicht davor, kaum Geld zu haben», sagt Schirmer, «ich kenne das.» Er lebt nach einem Finanzplan. In den nächsten Jahren kann er 600 Euro im Monat zum Leben ausgeben. Allein 100 braucht er für die Monatskarte der Verkehrsbetriebe. Dann sind da noch Festkosten wie Versicherung und Strom. Das Telefon und den Internet-Anschluss hat er schon aufgegeben. «Mit dem, was mir bleibt, komme ich klar», sagt er.

Was heißt das? Dass da einer Gott sei Dank nicht mehr dran denkt, sich das Leben zu nehmen. Dass er sich tapfer in die Lebenslage begibt, in der sich Millionen Deutsche längst befinden. Heißt das aber auch: Die Angelegenheit, von der hier die Rede ist, stellt kein Problem dar? Nein.

Markus Schirmer hat in Karlsruhe Abitur gemacht. Er wollte Pfarrer werden. Die Kirchenpolitik brachte seinen Wunsch ins Wanken. Er begriff, dass er als Schwuler wohl ein Dauerproblem mit seinem Arbeitgeber haben würde. 1985 begann er an der Hochschule für Wirtschaft und Politik in Hamburg Sozialökonomie zu studieren. Nebenbei arbeitete er als Aushilfe in einer Spedition. Er arbeitete gern. Man gab ihm wichtige Aufgaben. Manchmal hatte er am Ende des Monats 1500 Mark verdient. Es ging ihm gut als Student.

Der Student Markus Schirmer engagierte sich für ein Gesetz, das in der Hamburger Bürgerschaft verabschiedet werden sollte. Homosexuelle NS-Opfer sollten angemessen entschädigt werden. Schirmer war unermüdlich in den Parteien unterwegs, klärte auf, vermittelte. Das Gesetz kam einstimmig durch. Für diesen Einsatz erhielt er ab dem zweiten Studienjahr die Begabtenförderung der Friedrich-Naumann-Stiftung.

Nach dem Examen als Wirtschaftswissenschaftler im Jahr 1988 wurde er von einem bekannten Münchner Unternehmen eingestellt. Er bekam 2800 Mark Netto bei 14 Monatsgehältern. Die Mauer fiel. Schlagartig hatte die Firma 25 Prozent mehr potenzielle Kunden. Man eroberte den Markt. «Der Osten, das war wie Geld drucken», sagt Schirmer. In den folgenden Jahren stieg er vom Sachgebietsleiter bis zum Leiter Vertriebs- und Marketingcontrolling auf. Jedes Jahr wuchs das Gehalt um einen zweistelligen Prozentsatz. 1999 war Schirmer bei 7100 Mark brutto angekommen. Er lebte in einem Dachgeschoss am Münchner Gärtnerplatz. Die Wohnung hatte einen offenen Kamin und zwei Terrassen, auf denen an kalten Tagen die Heizstrahler glühten. Von der einen Terrasse blickte er über die Dächer der Stadt, von der anderen aus sah er das Deutsche Museum.

Bereits im September 1989, er hatte gerade eine Gehaltserhöhung bekommen, geriet Markus Schirmer über die Bemessungsgrenze der gesetzlichen Krankenkasse. Der Schritt vom höchsten Pflichtbeitrag bis zur freiwilligen Versicherung war immens. Sein Gehalt hatte sich um 100 Mark erhöht, aber wenn der Kassenbeitrag gezahlt war, hatte er unterm Strich 300 Mark weniger. In einem Brief an Arbeits- und Sozialminister Norbert Blüm schrieb er, dass er eigentlich die Solidargemeinschaft nicht in Richtung Privatversicherung verlassen wollte. Jedoch verlangte man ihm finanzielle Verluste ab. Und als schwuler Mann würde er in Deutschland wohl kaum in den Genuss der Familienversicherung kommen. Was tun? Er wartete die Antwort ab. Sie kam als unpersönliches Schreiben, wie aus einer Beantwortungsmaschine. Drin stand: Denken Sie an die Familienversicherung! Seitdem ist Schirmer bei einer privaten Krankenkasse.

Mit seinem sicheren Job und dem kontinuierlich steigenden Einkommen gehörte er zur Traumzielgruppe der Immobilienmakler. Außerdem waren er und seine Kollegen gut informiert. Sie reisten viel, kannten Hinz und Kunz. Sie wussten, wie die Dinge liefen, und glaubten längst nicht mehr daran, dass ihnen ihre staatliche Rente, für die sie viel Geld einzahlten, einmal sicher sein könnte.

Ein Kollege nach dem anderen legte sich mindestens eine Immobilie zu. Was, du hast noch nichts?, fragten die anderen nach der Arbeit beim Wein ungläubig. Markus Schirmer bestellte den Makler. Im Dachgeschoss tauchte ein uriger Mann auf, ein Bayer, wie er im Buche steht. Er brachte alles mit: Wohnungen und Häuser, Exposés, Wertgutachten mit den Stempeln angesehener Bankhäuser, Grundschuldbestellungen, Kreditverträge. Da waren Geldmänner unter sich. Schirmer hätte dem netten Typen ohne zu zögern auch einen Gebrauchtwagen abgekauft. Er war 28 Jahre alt, vielleicht naiv.

Es fühlte sich nicht besonders aufregend an, Besitzer einer Eigentumswohnung in Dortmund zu werden. Schirmer kam gar nichts anderes in den Sinn, als dem Angebot, das so kompetent aus der Welt des Reichtums daherkam, zu vertrauen. Die kleine Wohnung, für die er sich entschied, lag in einer Studentenwohnanlage am Campus. Er selbst war eben noch Student gewesen und wusste, wie schwer es war, eine gute und bezahlbare Bleibe zu finden. So würde er mit dem Kauf sogar noch etwas sozial Sinnvolles tun, sagte er sich. Das war eine Lüge. Er glaubte sie gern. Der Preis, den er für die Wohnung zu zahlen hatte, war schön überschaubar: ein Jahresgehalt.

Seine Dortmunder Wohnung hat Markus Schirmer sich nicht einmal angesehen. Beim Kauf nicht und später auch nie mehr. Das angeblich sozial Sinnvolle war einfach nur ein Anlageobjekt. Ein Produkt fürs eigene Wohlergehen, an das ein Versprechen geknüpft war: kein Aufwand, kein Stress, nur ein Termin beim Notar, eine Unterschrift, und dann läuft das nebenbei. Es gab Mietgarantie, zehn Jahre Zinsbindung, das Darlehen war ebenso viele Jahre tilgungsfrei. Man zahlte nur in eine Lebensversicherung ein, um für die Rückzahlung des Kredites anzusparen. Und die Steuerersparnis durch die Abschreibung war verlockend.

Ein halbes Jahr später kam der Makler noch einmal. Die so locker nebenher laufende Immobilie setzte bedenkenlos neue Wünsche frei: Eine kleine Eigentumswohnung war zu wenig für die Alterssicherung. Schirmer kaufte noch ein Haus in der Lüneburger Heide. Natürlich sah er sich alle Unterlagen genau an. Es gab Darstellungen, Berechnungen, Kurven zur Wertentwicklung. Die Unterlagen lasen sich, als könne man die Zukunft kaufen. Als könne man wissen, wie's weitergeht. Der wahre Wert der Häuser beträgt heute nur ein Drittel des Kaufpreises. Der Makler, die renommierten Bankhäuser haben ihren guten Kunden abgezockt.

1999 wurde Markus Schirmer nach Freiburg abgeworben. Er bekam ein noch höheres Gehalt, aber die Arbeit machte keinen Spaß. Schon nach einem halben Jahr ging er wieder auf die Suche. Er nahm es gelassen, denn er kannte seinen Wert. «Ich war immer gut», sagt er. «Ich kann Aufgaben verstehen, die Problemstellung strukturieren und innovative Lösungen finden.» Nicht selten lobte man ihn: Mensch, diesen Weg hätten wir ohne dich nicht gefunden. Im Juli 2000 verließ er Freiburg Richtung Frankfurt am Main.

Er besaß nicht viele Möbel, aber alle seine Stücke waren edel. Das Regal im Wohnzimmer hat 10 000 Mark gekostet. Er trug teure Anzüge, und einmal im Jahr ließ er von einer Hamburger Designerin einen auf Maß fertigen. Im Urlaub, den ihm die Firma immer nur zur unfreundlichen Jahreszeit gewährte, flog er nach Australien, Neuseeland, Kalifornien, Südafrika. Nicht pauschal, sondern individuell, mitten ins Leben der fremden Menschen, die er kennen lernen wollte.

Er kochte gern und gut. Er sparte niemals, das war nicht nötig, denn jeden Monat kam viel Geld. Jede Bank gab ihm gern einen Kredit. Er erfüllte sich Wünsche spontan. Er hatte alles und noch mehr. Manchmal endete sein Arbeitstag in einem Sternerestaurant.

Bei der neuen Marketingfirma in der Nähe von Frankfurt war Schirmers Einkommen noch höher. Er wurde als Innendienstleiter eingestellt und bekam 12 500 Mark brutto. Bald übernahm er zusätzliche Aufgaben in der Kundenbetreuung, der Lohn stieg, aber nicht mehr so dramatisch wie in den 90er Jahren. Er ging mit 4500 Euro netto nach Hause.

Alle Gehaltszettel, die er je bekam, hat Markus Schirmer in einem Ordner abgeheftet. Das Papier sieht irgendwie antiquiert aus. Vielleicht hat es auch nur etwas Gestriges, wenn er heute darin blättert. Wie ein Großvater, der Bilder aus seiner goldenen Jugend zeigt.

Schirmer arbeitet längst auf einem Gehaltsniveau, wo man die Mitarbeiter nicht mehr über schnödes Geld, sondern mit Weiterbildung und Aufstiegschancen motiviert. Die Firma in München hatte ein eigenes Studienzentrum am Bodensee, in das man ihn hin und wieder schickte. Er nahm an Managementnachwuchsprogrammen teil, fuhr auf internationale Seminare in ein Nobelhotel, kürzlich war er auf einem Managementseminar in Belgien.

Er nahm sich bald den Luxus heraus, zur Arbeit zu kommen und zu gehen, wann er wollte. Im Grunde war er sowieso immer im Dienst, oft auch am Wochenende. «Wenn ich weniger als 50 Stunden in der Woche arbeite, fühle ich mich nicht gebraucht», sagt er.

Im Sommer 2002 lief die Bindungsfrist der Immobilien-Kredite aus. Die Zinsen wurden teurer, es musste Tilgung gezahlt werden, die Mieten sanken dramatisch, dafür stieg die Hausverwaltergebühr drastisch. Zudem sank die Abschreibung auf ein Prozent. Man konnte nicht mehr von einer Nebensache sprechen. Nicht mehr von finanziell zweckmäßigen Produkten, von Absicherung, von einer klugen Idee. Schirmers hohes Einkommen reichte nicht mehr aus, um Monat für Monat seinen Lebensunterhalt und seine Immobilien zu finanzieren.

Er war wie der Frosch in einem Glas mit kaltem Wasser, das langsam erwärmt wird. Er passte sich den steigenden Temperaturen an. Am Ende eines jeden Monats war er mit seinem Girokonto im Minusbereich. Dann kam das Gehalt und der Betrag stieg Richtung Plus. Von Mal zu Mal kam er immer weniger über die null hinaus. Eines Tages blieb er unter Null. Irgendwann war die Summe im Minus fünfstellig. Die Bank bot ihrem geschätzten Kunden Hilfe an. Er durfte seinem Girokonto wieder ein gutes Aussehen verschaffen, indem er auf einen Ratenkredit umschuldete.

«Ich hatte im Job immer eine Menge um die Ohren. Nichts Unangenehmes, große Aufgaben. Meine Arbeit war interessant und fesselte mich», sagt er. «Die Briefe von der Bank hingegen waren ein blödes Thema, an das ich am besten gar nicht dachte.» Alle paar Monate ermahnte ihn der Terminkalender, den Ratenkredit zu erhöhen. Die Schulden waren terminlich akkurat eingeplant. Schirmer betrat im schicken Anzug seine Bank, in der jeder Mitarbeiter seinen Namen kannte und ihn winkend grüsste. Bis der Schuldenbetrag sechsstellig wurde. Das war 2004. Irgendwann stirbt der Frosch still und leise, weil die Temperatur im Glas unerträglich wird. Von einem Tag auf den anderen rückte die Bank keinen Cent mehr raus.

Markus Schirmer hatte viel gearbeitet, sich um alles Mögliche gekümmert, aber nie viel um sich selbst. Nun versuchte er, seine Lage zu analysieren. Er sagt: «Ich hab noch alles da.» Selbstmord war eine der Ideen, auf die er kam. Er dachte an die Blume, die er in der südafrikanischen Wüste am Rande eines Salzsees stehen sah. «In einer feindlichen Umgebung kämpfte sie um ihr Dasein», sagt er. Das klingt pathetisch. Aber letztlich hat die Wüstenblume ihn auf den rettenden Gedanken gebracht, im wahrsten Sinne des Wortes. «Man kann sein Leben nicht einfach wegwerfen», sagt er.

Er ging zur Schuldnerberatung. Wechselte die Bank. Er verzichtete auf einen Dispositionskredit, wollte nur das Geld verbrauchen, das wirklich da war. Er bekam jeden Monat ein gutes Gehalt, aber das war eigentlich schon wieder futsch in dem Moment, als es überwiesen wurde. Er hatte Mahnbescheide und Mahnverfahren am Hals, dazu die Forderungen der Immobilienbanken und der Krankenkasse, die Schulden bei seiner eigenen Bank sowie die laufenden Kosten des Lebensunterhalts.

Seine Eigentumswohnung und sein Haus werden dieser Tage zwangsversteigert. Das bringt nicht viel Geld ein, gemessen an dem, was Schirmer bräuchte. Wenn er arbeitet, gelingt es ihm, an die Situation, in die er geraten ist, nicht zu denken. Freie Zeit jedoch ist grausam. Die freie Zeit gehört nur ihm. Unweigerlich stellt sich die Frage: Wie geht es weiter?

Aus Angst, den Krankenversicherungsschutz zu verlieren, ging er zum Arbeitsamt. Eigentlich hatte er hier nichts zu suchen. Die Beraterin, in der ungewohnten Situation, einen Mann mit einer guten Anstellung vor sich zu haben, war sehr nett. Er schilderte ihr, dass es keinen Weg gibt, der ihn zurück in die gesetzliche Krankenkasse führt, außer diesen: sich kündigen zu lassen. Den gesetzlichen Kassenbeitrag führt der Arbeitgeber beziehungsweise das Arbeitsamt ab. Bei der Privatkasse zahlt Schirmer selber und erhält das Geld aufs Konto zurück. Doch ehe er es sich holen kann, ist es vom Insolvenzverwalter schon gepfändet.

Die Frau auf dem Amt starrte ihn an. «Arbeitslosigkeit aus Notwehr», sagte er. Sie antwortete: Um Himmels willen, gehen Sie heim, da muss es doch einen anderen Weg geben, ich forsche nach! Er sollte am nächsten Tag wiederkommen. Als er eintraf, sagte sie nur einen Satz: «Scheiße, Sie haben recht.»

Er zog in die kleine, billigere Wohnung in Nordend. Sie liegt an einer stark befahrenen Straße. Auch ohne dass er das Fenster öffnet, spürt er die schlechte Luft.

Er hat so gut wie nie ferngesehen. «Ich war ein aktives Mitglied der Gesellschaft», sagt er. «Ich brauchte keine aufgearbeitete Wirklichkeit.» Jetzt muss er sich auf den Fernseher als Informationsquelle beschränken. Er hat sein Tageszeitungsabonnement gekündigt sowie die kirchliche politische Zeitschrift. Er fühlt sich schlechter informiert. «Es ist ein schmerzhafter Verlust von Lebensqualität. Ich lebe jetzt in einem ganz anderen Teil der Gesellschaft», sagt Schirmer.

Er ist aus dem Verein Homosexuelle und Kirche ausgetreten, aus der Interessengemeinschaft Kirche von unten. Er kann die Mitgliedsbeiträge nicht mehr zahlen. Er geht auf keine öffentlichen, auf keine politischen Veranstaltungen mehr. Selbst wenn der Eintritt frei ist, auch eine Cola für zwei Euro ist nicht drin. Er kämpft darum, dass er wenigstens die Wochenzeitschrift *Die Zeit* behalten kann. Der Kampf sieht so aus: «Jedes Vierteljahr, wenn ich sehe, dass die 70 Euro fürs Abonnement vom Konto abgezogen werden konnten, könnte ich vor Freude heulen.»

Was ist denn los mit dir?, fragen Freunde und Bekannte, man sieht dich ja gar nicht mehr, du machst dich rar. Er erzählt, er habe viel zu tun. Er kann nicht mehr ausgehen. Er kann aber auch niemanden mehr einladen. Wenn man in der Gesellschaft unterwegs war wie er, kennt man Ärzte, Architekten, Wirtschaftswissenschaftler. Die trinken Weine für 20 Euro. Er muss Wein für 1,99 holen. Anstatt ihn zu servieren, trinkt er lieber mit überhaupt niemandem mehr. Auf seinem Regal im Wohnzimmer stehen bunte Glaskaraffen. Sie sind beschriftet: Grappa, Scotch, Williamslikör. Sie sind alle leer. Manchmal holt er bei Aldi einen Grappa und füllt wenigstens eines der Gefäße auf. Spaß macht das keinen. Spaß machen die Karaffen überhaupt nur, wenn man nicht allein vor ihnen sitzt. Doch gerade das tut Markus Schirmer – von seinem sozialen Umfeld abgehängt.

Kürzlich hat ihm ein Geschäftspartner eine Karte für die Fußballweltmeisterschaft geschenkt. Er kann beim Achtelfinale dabei sein. Er rechnet mit England gegen Polen. Ein schönes Spiel. Aber irgendwie muss er von Frankfurt in das Münchner Stadion und zurückkommen. Kostenlos, versteht sich. Und irgendwo muss er übernachten.

Gehen wir noch was trinken!, sagt manchmal ein Kollege nach der Arbeit. Ist das jetzt eine Einladung?, fragt sich Markus Schirmer. Wie kriegst du das raus? Er fragt sich das, aber er schweigt. Und wie kannst du dich drücken, wenn es keine Einladung ist?

Er sagt: «Der Verzicht auf das Mitleid der Leute ist das letzte Stück Würde, das mir bleibt.»

Um wenigstens mit seinem Insolvenzverwalter zu reden, die Abzahlung der Schulden zu besprechen und das Gerichtsverfahren zur Schuldenbefreiung vorzubereiten, braucht ein Schuldner erst mal einen Termin. Markus Schirmer ist es nicht gewohnt, lange zu warten. Er beschwerte sich beim Gericht über den Insolvenzverwalter. Sofort bekam er, was er wollte. Seinen Chef in der Firma hat er aus der Not heraus um ein Gespräch gebeten. Der Mann erwies sich als so was wie ein Engel, der dem Gottgläubigen erscheint. Der Chef schweigt und hilft, wo er kann. «Das Betteln beim Arbeitgeber ist trotzdem erniedrigend», sagt Schirmer. «Auch wenn ich das Gefühl habe, die guten Taten mit meinen guten Leistungen zu vergelten.» Erst heute Morgen auf der Dienstbesprechung hatte er wieder eine Idee, auf die seine Kollegen allein nicht gekommen wären.

Markus Schirmer hat sich mit Immobiliengeschäften selbst reingeritten. Er hat im Monat kaum mehr Geld als ein Hartz-IV-Empfänger. Er kommt klar, er muss klar kommen. Das Osterfest hat er mit vier Cent in der Tasche rumgebracht. Er überlebt. Wenn er im Anzug und mit der Laptoptasche durch Frankfurt geht, fällt er im Stadtbild nicht unangenehm auf. Wenn er jeden Donnerstag im Zug nach Bad Homburg die aktuelle *Zeit* liest, gehört er in den Augen der Mitreisenden nicht zu denen, die in Not sind.

Er fühlt sich ausgeschlossen. Wenn er nicht arbeitet, sitzt er in seiner Wohnung, weil das Geld spart. Er kann sich nicht mehr bewegen, nicht mehr in der Gesellschaft aktiv sein, nicht mehr mitmachen. Er bezeichnet sein Schicksal als «soziale Exklusion». Die meisten, die dieses Schicksal mit ihm teilen, verstehen solche Worte nicht.

Markus Schirmer ist es gewohnt, Problemen auf den Grund zu gehen, indem er sie artikuliert. Das Schweigen macht ihm zu schaffen. Er sitzt da und rechnet die Lage durch, in der er sich befindet: wie viel Geld er vom Lohn abgezogen bekommt, und dass er infolgedessen 50 Wochenstunden für 58,42 Euro mehr arbeitet, als er Arbeitslosengeld bekommen würde. Dass er außerdem Anzüge tragen muss, die nicht einfach so gewaschen werden können, sondern in die Reinigung gebracht werden müssen. Dass er nicht die Zeit hat, Sonderangebote zu studieren, um jeden Cent zu sparen, dass er oft erst abends um zehn aus dem Büro oder von der Dienstreise kommt und sich an der Tankstelle versorgen muss. Er rechnet aus, dass sich seine berufsbedingten Mehraufwendungen auf 200 bis 300 Euro im Monat belaufen. Er formuliert das Dilemma, das die Gesellschaft sehr wohl etwas angeht, eindeutig: «Faktisch zahle ich fürs Arbeiten drauf.» Neulich im Flugzeug, als er von einer Dienstreise kam, hat ihm jemand Tomatensaft über die Hose gekippt. Es war eine Katastrophe, denn er kann die Reinigung nicht bezahlen. Es wäre auch eine Katastrophe, würde der Kühlschrank kaputtgehen oder ein paar Schuhe. Oder es käme eine Nachzahlung für die Heizung. Oder, oder, oder. Wenn er weiter darüber nachdenkt, ist in seinem Kopf bald kein Platz mehr für große Gedanken. «Die kleinen nehmen zu viel Raum ein», sagt er, «denn jedes kleine Thema kann zu einer existenziellen Krise werden.»

Was wollen Sie mit dem Geld anstellen?, fragt Günther Jauch bei «Wer wird Millionär?» die Kandidaten, die Aussicht haben, etwas zu gewinnen. Manche wollen ein Bad fliesen, andere wünschen sich einen Kühlschrank oder ein Wellnesswochenende mit der besten Freundin. Was würde Markus Schirmer antworten? Er erträgt seine Schulden, nicht aber das Mitleid der anderen.

Er bräuchte einen Telefonjoker für Popkultur und einen für Sport. Allerdings traut er Telefonjokern nicht allzu sehr. Die Möglichkeit, dass sie die richtige Antwort kennen, ist gering. Er würde sie nur bei Fragen im unteren Bereich anrufen. Das Wertvollste, sagt er, sei der Fifty-Fifty-Joker. Zwei der Fehler, die man machen könne, fallen weg. Dann ginge es ans Eingemachte. In diesem Fall traut er nur noch Gott.

# Im Kühlschrank waren nur Licht und ein Echo

Anna Junkermann (37), Gastronomin,
und Roger Junkermann (39), Fenstermonteur,
Dortmund, beide arbeitslos

Das Quecksilber hängt gnadenlos bei acht Grad unter Null fest. Der Mann läuft mit bloßen Füßen in den Schuhen durch Dortmund. Er sagt: «Ich kann das Strumpfgefühl nicht leiden.» Der Satz schaukelt sich als kleine, weiße Wolke hoch in den grauen Februarhimmel.

Was ist das Strumpfgefühl? Es ist das Gefühl, eingepackt zu sein. Beschützt. Ein trügerisches Gefühl, möglicherweise. Das merkt man erst, wenn man kalte Füße bekommt. Kalte Füße? «So was gibt's nur, wenn man sich's gefallen lässt», sagt der Mann.

Sätze dieser Art hat er noch ein paar auf Lager. Sie klingen, als wäre es gar nicht so schwer, mit den Gegebenheiten klar zu kommen. Als existierten keine Vorgaben, Vermerke und Vollmachten, keine Bestätigungen, Bestimmungen, Überprüfungen, keine Akten, Formulare, Fristen, keine Anträge und Amtswege, kein kurzer Dienstweg, kein langer Postweg, weder Termine, Mahnungen, Zinsen noch Strafen.

Bezeichnenderweise spricht der Mann seine Sätze aber gar nicht so locker aus. Mitunter baut er sie als Kampfansagen in Gespräche ein. Er war 30 Jahre lang Finanzbeamter. Er kennt Gesetze, weiß, wie Formalitäten laufen, vor allem, wie sie eigentlich nicht laufen dürften. Er erliegt keinem trügerischen Gefühl. Er lässt sich nicht schikanieren, ihn haut man nicht übers Ohr.

Der Mann sieht aus, als würde er morgens beim Anziehen darauf achten, anders in Erscheinung zu treten als normal. Nicht nur, dass er an diesem eisigen Wintertag keine Strümpfe trägt, er sucht auch einen kurzärmeligen Pullover aus. Einen mit Querstreifen. Sie spannen sich über seinen kugelrunden Bauch. Die Hosenträger zerrt er links und rechts an dem Bauch vorbei und klemmt sie am Hosenbund fest. An seinem rechten Ohr hängen zwei silberne Ringe, am linken ein Kreuz. Im Gesicht trägt er einen weißen, buschigen Schnauzer. Wenn er lacht, sieht er aus wie eine quer gestreifte Robbe.

Nur in einem unterscheidet er sich nicht groß von anderen in Dortmund: Er ist Fan von Borussia. Ende 2005 wurde das Westfalenstadion in Signal Iduna Park umbenannt. Überall in Deutschland okkupieren die Namen großer Geldgeschäfte heimische Fußballstadien. Einer wie er behält sich vor, aus Protest nie wieder zu einem Spiel zu gehen.

Wenn er irgendwo hingeht, sind sein forsches Auftreten und der Ton, in dem er redet, oft irgendwie unpassend. Er macht sich selten beliebt. Was aber wäre ein diesen Zeiten angemessenes Verhalten? «Mich gibt's gar nicht», sagt er. Man soll ihn Bruno nennen. So heißt sein Hund.

Dies ist die Geschichte von Anna und Roger Junkermann. Anna trägt Jeans und Pullover, die dunklen Haare nicht lang und nicht kurz. Auf dem Herd in der Küche kocht sie Fleisch. Die Suppe soll für ein paar Tage reichen. Der Topf ist riesengroß. Als das Fleisch gar ist, schüttet Anna eine einzige Tüte Nudeln dazu.

Roger Junkermann ist schuld daran, dass sie einst, nachdem sie die Ferien in Deutschland verbracht hatte, nicht wieder zurück nach Polen ging. Sie verliebten sich. Das war 1988. Anna hatte in der Gastronomie gelernt. Deutschen Gaststätten war es nur recht, sie für ihre Arbeit schwarz und schlecht zu bezahlen. Anfang der 90er heiratete das Paar. Anna war in Deutschland nur geduldet. Man verlängerte ihre Aufenthaltserlaubnis, auch nachdem 1993 Sarah geboren worden war, immer nur für drei Monate. Später endlich für ein Jahr. Erst ab da gewährte man der Mutter Erziehungsgeld.

Seit ihrem fünften Hochzeitstag darf die Polin Anna Junkermann für immer in Deutschland bleiben. Es ist das Land, in dem sie das Sozialamt und das Arbeitsamt kennen gelernt hat. Eine fremde Welt. Es ist das Land, in dem sie sich bei der Hochzeit hätte drum kümmern müssen, wie sie zukünftig Abstand zu ihrem Gatten halten kann. «Ehevertrag? Ich hatte nie davon gehört», sagt sie. «Vermögen trennen? Wir besaßen doch beide nichts, was wir hätten verlieren können.»

Roger arbeitete als Fenstermonteur, war von früh bis spät für seine Firma unterwegs und bekam 1700 Mark. Er kam nicht von selbst darauf, dass sich das Rackern für die Familie unter anderen Umständen mehr auszahlen könnte. Sein Arbeitgeber wollte Angestellte loswerden und drängte sie, Subunternehmen zu gründen. Seit Anfang 1998 arbeitete Roger als Selbständiger für seinen ehemaligen Chef. Firmensitz war die anderthalb Zimmer große Wohnung in Dortmund. 8000 bis 10000 D-Mark nahm er monatlich ein. Das reichte nicht, um groß was anzuschaffen, aber um in Raten zu bezahlen. Den Firmenwagen zum Beispiel. Junkermanns kauften ihren ersten gemeinsamen Schrank, einen Tisch, an dem sie zusammen essen konnten, renovierten die Küche. Sie bauten einen Durchbruch zur Nachbarwohnung und gaben Sarah, die nun in der Schule war, ein Zimmer mit Schreibtisch.

Es war ein komisches Gefühl, plötzlich etwas zu besitzen, wie eine richtige Familie auszusehen. Es war nahezu unheimlich. Roger nahm sich einen Finanzberater. Der begutachtete die Firma. Von den Einnahmen ging monatlich Umsatzsteuer ab. Ein Angestellter kostete 3000 Euro. Die Krankenversicherungen kosteten. Der Finanzmann betrachtete Einnahmen und Ausgaben der Familie und fragte das Ehepaar, wo es in ihrer Wohnung das tiefe Schubfach gäbe. Schubfach? Reserven? Anna verstand nicht, was er meinte. Sie lernte wieder dazu.

Der ehemalige Chef, der Hauptauftraggeber, ging in Konkurs. Bei Roger hatte er Rechnungen von 15 000 D-Mark offen. Zudem war Junkermann mit dem Material in Vorleistung gegangen, anstatt Rücklagen für die Einkommenssteuer zu machen. Er war ein guter Handwerker, aber nicht gerade ein kluger Unternehmer. Seine Frau erledigte die Steuerangelegenheiten. Fürs Handy rechnete sie einen glatten Betrag von 1000 DM ab. Vielleicht war das mehr, als sie wirklich vertelefoniert hatten, vielleicht rundete sie zu ihren Ungunsten ab. Anna führte die Bücher, ohne zu bedenken, dass nicht sie selbst die Regeln dafür aufstellte. Sie wollte die Angelegenheiten der Firma, um die es nicht zum Besten stand, nicht noch durch Ziffern und Kommastellen komplizieren.

Fürs Finanzamt kam eine solch gutmütige Herangehensweise nicht infrage. Die glatte 1000 war höchst verdächtig. Man prüfte die Bücher und fand, was zwei junge Menschen, die bei allgemein mieser Wirtschaftslage auf einem unübersichtlichen Terrain von Vorschriften eine Firma gründen, wohl kaum vermeiden können: Fehler in der Buchführung. Fürs Finanzamt kam auch nicht infrage, ein Auge zuzudrücken. Oder jemanden zu den Junkermanns zu schicken, der die Bemühungen anerkannte, Fehler bereinigte und in aller Ruhe erklärte, wie's geht.

Nein, das Finanzamt prüfte und prüfte. Es errechnete eine Einkommenssteuerschuld von 100 000 DM. Roger Junkermanns Firma bestand noch nicht einmal drei Jahre. Er hatte selbst gearbeitet, einen Arbeitsplatz vergeben, seine Familie ernährt, war nicht gerade reich geworden. Jetzt war er zahlungsunfähig. Er war so was wie ein Straftäter. Das Finanzamt beantragte Insolvenz.

Er meldete sein Gewerbe ab. Zwei Tage später meldete Anna eins an. Nach wie vor war ihr der Gedanke fremd, das Geld zum

Leben nicht zu verdienen, sondern vom Staat abhängig zu sein. Sie suchte einen neuen Auftraggeber, stellte ihren Mann ein. Die ganze Sache durfte nur nicht wie eine Betriebsübernahme aussehen. Sie war ein Fall für Bruno. Er tauchte in der Geschichte auf. Er wurde Junkermanns neuer Finanzberater.

Sie schrieben das Jahr 2000. Annas Firma bekam Aufträge. Doch die Preise in der Baubranche sanken, es gab immer mehr Subunternehmer, immer weniger Geld. Junkermanns arbeiteten für Kirchen und Schulen, am Feierabend und an Wochenenden für Privatpersonen. Irgendwann wurden die Aufträge weniger. Wenn eine Firma eine Familie ernähren muss, hat sie nicht viel Spielraum. Rücklagen für die Einkommenssteuer waren wieder nicht drin. Das Geld, das Roger Junkermann bei seiner Frau verdiente, wurde bis zur Pfändungsgrenze vom Finanzamt eingezogen. Anna konnte sich keine Krankenversicherung leisten. Bruno sorgte dafür, dass Sarah beim Vater versichert wurde.

Anfang 2005 gab es kaum noch Arbeit. Im Sommer suchte Anna noch einmal einen anderen Auftraggeber. Manchmal hielt sie 100 Euro in der Hand, dann lief sie los und kaufte schnell etwas für ihre Tochter. Sie wartete Mahnungen ab, verschob Zahlungen, sortierte die unheilvolle Post. «Wir haben eine gewisse Ordnung in die Not gebracht. Wir waren nicht unzufrieden, denn wir haben funktioniert», sagt sie. «Lieber auf niedrigem Niveau selbst wirtschaften, als Teil der Arbeitslosenstatistik zu sein.» Sie wirtschaftete fern der Realität. Sie fügt hinzu: «So lebt man nicht großartig, aber man überlebt.»

Ein paar Monate später erschien in den Dortmunder *Ruhr Nachrichten* ein Artikel. Darin hieß es: «Geld bekommt der Staat von den Junkermanns nun keins, dafür bekommt die Familie jetzt Geld vom Staat.» Es war Mitte November. Die unverzagte Anna hatte mittlerweile das Gefühl der Verzweiflung kennen gelernt. Sie zerbrach daran, Sarah nicht wenigstens mal einen Joghurt kaufen zu können. Unzählige Male hatte sich Roger aus der Wohnung gestohlen und den Keller aufgeräumt. Er war der Gefahr aus dem Weg gegangen, dass ihre Ehe an der Not zerbrach.

Bereits 2004 war Annas Auftraggeber vom Finanzamt überprüft worden, dann wurden die Subunternehmer unter die Lupe genommen. «Das wird gern so gemacht, man findet immer was», sagt der alte Finanzmann Bruno. «Da muss nur einer quer gepupt haben.» Beim Stöbern in Anna Junkermanns Firma ging man dem Verdacht nach, dass nicht alle Einnahmen angegeben worden waren. Man leitete ein Steuerstrafverfahren ein. Anna stand regelrecht unter Schock. Fenster einbauen, tapfer von 100 Euro leben, das passte doch alles nicht zu den Vorwürfen, die man ihrer Familie immer wieder machte! «Mit jedem Brief vom Amt, mit Worten wie Verfahren oder Forderung ... werden Leute bedroht», sagt Bruno. Auf niedrigem Lebensniveau können keine wahnsinnig hohen Summen unterschlagen werden. Die Vokabeln aber sind für alle Steuervergehen dieselben.

Das Verfahren wurde eingestellt, weil sich der Verdacht mit den Einnahmen nicht bestätigte. Anstatt sich zurückzuziehen, sah sich das Finanzamt nun die Ausgaben an. Es war Mitte 2005. In Annas Buchführung lauerten immer noch Fehler. Man schätzte eine Steuernachforderung von 22 000 Euro.

Zum Glück bekam die Firma gerade wieder Aufträge. Anna Junkermann schlug vor, Steuerschuld und Säumniszulage in Raten zu begleichen, 1000 Euro monatlich, knapp zwei Jahre lang. Das Finanzamt lehnte ab. Ratenzahlungen dürfen nur über maximal sechs Monate vereinbart werden. Man hielt sich an die Richtlinie der Oberfinanzdirektion. Richtlinien können quer zur Vernunft verlaufen. Trotzdem kann man nichts gegen sie ausrichten.

Auch Annas Einkommen wurde nun gepfändet. Es lohnte sich eigentlich nicht mehr zu arbeiten. Bereits am 1. September konnten Junkermanns keine Miete mehr zahlen. Am 6. September 2005 gab Anna die Firma auf.

Manches, was sie in Deutschland gelernt hatte, war mittlerweile hinfällig. Neues war hinzugekommen. Es gab jetzt nirgendwo mehr Arbeits- und Sozialämter. Es gab Hartz IV. Zwei Ämter waren für Arbeitslose zuständig. Eines nannte sich Agentur für Arbeit. Hier bekam man Arbeitslosengeld I. Im anderen Amt befand sich die ARGE. Hier zahlte man das Arbeitslosengeld II aus. Gegenüber dem Dortmunder Hauptbahnhof steht ein riesiger Gebäudekomplex. Er ist so riesig, dass die Stadt unüblicherweise gleich beide Ämter drin untergebracht hat. Es existiert – Hartz IV hin oder her – eine Eingangstür für alle Arbeitslosen.

Durchs Foyer laufen Menschen, die jeden Hereinkommenden fragen, wie und wann er arbeitslos geworden ist, und ihm sagen, wo er hinmuss. Sie nennen sich Scouts. Scouts gab's bislang beim Film. Anna und Roger Junkermann gehörten beide in verschiedene Ämter. Er war angestellt, sie hingegen Unternehmerin gewesen. Die finanzielle Not, unter der sie beide litten, war ein und dieselbe. Während Hartz IV vorgab, die Dinge zu vereinfachen, hat es die Menschen ziemlich verwirrt.

Die Junkermanns mussten einen Haufen Papiere zusammentragen: Kontoauszüge, Ausgaben aller Art, Steuerunterlagen. Sie hatten Probleme, alles zu finden, hielten nicht die beste Ordnung, waren nicht die Schnellsten. Sie bemerkten, wie die Mitarbeiter auf dem Amt verständnislos die Köpfe schüttelten. Anna sagte: «Wir haben kein Geld zum Leben.»

Die Teamleiterin der zuständigen Abteilung erklärt: «Wir haben grundsätzlich keine Möglichkeit, ohne Vorlage der Unterlagen in Vorleistung zu gehen. Erst mit den Papieren können wir einschätzen, in welcher Not unsere Kunden wirklich sind. Es ist nicht unsere Aufgabe, intuitiv zu reagieren.»

Zwei Wochen nachdem sie zum ersten Mal auf dem Amt gewesen waren – sie suchten immer noch Unterlagen zusammen – machte sich Roger erneut dorthin auf. Weil er kein Geld besaß, um zu fahren, lief er eine gute Stunde durch die Stadt. Man schoss ihm 100 Euro seines Arbeitslosengeldes I vor. Am 29. September wurde der Rest, 451,44 Euro, auf das Bankkonto der Familie überwiesen.

Rogers Septembergeld reichte nicht einmal, um auch nur annähernd den Mietrückstand zu begleichen, geschweige denn andere Schulden. «Im Kühlschrank waren nur Licht und ein Echo», sagt Anna Junkermann. Sie bettelte bei ihrer Freundin, bei Bruno, bei Bekannten, Verwandten. Auch sie lief durch Dortmund aufs Amt. «Soll ich jetzt klauen gehen?», fragte sie.

Ihre letzten Unterlagen reichten Junkermanns am 14. Oktober ein. Am 17. wurde ihrem Antrag auf Grundsicherung stattgegeben, am 18. der schriftliche Bescheid erstellt. Als Anna ihn zu Hause aus dem Briefkasten holt, wird ihr anbei mitgeteilt, dass er erst in Kraft tritt, wenn sie sich arbeitslos gemeldet hat. Sie ist nicht mehr wie einst ein Fall fürs Sozialamt. Sie hätte das wissen können. Sie war oft auf dem Amt, aufgewühlt, durcheinander, bemüht zu verstehen, was sie zu tun hatte. Bei keinem der Termine hatte ihr jemand einen freundlichen Tipp gegeben.

Schließlich wurden am 28. Oktober 692,10 Euro angewiesen, das war das Oktobergeld. Es berechnete sich aus dem Bedarf, den der Gesetzgeber der dreiköpfigen Familie zugestand, abzüglich des Einkommens, das sie hatten, also des Arbeitslosengeldes I von Roger und des Kindergeldes für Sarah. Das Geld kam aus Nürnberg, aus dem Topf der Bundesanstalt für Arbeit. Am 8. November teilte diese dem Amt in Dortmund mit, dass das Geld nicht auf dem Konto der Junkermanns eingegangen, sondern nach Nürnberg zurückgekommen war. Ebenfalls am 8. November wurde Anna und Roger von der Dortmunder Gemeinnützigen Wohnungsgesellschaft wegen der Mietrückstände die Wohnung gekündigt. Man gab ihnen zwei Wochen Zeit, um auszuziehen.

Am 14. November erfuhren sie per Post vom Jobcenter, dass ihre Kontonummer und die Bankleitzahl nicht stimmten. Anna lief zur

Bank. Das Kindergeld war ordnungsgemäß eingegangen. Sie verglich die Nummern mit denen, die die Agentur besaß, die Rogers Arbeitslosengeld I überwiesen hatte. Jede Ziffer stimmte überein. Es war wie verhext. Die Bank behauptete, es wäre nie Geld aus Nürnberg gekommen.

Das Amt hielt sich an die Vorschriften. Bis man wüsste, was los ist, teilte man der Familie mit, würden alle Zahlungen eingestellt. Es gab nun auch kein Arbeitslosengeld I mehr für Roger. Man versprach, wenigstens die ausstehenden Mieten zu überweisen. Das brauchte zumindest so viel Zeit, dass Anna und Roger noch erfuhren, wie es sich anfühlt, wenn man aus der Wohnung geholt wird, in der man lebt. Anna hatte nichts zur Verteidigung als einen Zettel mit der Telefonnummer vom Amt. Das Räumungskommando rückte wieder ab.

Bruno sagte zu Anna, sie solle ins Amt gehen und den Chef verlangen. Wohin?, fragte der Scout an der Eingangstür. Wenn Anna von diesem Moment erzählt, nennt sie den Mann Türsteher. Er erinnert sie an Etablissements, an deren Eingängen sie Leute aussortieren, die sie nicht haben wollen. Sie sollte einen schriftlichen Antrag stellen. Der Türsteher sagte, er bezweifle, dass der Chef mit ihr reden werde.

Bruno riet: «Legt euch auf den Boden und bleibt liegen!»

Bruno sagt: «Na ja, für so was sind die beiden nicht geschaffen.»

In ihrem Namen schrieb er am 12. November 2005 einen Brief an den Petitionsausschuss des Nordrhein-Westfälischen Landtages. Im Antwortschreiben teilte man ihm mit, dass die Bearbeitung dauern würde. Bruno faxte seinen Brief auch an die Redaktion der *Ruhr Nachrichten*. Anna und Roger waren nicht begeistert. Wer will schon von seiner Not in der Zeitung lesen. Bruno sagte: «Das scheint mir die einzige Chance zu sein, an Geld zu kommen.»

Am 21. November waren sie zu dritt in der Redaktion. Wochen später sollten sie dafür Strafe zahlen. Angeblich hatten sie keine

Parkgebühren entrichtet. Bruno frohlockte. Er hatte den Parkschein fein sorgfältig aufgehoben. Ihn haut man nicht übers Ohr.

Am 23. November erschien der Artikel über die Junkermanns. Man hatte das Ehepaar überredet, sich von hinten fotografieren zu lassen. Anna findet, dass sie auf dem Bild alle beide gut zu erkennen sind. Bruno beschwichtigt. Zum Zeitungsbild gehört auch noch eine Unterschrift. Anna J. und Roger J., steht dort geschrieben.

Kaum war der Artikel erschienen, bekamen Junkermanns einen Termin auf dem Amt. Beim Betreten des Gebäudes waren sie froh, Bruno dabei zu haben. Er sagte: «Jetzt ist Alarm im Hafen.» Vielleicht verstanden Anna und Roger nicht einmal die Hälfte von dem, um was es dann im Gespräch in einem erstaunlich voll besetzten Zimmer ging. Sie hörten, dass das Amt sich an alle Vorschriften gehalten hatte. Sie hörten, was der Gesetzgeber im Schilde führte. Vieles von dem, was sie vernahmen, klang sogar logisch, sie wussten nur nicht, was sie damit zu tun hatten. Sie waren doch einfach nur zwei Dortmunder Bürger, die sich seit Jahren bemühten, alles richtig zu machen. Die ihre Rechnungen bezahlen wollten.

Sie hörten, wie Bruno immer wieder dazwischenredete. Wie er sagte: «Erst da wir bei der Zeitung waren, nehmen Sie uns hier ernst!» Roger Junkermann verließ das Zimmer, weil er den scharfen Ton, in dem Bruno sprach, nicht mehr aushielt. «Wie viel Euro brauchen Sie?», fragte plötzlich jemand im Raum. Bruno sah, wie Anna den Mund öffnete. Er wusste, sie würde 200 sagen. «Mindestens 1000», sagte er.

Sie bekamen die 1000 in bar. Kurz darauf noch mal 600 dazu. Noch immer war nicht geklärt, was eigentlich mit dem Konto los war. Die Bank verweigerte jede Auskunft. Das Amt stellte Schecks aus, die Anna zur Bank trug. Es dauerte zehn Werktage, ehe das Geld auf dem Konto gutgeschrieben war. Bevor sie es abheben durfte, musste Anna jedes Mal erst zum Finanzamt laufen und sich bestätigen lassen, dass es sich um nicht pfändbares Einkommen handelte. Also bringt sie den Scheck lieber zur Post und lässt sich Bargeld auszahlen. Das allerdings kostet sieben Euro Gebühr.

Weihnachten verbringen Junkermanns immer in Polen. Letztes Jahr hatten sie Glück. Für 50 Euro nahm eine Freundin sie im Auto mit. Annas Mutter bekochte die Familie. Sie schenkte Sarah Pantoffeln und 20 Euro. Vom Onkel bekam das Mädchen eine Tüte mit Süßigkeiten. Ansonsten gab's keine Geschenke. Anna sagt: «Hauptsache, wir sind alle gesund.»

Seit einiger Zeit trägt Sarah eine Zahnspange. Es gibt Vorgaben, wie schief Zähne stehen müssen, damit die Krankenkasse die Behandlung bezahlt. Ihr Kind soll die Tatsache, dass ihre Eltern kaum Geld haben, nicht ihr Leben lang im Spiegel sehen. Die Spange hat 1040 Euro gekostet, Anna zahlt sie in Raten von 40 Euro pro Monat ab. 25 Euro kostet das Schülerticket. 300 Euro hat die Familie im Monat zum Leben. Im Moment passen Sarah alle ihre Anziehsachen. Für den Zeitpunkt, da sie rauswächst, hat Anna noch keinen Plan. Manchmal steckt sie der Tochter einen Euro zu. In den großen Ferien 2005 war sie zweimal für 1,50 Euro im Freibad. Das war ihr Sommer. Kino, Disko, das ist alles nicht drin. Auch Sarahs Eltern verlassen kaum das Haus. Bescheidenheit ist keine Frage der Übung. Anna wünscht sich inständig, dass die alte Waschmaschine nicht kaputtgeht.

Sie hat noch 30000 Euro Schulden abzuzahlen, ihr Mann noch 50000. Roger sucht nach Jobs. Er klappert alte Auftraggeber ab. Sie kennen ihn, duzen ihn, er hat stets gute Arbeit gemacht, die Termine eingehalten, nie gab es Reklamationen. Sie sagen alle dasselbe: Roger, du weißt ja, wie das ist im Moment, der Baubranche geht's nicht gut, wir hoffen alle auf Aufträge, melde dich mal wieder! Zeitangaben machen sie keine. Junkermann hält die Abstände, in denen er sich meldet, kurz.

Es sieht so aus, als könnte er bald bei einer Bochumer Firma einsteigen, die in Wuppertal eine Zweigstelle eröffnen will. Doch letzte Woche hat der Insolvenzverwalter gesagt, er müsse das Auto verkaufen. Der Erlös soll an Gläubiger überwiesen werden. Anna und Roger haben den alten Mondeo vor zweieinhalb Jahren gekauft, sie zahlen monatlich 270 Euro dafür ab. Viel Geld haben sie schon hingeblättert, das wäre alles futsch. Annas Bruder hat die letzten Raten übernommen, Freunde würden die weiteren übernehmen. Wenn Roger kein Auto hat, kann er sich den Job in Wuppertal aus dem Kopf schlagen. Nicht dass der Insolvenzverwalter das nicht verstünde. Aber Verständnis hat seine bürokratischen Grenzen. Wenn er in den nächsten zwei Wochen den Job habe, sagt er zu Roger, dürfe er das Auto behalten. Es ist Anfang Februar. Vorm Frühling wird das mit den Jobs in der Baubranche nichts.

Auf dem Amt, also in der ARGE, gibt es noch einen Mann, dessen Aufgabe auch so eine komische Bezeichnung hat. Er nennt sich Kundenreaktionsmanager. Wenn ihm so was wie der Fall Junkermann zu Ohren kommt, nimmt er Kontakt zum zuständigen Teamleiter auf und prüft. Er kann aber nur im eigenen Haus prüfen, bei der Sache mit dem Konto kommt er auch nicht weiter. «Ich würde mich mit den Erklärungen der Bank nicht zufrieden geben», sagt er zu Roger. Das ist ein guter Tipp. Aber wenn man dort ist, wo Junkermanns gelandet sind, kann man auch mit guten Tipps nichts mehr anfangen. «Als Verschuldete gehören wir nicht gerade zu den attraktiven Kunden, die man gern zu einem Gespräch empfängt», erwidert Roger.

Alles, was sich in den letzten Monaten zwischen Junkermanns und dem Amt ereignet hat, kann der Kundenreaktionsmanager im internen Datenbanksystem nachlesen. Jeden Anruf, jedes Gespräch. «Sie waren zusammen mit einer sehr unfreundlichen Person hier. Wer war das? Welche Rolle spielt er?», fragt der Kundenreaktionsmanager. Er meint Bruno. Aber so heißt eigentlich nur der Hund. Anna erzählt, dass der Türsteher des Amtes sie gleich am Eingang abgewiesen hat. Sie erwähnt Briefe, Formulare, Fristen, Mahnungen, Zinsen, Strafen. Sie sagt, dass sie alles verstehen, ausfüllen, einhalten, bezahlen wollten. Dass sie nicht wussten, wie sie was zu essen beschaffen sollten. «Wenigstens etwas für unsere Tochter», sagt Anna.

Sie sagt: «Für die Zukunft wünsche ich mir, dass wir die Raten für das Auto bezahlen können.» Noch etwas? «Ich würde Sarah gern einmal ein paar Markenschuhe kaufen, solche, wie die anderen Kinder haben.» Und? «Das sind die zwei Dinge, die mir wichtig sind.»

## Mit dem Passwort ins Untergeschoss

Jana Herrmann (33), Bannewitz bei Dresden,
Einzelhandelskauffrau, seit 1991 arbeitslos

Um halb vier, hat man Jana Herrmann wissen lassen, soll sie zu
Hause sein. Sie ist schon kurz vor drei da. Sie hat so ein Gefühl,
das ihr nahe legt, pünktlich zu sein. Kein gutes Gefühl.

Um drei schaut sie aus dem Fenster. Der Mann kommt schon. Ich
muss ihn noch nicht reinlassen, denkt sie, er ist eine halbe Stunde
zu früh. Er geht auf die Haustür zu. In Jana Herrmann flackert eine
Laune auf. Sie schließt alle Zimmertüren. Als es klingelt, steht sie
reglos im Flur. Ihr Atem lärmt. Es klingelt wieder.

Das hier ist meine Wohnung, sagt sie stumm zu sich selbst. Gibt
es nicht auch Rechte und Gesetze, die für mich gemacht sind? Beim
dritten Klingeln öffnet sie die Tür. Ich weiß ja gar nicht, was los ist,
sagt sie sich, und außerdem habe ich nichts zu verbergen.

Sie kennt ihn von früher. Er hat beim Sozialamt gearbeitet. Sie
brauchte Geld für einen Kleiderschrank, da kam er nachsehen, ob
das auch wirklich stimmte. Sein amtlicher Blick inspizierte ihr kleines, bescheidenes Dasein, wanderte übers Bett und durchkämmte
alle Ecken, um zu sehen, ob sie log. Dann schlug der Mann vor zu
prüfen, ob sie nicht noch mehr gebrauchen könnte. Eine Lampe
oder eine Gardine. Jetzt ist er bei der ARGE. Kaum geht die Tür
auf, will er auch schon eintreten.

Die kleine Jana Herrmann steht ihm im Weg. Wie geht's, was
machen Sie jetzt so?, fragt der Mann. Sie sagt, dass die ARGE sie
nach Dresden in eine Beschäftigungsmaßnahme vermittelt habe.

Das müsste er eigentlich wissen. Sie bricht ab. Sie sagt: «Deswegen sind Sie bestimmt nicht hier.»

Um weiterzureden, würde er gern reinkommen. Sie führt ihn zum Sofa, setzt sich in den Sessel gegenüber und verschränkt die Arme vor der Brust. Der Mann hat eine Mappe voller Unterlagen auf dem Schoß. Er liest einen Brief vor. Jemand schreibt, Frau Herrmann aus dem Hochparterre habe einen Geliebten. Der fahre jeden Freitagnachmittag um vier mit seinem Golf vor. Darauf folgt die genaue Beschreibung des Wagens, das polizeiliche Kennzeichen. Erst am Montag um fünf in aller Frühe verlasse der Geliebte die Wohnung wieder. Der Brief trägt keinen Absender. Es ist ein anonymer Hinweis, dem der ARGE-Mann nachgeht. Er blickt betreten, als habe er eben die Indizienkette für ein Kapitalverbrechen verlesen. Als hoffe er inständig, die Überprüfung der Vorwürfe ergäbe wenigstens mildernde Umstände.

Jana Herrmann sagt: «Ganz genau so ist das. Ich habe dem nichts hinzuzufügen. Das ist korrekt. Das geht schon seit zwei Jahren so.» Sie strahlt den Eindringling auf ihrem Sofa an: «Schön, oder nicht? Ich habe endlich wieder jemanden gefunden.» Der Mann von der ARGE zieht einen Zettel aus der Mappe. Er notiert, was sie da eben gesagt hat.

Sie wurde 1972 in Hoyerswerda in der Oberlausitz geboren. Rings um die Stadt bauten sie Braunkohle ab. Großmutter und Vater arbeiteten im Tagebau, die Mutter in der Energiewirtschaft. Die Familie suchte ihr Glück in einem Haus im kleineren Städtchen Lauta, aber fand es nicht. Die Ehe der Eltern zerbrach am Alkohol. Sie wurde 1980 geschieden. Die kleine Jana zog mit der Mutter in den Ortsteil Laubusch. Sie nahm sich vor, den Ort sofort nach der Schule zu verlassen, nach Zwickau zu gehen und Pädagogik zu studieren.

Im Sommer zwischen der neunten und der zehnten Klasse landete sie mit einem Jungen im Bett. Wochen später konnte sie sich zum ersten Mal im Leben selbst deutlich spüren. Die Mutter begleitete sie zum Arzt. Sie drängte mit durch die Tür der Umkleidekabine, baute sich im Sprechzimmer auf. Auf dem Heimweg sprach sie kein Wort mit der schwangeren Tochter, nur immer zu sich selbst. «Das muss weg. Das muss weg.»

Die Lehrer ermutigten das Mädchen, erst mal ein Jahr mit dem Baby zu Hause zu bleiben und dann das Studium anzugehen. In der Schule bei den Lehrern fühlte Jana Herrmann sich aufgehoben. Sie reiste nach Zwickau, reservierte für wenig Geld einen Platz in der Kinderkrippe, besuchte die jungen Mütter im Wohnheim, wo die Zimmer ebenfalls billig waren. Sie sah: Es würde kein Problem sein, mit Kind zu studieren. Zur schriftlichen Abschlussprüfung in der Schule in Laubusch schnitt die Großmutter das FDJ-Hemd auf und nähte Gummis ein, damit es über dem hochschwangeren Bauch zusammenhielt. Im Mai 1989 wurde Sebastian geboren und machte Jana Herrmann glücklich. Dann kam die Wende über die kleine Welt.

Niemand könne jetzt noch ein Jahr zu Hause bleiben, sagte die Mutter und besorgte eine Ausbildung. Jana Herrmann gehorchte, stillte das Baby ab, gab ihm morgens um sechs die Flasche, schaffte es in die Krippe, fuhr mit dem Bus ins Energiekombinat Schwarze Pumpe, um Technikerin zu werden. Es wurde Herbst und jeden Morgen ein bisschen dunkler. In der Krippe verlangten sie, dass Sebastian auf dem Topf sitzt. Dass er die Schlafzeiten einhält und vor seinem ersten Schritt sauber wird. In der Berufsschule sollte Jana Herrmann ausgeschlafen und leistungsstark sein. Zu Hause wurde Alkohol verlangt. Sie kaufte welchen, anstatt die Flaschen wie früher heimlich mit Wasser aufzufüllen. Denn die Mutter drohte der noch Minderjährigen mit dem Jugendamt. Nachts im Traum kamen sie und nahmen Jana Herrmann den Sohn weg. Mit ihrem Lebensplan war ihr auch der Mut verloren gegangen, die Fähigkeit, sich unbekümmert durch den Alltag zu bewegen. Sie gehorchte immer wieder. «Fortan ging es in meinem Leben darum, überall sinnloseste Anforderungen zu erfüllen, einfach um mitzuhalten», sagt Jana Herrmann.

Bald erfuhren die Lehrer in Laubusch davon, dass ihre talentierte Schülerin nicht zum Studium ging. Doch rührten sie sich nicht. Sie steckten zwischen den Zeiten fest. Es war 1990. Jeder Ratschlag konnte der falsche sein. Heute heißt es vorwurfsvoll, man habe damals im Osten so schön viel Hoffnung gehabt. Wo, fragt man sich, war bei so viel Hoffnung der Mut, einer jungen Frau beizustehen?

Nach einem Jahr brach Jana Herrmann die Ausbildung ab. Wenn sie in ihrem Leben plötzlich aufgehört hat, Anforderungen zu erfüllen, folgte sie oft der Intuition. «Anionen und Kationen haben mich nicht interessiert. Ich wollte nicht wissen, warum das Licht angeht, wenn ich auf einen Schalter drücke», sagt sie. «Ich wollte einfach Licht machen und mich um Menschen kümmern. Um Kinder, um meine Schüler.» Sie war noch nicht einmal volljährig. Eine zweite Chance, Lehrerin zu werden, hat sie nie bekommen.

Das wird sehr schwierig, sagten sie auf dem Arbeitsamt, was sollen wir mit Ihnen und dem Kind anstellen? Man versprach ihr eine Lehre im Handel. Einen Ausbildungsbetrieb sollte sie sich selber suchen. Ihre Bewerbungen schickte sie zu Kaufland, C & A und Karstadt, bewarb sich an der Schule für Krankenschwestern.

Beim Silvestertanz 1989 hatte sie den Mann kennen gelernt, den sie, kaum war sie 18, heiratete. Das Paar zog nach Lauta. Sie verkaufte Schuhe und räumte in den Wohnungen alter Leute auf, er war Maurer. Im Januar 1992 kam Cindy zur Welt. Jana Herrmann blieb zu Hause. Ihr Mann wünschte, dass die Kinder im Bett waren, wenn er von der Arbeit kam. Seine Frau sollte Zeit für ihn haben. Abends saßen sie beieinander, redeten nicht viel, sahen fern. Sie stritten nicht, so wie Jana Herrmann das von zu Hause kannte. Das ließ sie fest daran glauben, dass es im Leben bergauf geht. Sie war bereit, kleine Schritte zu machen, obwohl sie doch wissen konnte, dass sie so gar nicht vorwärts kam. Sie dachte: «Er verdient Geld und ich verdiene mir ihn.»

Bis Mai 1994 erhielt sie Erziehungsgeld. Sozialhilfe gab es danach keine, weil dafür ihr Ehemann zu viel nach Hause brachte. Auf der Berufsberatung des Arbeitsamtes empfahl man ihr einen Kurs. Sie strich Wände an, grub den Friedhof um. Es war ein Kurs, der den Teilnehmern beibringen sollte, sich für den Alltag zu organisieren. Die Empfehlung war sinnvoll für die Statistik, aber nicht für Jana Herrmann.

Man schickte sie in eine überbetriebliche Ausbildung im Handel. Sie lernte im Herrenausstatter, im Damenausstatter, in der Jeansmode, in Geschäften aller Preislagen, sogar in der Textilfertigung. Überall hätte man sie gern behalten, aber nirgendwo konnte man sie nehmen. Mit der Chefin eines Lautaer Textilgeschäfts schloss sie einen Deal: Für 40 Stunden Arbeit pro Woche verdiente sie nur die 1000 Mark Fördermittel, die der Laden vom Amt bekam, wenn er sie einstellte. Um rechtzeitig im Kindergarten zu sein, durfte sie jeden Tag eine Stunde vor Ladenschluss gehen. Dafür arbeitete sie freiwillig samstags.

Jana Herrmann war 25, bewirtschaftete einen Haushalt, verwöhnte einen Ehemann, hatte nebenbei eine Berufsausbildung mit der Note zwei abgeschlossen, jonglierte unermüdlich mit einem Vollzeitjob und den zwei Kindern. Sie verkaufte ihre Arbeitskraft brutal unter Wert und war dafür auch noch dankbar. «Es war ein Geben und Nehmen in diesem kleinen Textilgeschäft», sagt sie.

Wo starke Frauen sich durchs Leben schlagen, trifft es nicht selten ihre Männer. Wozu habe ich den eigentlich?, fragte sich Jana Herrmann. Ich mache doch alles alleine!

Als sie sich anschickte zu gehen, schlug er zurück. Aber richtig. Es war an einem Freitagabend im Jahre 1997. Sie nahm Sebastian, das Kind, das er immer schlechter behandelt hatte als sein eigenes, und floh ins Frauenhaus. Ohne Geld und Wechselsachen, zum ersten Mal getrennt von Cindy. Jemand schenkte ihrem Sohn ein Eis. Am Sonntag stand der Gatte vor der Tür. Die Realität ließ Jana Herrmann, so stark sie auch war, keine andere Chance, als mit ihm wieder nach Hause zu gehen. Um zu überleben, brauchte sie sein Geld.

Ab jetzt langte er öfter zu. Wenn du dich nicht losmachst, geh ich ins Heim, sagte Sebastian zu seiner Mutter. Das war 1998, ein Jahr nach der Flucht ins Frauenhaus. Der kleine Sohn hat sie schließlich dazu gebracht, einen riesengroßen Schritt zu tun, raus aus dem Schatten der Ereignisse. Sie fragte einen Anwalt: Losmachen, wie geht das?

Es ging so: Bevor sie auszog, schloss der Exmann in der Wohnung alle Türen ab, damit sie nichts mitnehmen konnte. Dann sagte Cindy: Gib mir meine Sachen, ich bleibe bei Papa! Sie war vier. Jana Herrmann stellte die kleine Tasche auf den Gehweg vors Haus, schloss die Tür und brach zusammen. Hin und wieder durfte sie die Tochter sehen. Ein halbes Jahr verging, dann kam das Kind heimlich. Es blieb den ganzen Tag, versteckte sich, wollte bleiben. Die Angelegenheit kam vor ein Gericht. Die Eltern stritten, das Kind war zwischen ihnen und schluchzte. Der Mutter fiel es schwer, an dem unglücklichen Mädchen zu zerren. Wieder und wieder gab sie nach. Cindy sollte keine Tränen sehen, keine Verzweiflung. Sich zusammenzureißen, das hielt Jana Hermann für eine besonders wertvolle Leistung. Cindy vergisst ihr das nie. Sie ist bereits ein Teenager. Oft sagt sie: Mich hast du ja sowieso nicht richtig lieb.

Noch im selben Jahr, 1998, verliebte sich Jana Herrmann wieder in einen Mann. Sie zog mit ihm nach Freital bei Dresden. Ein Herrenausstatter in der sächsischen Landeshauptstadt stellte sie ein, sie kündigte in Lauta. Noch bevor sie das erste Mal auf Arbeit kam, war der Herrenausstatter bankrott.

Das Arbeitslosengeld, das man ihr jetzt gewährte, berechnete sich nach den 1000 Mark, die sie zuletzt gehabt hatte. Sie erhielt 497 Mark im Monat und Wohngeld von der Kommune. Im Sommer 1999 wurde Sophie geboren. Auch vom Vater ihres jüngsten Kindes war Jana Herrmann abhängig. Er arbeitete als Kurierfahrer, stellte sie bei sich an, sie fuhr die erste Tageshälfte, er die zweite. Das Geschäft lief. Dann lief es nicht mehr. Er kürzte ihren Lohn, irgendwann musste er sie entlassen. Er beglich keine Rechnungen, hatte das Gewerbeamt am Hals, das Finanzamt, dann klingelte der Gerichtsvollzieher. Um die Kinder zu schonen, haben Jana Herrmann und Sophies Vater 2002 verschiedene Wohnungen bezogen. Sie kamen nie wieder zusammen.

2004 bekam Jana Herrmann das knappe Arbeitslosengeld, dazu Sozialhilfe und Wohngeld. Sie hatte 814 Euro monatlich. Sie hatte scheinbar keine Chance. Mit drei Kindern wieder im Handel arbeiten, das funktioniere nicht, sagte man ihr. Sie erwiderte, sie wisse selbst am besten, was sie schaffe. Sie interessierte sich auch für den sozialen Bereich. «Oder für so was, was Sie hier machen», sagte sie zur Arbeitsvermittlerin. Stellen Sie sich das nicht so leicht vor, antwortete die, ich habe studiert!

Im Mai 2005 lief der Anspruch auf Arbeitslosengeld ab. Die ARGE, die nun für sie zuständig war, bezeichnete Jana Herrmann als «erwerbsfähige Hilfebedürftige». Ihr wurde eine so genannte Eingliederungsvereinbarung vorgelegt. Darin verpflichtete sie sich, alle Möglichkeiten zu nutzen, um den Lebensunterhalt aus eigenen Mitteln und Kräften zu bestreiten und sich pro Monat bei mindestens acht Firmen zu bewerben. Sie soll sozialversicherungspflichtige Arbeit, Zeitarbeit, Midi- und Minijobs suchen. Man drohte ihr an, dass man umgehend das Arbeitslosengeld II streichen könnte. Dass sie, wenn sie eine Maßnahme abbräche, Schadensersatz zu zahlen hätte.

In einer kurzen Passage versprach man, sie bei ihren Bemühungen zu unterstützen. Sie unterschrieb. Sie sagte: «Ich will was zu tun haben.» Man suchte ihren Namen im Computer. Man sah, dass sie insgesamt 1102,75 Euro bekam. Das ist mehr, als sie vor der vierten Stufe der Arbeitsmarktreform hatte. Man erwiderte: Ihnen geht's doch gut mit den drei Kindern.

Jana Herrmann sagt nicht: Ich bekomme Arbeitslosengeld II. Sie sagt: «Ich bin auf Hartz IV.» Alle sagen das so. Mehr sagen sie nicht. Hartz IV sieht wie ein Geschenk aus, aber wenn man es auswickelt, ist eine Verschwörung drin. «Es hört sich so fies an, wie es ist», erklärt Jana Herrmann. Hartz IV ist ein Passwort. Man betritt das Untergeschoss. Von hier gibt es kaum Ausblick.

Sie und ihre drei Kinder sind nun eine Bedarfsgemeinschaft. Sie leben am südlichen Stadtrand von Dresden, in Bannewitz, direkt vorm Osterzgebirge. In der Sozialhilfe standen ihnen 90 Quadratmeter Wohnfläche zu. Hartz IV legt fest, dass sie ab sofort nicht mehr so viel brauchen. Über Nacht hatten sie plötzlich vier Quadratmeter zu viel. Man erstattet ihnen nicht mehr die ganze Miete. Sie sollen umziehen.

Jana Herrmann hat sich bei allen großen Unternehmen, die nach Dresden gekommen sind, beworben. Dann bei Supermärkten, Geschäften, Kiosken, Billigmärkten. Sie wäre gern Küchenhilfe geworden. Sie konnte sich vorstellen, als Produktionshelferin zu arbeiten, Telefonistin zu sein, Hauswirtschafterin, Reinigungskraft. Sie wollte Joghurt in Becher füllen, Waren auf Paletten stapeln, hätte sich gern in die Lottoannahmestelle gestellt, an den Zeitungskiosk. Sie war zu jeder Arbeit bereit, aber es gab keine. An den Wochenenden der Vorweihnachtszeit hätte sie ihre Kinder allein gelassen, um in einer Bäckerei Stollenkisten zu stapeln. Für die Arbeit musste man 1,60 Meter groß sein. Aller gute Wille hat seine Grenzen. Irgendwie überwindet sie diese Grenzen nie. Sie ist 1,57 Meter.

Sie hat ihre Bewerbungen bis nach Chemnitz geschickt, an alle

Orte, die sie täglich mit ihrem alten Auto erreichen kann. Bewerben sollte man das, was sie getan hat, eigentlich nicht nennen. Man bewirbt sich nicht darum, immer tiefer zu sinken. Kürzlich hat sie alle Ablehnungen, die schriftlich kamen, in kleine Stücke gerissen. Sie wollte ihre Vergangenheit loswerden. Es gelingt ihr nicht. «Mir ist, als würde ich pausenlos Fehler machen.»

Im Sommer 2005 lag in der ARGE ein Prospekt des Europäischen Sozialfonds: «Anpassungsmaßnahme für Frauen im Metall- und Elektrobereich». Sie tippte mit dem Finger drauf. Können Sie sich so was etwa vorstellen?, fragte die Arbeitsvermittlerin. Jana Herrmann kann es sich nicht leisten, wählerisch zu sein. Fünf Monate lernt sie feilen, sägen, drehen, schleifen, bohren, baut Schaltungen auf, hantiert mit 20 Kabeln auf einmal, lernt Mathematik und Englisch. Sie sind zwölf Frauen. Die Ausbildung endet mit einem viermonatigen Praktikum in der Chipfabrik Dresden. Als es so weit ist, lässt die Chipfabrik wissen, dass sie keine Frauen haben will.

Die Praktika müssen sich die Schülerinnen selbst suchen. Nirgendwo in der Metallbranche will man Frauen. Eine kommt im Regionalverkehr unter, eine andere bei einem Fernsehmonteur, eine Dritte setzt sich bei Penny an die Kasse. Zwei gehen in die Buchhaltung, das ist, was sie gelernt und schon früher gemacht haben. Jana Herrmann legt acht Bewerbungen und die dazugehörigen acht Ablehnungen vor. Man rät ihr, es im Supermarkt in Bannewitz zu versuchen. Sie hebt das Kinn. Schüttelt den Kopf. Ihre Stimme schwingt sich auf. «Ich habe mich doch gerade entschieden, einen Metallberuf zu machen.»

In letzter Zeit hebe sich ihr Kinn öfter wie von selbst, sagt Jana Herrmann. Und dann höre sie sich amüsiert zu: «Wo ist Ihr Vorgesetzter? Ich möchte ihn sprechen.»

Bannewitz ist ein kleines Stück Speckgürtel von Dresden. Geschäftsleute haben Villen gekauft, Häuser gebaut, Wintergärten,

Terrassen, Swimmingpools. Sie ziehen über den Golfplatz. Bannewitz ist größer geworden in den letzten Jahren, über 10 000 Menschen wohnen jetzt hier, es gibt zehn Ortsteile, kommunale und private Kindertagesstätten, Tagesmütter. Auf den Acker neben der Fernverkehrsstraße ist ein Supermarkt gepflanzt worden und ein McDonald's. Auf der Wiese ist ein Baumarkt gewachsen, es gibt die Post, den Blumenladen, die Sparkasse. Es gibt eine Boutique mit teuren Dessous, einen Laden für extravagante Schuhe. Viele Orte, die jahrzehntelang starr in der Landschaft hockten, haben auf diese Weise nach dem Ende der DDR einen neuen Aggregatzustand angenommen.

Die in Bannewitz aufwuchsen, fühlen sich zusammengehörig. Die dazukommen, sind neu für alle Ewigkeit. Ob sie ein Haus bauen oder im Hochparterre vier Quadratmeter zu viel haben. Als Jana Herrmann 1999 einzog, hat sie noch gesehen, wie Bannewitz einmal war. Das Leben fand auf der Straße statt, die Leute lungerten an den Zäunen, standen auf Gehwegen und erzählten. Man wusste, wer wo arbeitete, erfuhr, was er zu tun und welche Probleme er hatte. Gemeinsam stellte man fest, dass es immer schlimmer wurde mit der Arbeitslosigkeit. Man hoffte für jeden Nachbarn, dass er sich dran vorbeischleichen konnte wie an einem tollwütigen Fuchs. «Mittlerweile bleiben die Leute in den Häusern. So sieht man nicht, dass sie keine Arbeit haben», sagt Jana Herrmann. «Wenn einer ein bisschen Geld verdient, erzählt er nicht, wo. Die meisten Jobs hören sich auch nicht mehr so gut an.»

Bannewitz hat keine Vierzimmerwohnung zu bieten, die kleiner und billiger ist als ihre. Sie wollte das schriftlich haben, um es der ARGE als Beweis vorzulegen. Die Gemeinde weigerte sich, ihr das zu bestätigen. Jana Herrmann hob das Kinn. Seien Sie mal lieber still!, sagte die Frau im Rathaus. Wollen Sie sich Sozialgelder erschleichen? Angeblich gibt es in Bannewitz viele Leute, die so reden. Sie stecken immer noch die Köpfe zusammen, als würde

Arbeitslosigkeit nicht überall zu- und jeden herausgreifen. Als ginge die hausgebackene Not in Deutschland nicht jeden Bewohner etwas an. Wundern Sie sich nicht, sagte die Frau im Rathaus, wenn die ARGE vor Ihrer Tür steht und Ihnen das Geld wegnimmt! Jana Herrmann lief zum Vorgesetzten. Der Bürgermeister telefonierte. Seine Mitarbeiterin entschuldigte sich für ihr Benehmen. Sie hatte Probleme mit dem pubertierenden Sohn und dem angetrauten Mann. «Sie hat aber auch Arbeit», sagt Jana Herrmann. Ihre Probleme stehen in Ordnern im Wohnzimmerschrank. Auf einem Ordner steht «Sebastian». Drin sind Unterlagen, Berechnungen, hoffnungsloser Postverkehr. Bereits 1991 wurde sein Vater vom Amtsgericht Hoyerswerda dazu verpflichtet, Unterhalt zu zahlen. Er hat das nie getan, sondern sich arbeitslos gemeldet und sein Geld heimlich verdient. Im Jahre 2004 bekräftigte der Richter sein Urteil. Auch ein Arbeitslosengeld-II-Empfänger könne Zeitungen austragen, um seinem Kind Geld zukommen zu lassen. Er legte den Unterhalt auf 140 Euro im Monat fest. Sie kamen nie. Allein seit 2004 belaufen sich die Schulden bei Sebastian auf mehr als 4000 Euro.

Auch Cindy hat von ihrem Vater nie Geld gesehen. Ihr stehen 262 Euro im Monat zu. Bis Februar 2004 hat das Jugendamt die Hälfte gezahlt. Zu Cindy gehören zwei Ordner, einer für Umgangs- und Sorgerecht, einer für Unterhalt. Ordner voll Zank und Traurigkeit. Allein bis 2004 schuldete ihr Vater ihr 5700 Euro. Silvester 2003 haben Sebastian und Cindy bei ihm gefeiert. Er war angetrunken, als er sie in sein Zimmer führte und ihnen die Schatulle voller 100-Euro-Scheine zeigte. Die Kinder hatten überhaupt noch nie einen 100-Euro-Schein gesehen. Jana Herrmann hat den Exmann beim Arbeitsamt angezeigt. Es ist nichts passiert.

Sophie ist noch jung, ihr Ordner dünn. Ihr Vater hat monatlich 171 Euro zu zahlen. Er gibt immer mal ein bisschen Geld, kauft einen Schneeanzug, geht mit der Tochter ins Kino oder schwimmen. Insofern ist er der beste der drei Väter. «Wenn das alles nicht so traurig wäre, könnte man drüber lachen», sagt die arbeitslose, chancenlose Mutter, die Deutschland drei Kinder geschenkt hat. Mehr als das Land sich derzeit zu erträumen wagt. Dann lacht sie los.

«Gehen Sie jedem anonymen Hinweis nach?», fragt sie den Mann von der ARGE, der auf ihrem Sofa sitzt. «Ich habe meinen Exmann angezeigt, weil er sein Kind vernachlässigt, und zwar nicht anonym! Kümmert sich jemand darum?» Im Regal an der Wand hinter ihr lehnt ein Stück Pappe. «Fange nie an aufzuhören, höre nie auf anzufangen», steht darauf. Manchmal ist so ein Spruch das Einzige weit und breit, woran man sich halten kann. «Da kann jeder kommen und mich anschwärzen, und Sie gehen dem sofort nach. Was wäre gewesen, wenn ich nicht hätte zu Hause sein können? Hätten Sie bei den Nachbarn geklingelt und sich was erzählen lassen? Wäre das für Sie der Beweis gewesen?»

Ihren neuen Freund, den Geliebten, hat sie beim Verein allein erziehender Mütter und Väter in Dresden kennen gelernt. Man saß dort in Kaffeerunden zusammen. Man jammerte. Seit Hartz IV noch mehr. Jana Herrmann sagte: «Wir müssen uns mal ein bisschen bewegen.» Einer in der Runde nickte. Sie weiß nicht, ob es mit ihm gut geht. Er kommt in eine Familie, die in ihren finanziellen Mitteln eingeschränkt und notgedrungen streng durchorganisiert ist. Kaum einer in dieser Familie kann haben, was er gern hätte.

Donnerstags um 8.30 Uhr, wenn die neuen Kinofilme vorgestellt werden, ruft Jana Herrmann im Radio an. Hin und wieder gewinnt sie Karten. Will eines ihrer Kinder für 2,50 Euro schwimmen oder Eis laufen gehen, muss es das spätestens eine Woche vorher sagen, damit die Mutter bis zum Wochenende sparen kann. Cindys Klassenfahrt hat sie sich ein Jahr lang vom Munde abgespart. Taschengeld bekommen ihre Kinder nicht. Der fast erwachsene Sebastian trägt Zeitungen aus, um wenigstens mal nach Dresden fahren zu können.

Milch wird gekauft, wenn das Preisschild schon rot, das Haltbarkeitsdatum also fast abgelaufen ist. Die Krankenkasse zahlt die Pflegesalben für Cindys Neurodermitis nicht mehr. Eine Packung kostet 14 Euro. Jana Herrmann ist zur Apotheke gelaufen. Reden und reden, das ist das Einzige, womit sie verschwenderisch umgehen kann. Nun bekommt sie für 46 Euro vier Salben. Wenn Sophie rodeln geht, bleibt sie selbst daheim, weil sie nichts zum Anziehen für den Schnee hat. Erst wenn mal ein Winter absolut unerträglich wird, wird sie sich warme Schuhe leisten. Manchmal geht sie mit ihrem Freund aus. Sie setzen sich auf die Elbwiesen und beobachten den Fluss.

Es gebe viele Leute, die neidisch seien, sagt der Mann auf dem Sofa. «Auf eine allein stehende Langzeitarbeitslose mit drei Kindern?», fragt Jana Herrmann. Neid gebe es überall, erwidert der Mann, und in diesen Zeiten erst recht.

Er will sich nun in der Wohnung umsehen. Jana Herrmann tritt an die Balkontür. «Soll ich öffnen? Vielleicht habe ich draußen den Mann versteckt!» Sie reißt den Schrank auf. «Bitte, hier, keiner drin!» Sie zeigt ihr Bett. Es ist schmal und steht in Sophies Zimmer. «Ein Schlafzimmer kann ich mir nicht leisten.» Der Mann will die Zahnbürsten zählen. Heute sind es vier, manchmal aber auch fünf, weil der Zahnarzt im Kindergarten Sophie eine Bürste schenkt. «Da hab ich wohl Glück gehabt», sagt ihre Mutter.

Cindy kommt aus der Schule. Sie setzt Wasser auf und rührt für sich und die Schwester eine Fertigsuppe an. Zu Weihnachten hat sie sich eine Schildkröte gewünscht. Sie bekam ein Buch über so ein Tier und eine Schildkröte aus Plüsch. Sebastian bat um einen MP3-Player. Seine Mutter kaufte einen billigen für 35 Euro. Sophie sehnte sich nach einem Baukasten für Ketten und Schmuck. Im Supermarkt stand einer für 29 Euro im Angebot. Vor Tagen stand er wieder da. Er kostet nur noch 13. Jana Herrmann darf nicht dran denken. Ihre Weihnachtsgeschenke waren ein Massage-Gutschein von Sebastian, Geleebananen von Cindy.

Der ARGE-Mann muss jetzt noch nachsehen, ob Männersachen im Haus sind. «Ich zeig sie Ihnen», sagt Jana Herrmann, «mein Sohn trägt Konfektionsgröße M!» Es reicht. Der Mann notiert, die erwerbsfähige Hilfebedürftige habe zu den Anschuldigungen Stellung genommen.

Am Wochenende fährt sie mit ihrer Familie zum Einkaufsbummel nach Dresden. Das machen sie öfter. Sie schauen, was es so gibt, und vergleichen die Preise. Sie kaufen niemals etwas ein. «Wir haben unseren Spaß», sagt Jana Herrmann. «Reicht doch, oder?», fragt sie die Tochter. Cindy sagt: «Ja.» Ihr Blick sagt mehr. Das Leben protzt mit seinen Angeboten. Dabei läuft alles auf einen fiesen Preisvergleich hinaus. Jana Herrmann lacht ihre Tochter an: «Muss ja.»

## Hartz IV als Extremsportart

Angelika Irling (39), Berlin, in Ausbildung zur
Altenpflegerin

Neulich sagte ein Mann zu Angelika Irling: «Wissen Sie eigentlich, was Sie mir für schlaflose Nächte bereitet haben!» Sie dachte, sie hätte sich verhört. Der Geschäftsführer des Jobcenters Berlin-Mitte hatte wegen einer arbeitslosen Sekretärin wach gelegen? Für einen Moment schien die Welt in Ordnung zu sein. Sie war es aber nur den Worten nach. Der Mann klang äußerst vorwurfsvoll.

Dabei kannte er Angelika Irling gar nicht. Vor einer ganzen Weile hatte sie mal sein Vorzimmer betreten. Sie war verzweifelt gewesen und hatte um einen Termin gebeten. Sie hatte gewartet, wochenlang, und keinen bekommen.

Fragen und Vorwürfe, Wartezeiten und Absagen, Zurechtweisungen und Forderungen gehören zu dieser Geschichte wie Satzzeichen. Sie kommt ohne all das nicht aus. Sie ist unsäglich.

Die Geschichte beginnt mit einem Brief. Angelika Irling hat ihn wenige Tage vor dem Weihnachtsfest 1999 geschrieben. Er war an die Wohnungsbaugesellschaft im Berliner Stadtbezirk Prenzlauer Berg gerichtet und begann so: «Ich möchte Sie bitten, mich aus dem Mietvertrag zu entlassen, und zwar einen Monat eher, als es die Kündigungsfrist vorsieht. Damit bitte ich Sie selbstverständlich nicht darum, mir meine Mietschulden zu erlassen. Die Rückzahlung habe ich beim Sozialamt beantragt.»

Angelika Irling hatte eine neue Wohnung gefunden, die war klein und ziemlich dunkel, aber eben nicht die alte Wohnung. In der alten hatte sie wie in einer Festung gehaust. Jeden Tag waren mit der Post Rechnungen gekommen, die sie nicht bezahlen konnte – für Miete, für Strom, Telefon, alles Mögliche. Sie hatte die Briefe gestapelt, teilweise ungeöffnet, und versucht, sie zu ignorieren. Wenn sie die Wohnung verließ, um ins Büro zu gelangen, begegneten ihr überall in der Stadt Menschen, die so aussahen, als hätten sie das Leben im Griff. Kehrte sie abends heim, wartete dort ihr ganz privates Desaster. Es hockte ihr auf der Pelle, während sie eine Flasche Wein austrank und die Zeiger der Uhr auf Mitternacht zugingen. Dann begann wieder ein neuer Tag, und um die Mittagszeit kam die Post.

Die Probleme lassen sich wenigstens etwas auf Distanz halten, indem man über sie schweigt. Der zwölfjährige Sebastian, dessen Vater längst nicht mal mehr für den Mindestunterhalt aufkam, sollte sich geborgen fühlen. Wenn sein Blick die Mutter streifte, zwinkerte die mit den Augen und lachte. In Wahrheit hörte sie irgendwann auf zu rechnen. In Wahrheit trank sie noch mehr Wein, nahm Tabletten. Als sie in ihrer Festung aufgefunden wurde, war ihr Leben beinahe zu Ende. Das war Anfang November 1999, wenige Tage vor ihrem 33. Geburtstag.

«Die neue Wohnung wird ein Neuanfang auf ganz niedrigem Niveau», schrieb sie kurz vor Weihnachten in ihrem Brief. Sie kannte niemanden bei der Wohnungsbaugesellschaft. Sie wusste nicht, auf wie vielen Schreibtischen der Brief möglicherweise offen herumliegen, auf wie vielen Dienstbesprechungen er vielleicht verlesen werden würde. Sie wusste nur, dass Schulden zu haben weithin als Makel galt. Sie berichtete alles, was sie falsch gemacht hatte, und hoffte. «Mir ist klar, dass meine finanziellen Probleme nicht einfach so verschwinden werden. Aber ich bin jetzt in der Lage, über meine Situation zu reden», schrieb sie. «Ich lerne gerade, um Hilfe zu bitten.»

Der Mann, mit dem sie die Wohnung gemeinsam bezogen

hatte, aus der sie jetzt so schnell wie möglich raus wollte, war ein Spieler. Auch er hatte über sein Problem geschwiegen. Als es raus kam, half sie ihm. Aber es ging um viel mehr Geld, als sie berappen konnte. Sie hätte wegrennen sollen, anstatt sich aus Liebe zu einem Kerl, der sie belog, zu ruinieren. Ihr Mann nahm einen Kredit über 84 000 D-Mark auf. Sie bürgte für ihn, er spielte heimlich weiter.

1997 konnten sie die Miete nicht mehr zahlen. 1998 trennte sich Angelika Irling von dem Spieler. Von der Bürgschaft für den Kredit konnte sie sich nicht trennen. 1999 pfändete die Bank einmalig fast ihr ganzes Gehalt, ab sofort pro Monat 761,50 DM. In der Zeitung stieß sie auf eine Annonce mit einer Telefonnummer. Es war nicht zu erkennen, wer oder was dahinter steckte, aber es wurde ein Kredit versprochen. Sie rief an, fand sich kurz darauf in einem Büro am Kurfürstendamm wieder und bekam 4000 D-Mark, um wenigstens die Mietschulden zu begleichen. Fortan brachte der Postbote nun auch aus diesem Büro Mahnbescheide. Kaum hatte sie eine Monatsrate von 200 nicht pünktlich überwiesen, wollte man im nächsten Monat das Doppelte plus Zinsen sehen. Die 4000 D-Mark Kreditsumme wuchs und wuchs. Um die Raten zu zahlen, borgte Angelika Irling wieder Geld, beglich keine Rechnungen, machte neue Schulden.

Nachdem man sie in der Wohnung leblos aufgefunden hatte, brachte man sie in die Psychiatrie. Von dort aus ging sie Anfang Dezember 1999 direkt zur Schuldnerberatung. Es gab die Möglichkeit, private Insolvenz anzumelden. Die Warteliste war lang. Den nächsten freien Termin für eine Beratung gab es erst Mitte April. Sie wartete, sortierte anbei ihre Schulden, erstellte einen Finanzplan, fand die kleine Wohnung in der Nachbarschaft von Freunden. «Ich brauche Hilfe», schrieb sie in ihrem Brief. «Aus diesem Grund bitte ich Sie, das in Ihren Möglichkeiten Stehende zu tun, damit mir der Neuanfang gelingt.» Sie hatte eigentlich nichts auf dem

Kerbholz, stand aber mit erhobenen Händen da. Die Wohnungsbaugesellschaft Prenzlauer Berg kannte keine Gnade.

Zum Termin bei der Schuldnerberatung im April sollten gleich
30 Verschuldete gemeinsam erscheinen und sich über die Forma-
lien austauschen. Die meisten jedoch wollten mit einem Berater
allein sprechen. Nur fünf erklärten sich bereit. Die drei Frauen in
der kleinen Gruppe hatten bei der Bank für ihre Männer gebürgt,
die zwei Männer waren mit ihren Firmen gescheitert. Mitunter
ist es heilsam zu hören, dass es anderen Menschen auch schlecht
geht. Dennoch war Angelika Irling jedes Mal froh, wenn sie die
Beratungsstelle verließ. Sie fühlte sich immer noch, als gehörte sie
hier nicht her.

Im Januar 2001 wurde sie arbeitslos. Das Arbeitsamt hatte keine
Jobs zu bieten. Sie organisierte sich selbst Bewerbungsgespräche.
Pflichtgemäß teilte sie den Arbeitgebern mit, dass sie demnächst
in private Insolvenz gehen würde. Sie hörte nie wieder von ihnen.
Über Annoncen stieg sie als Sekretärin bei einer Agentur für After-
work-Events ein, später in ein Architektenbüro. Sie blieb immer
so lange, bis klar war, dass man ihr auch das zweite Monatsgehalt
nicht auszahlte.

Anfang 2003 leitete das Amtsgericht das Insolvenzverfahren
ein. Sie bekam einen Treuhänder. Ihre Gläubiger mussten sich nun
an ihn wenden. Er war ein Glücksfall für Angelika Irling. Anstatt
das Gehalt pfänden zu lassen, ließ er sich von ihr die Lohnabrech-
nungen schicken und alles Einkommen überweisen, das über dem
Pfändungssatz lag. Er vertraute ihr. So fand sie Arbeit. Sie wurde
Sachbearbeiterin in einem Wohnungsunternehmen in Hannover,
wechselte als Sekretärin des Geschäftsführers in die Filiale nach
Leipzig. Als in der Berliner Filiale eine Stelle frei wurde, bewarb
sie sich dort. Sebastian, der immer noch zur Schule ging, brauchte
seine Mutter auch wochentags. Im September 2004 wurde sie in
Berlin entlassen.

Eines Tages im Spätsommer 2005 trat sie aus der breiten Eingangstür des überfüllten Jobcenters Berlin-Mitte in der Sickingenstraße. Eine Journalistin sprach sie an. Sie fragte nach Hartz IV. Sie nannte Angelika Irling eine «Betroffene». Das war mittlerweile längst ein üblicher Begriff, traf auf sie aber in ganz besonderer Weise zu. Sie sollte erzählen. Sie strich die blonden Haarsträhnen hinter die Ohren. Das Erzählen kostete viele Stunden Zeit, Tränen und Zigaretten.

Am 4. Dezember 2005 erschien der folgende Artikel im Berliner *Tagesspiegel*:

Dreimal füllt Angelika Irling den Antrag auf finanzielle Unterstützung aus. Zuerst Ende 2004, denn ab Januar 2005 ist sie nicht mehr arbeitslos, sondern Arbeitslosengeld-II-Empfängerin. Im Jobcenter Mitte werden Leinen gespannt. Eine Menschenreihe schlängelt sich wie bei der Einreise in die Vereinigten Staaten durchs Foyer. Ordner streifen herum wie Terrorismusfahnder. «Wenn ich in der Schlange stehe, denke ich an Karl-Eduard von Schnitzler», sagt Angelika Irling. Der Scharfmacher des DDR-Fernsehens hat im *Schwarzen Kanal* den Zuschauern den gruseligen Westen gezeigt. «Ich fühle mich, als stünde ich in einem seiner Fernsehbilder.»

Das zweite Mal bearbeitet sie den 18-seitigen Antrag, als sie wegen Hartz IV aus der Zweiraumwohnung in Berlin-Prenzlauer Berg in ein Zimmer zur Untermiete nach Mitte zieht. Es ist Frühling. Normalerweise können Akten per Post in andere Stadtteile geschickt werden. Wenn Reform ist, ist nichts normal.

Im April, mittlerweile erhält sie schon vier Monate Arbeitslosengeld II, hat Angelika Irling einen ersten Termin beim Arbeitsvermittler. Herr P. hat Regionale Beschäftigungsmaßnahmen (RBM) im Schubfach. Es gibt kein System, nach dem er sie verteilt. Irling, die jahrelang Sekretärin war, will in den sozialen

Bereich wechseln. Sie hat sich beworben, kann weder Ausbildung noch Berufserfahrung vorweisen. Obwohl er sie zum ersten Mal sieht, nichts über sie weiß, zieht Herr P. eine RBM-Stelle aus dem Schubfach. Er sei optimistisch, dass sie durch die Arbeit, die sie dort mache, an eine Ausbildung käme. Ab Juni ist sie in einer Seniorenfreizeitstätte in Kreuzberg.

Schon nach zwei Wochen rät der Bildungsträger, der sie dort beschäftigt, die Sache mit der Ausbildung anzugehen. Er findet, dass sie sich sehr für die Altenpflege eignet. «Suchen Sie sich eine Schule, dann gebe ich Ihnen den Bildungsgutschein», sagt Herr P. im Jobcenter.

So ein Bildungsgutschein ist ein seltsames Papier. Wer einen hat, bekommt vom Jobcenter möglicherweise eine Ausbildung zugewiesen. Bildungsgutschein klingt, als bekäme jemand was geschenkt. Geschenke sind Luxus. Man bedankt sich.

Die DRK-Fachschule für Altenpflege in Berlin-Friedrichshain will Angelika Irling nehmen. Sie soll ein Heim suchen, das die Praxisausbildung übernimmt. Sie rennt und rennt und findet eins.

Inzwischen zieht das Jobcenter um. Im neuen Haus findet man ihre Unterlagen nicht mehr. «Nur gut, dass mir das nicht passiert ist», denkt sie. Sie ist 38, hat einen Sohn. Nachlässigkeiten kann sie sich nicht leisten. Das bisschen Geld, das sie zum Leben bekommt, braucht sie pünktlich.

Im neuen Haus ist nicht mehr Arbeitsvermittler P. für sie zuständig. Der Neue, Herr K., gibt ihr den Bildungsgutschein. Dazu erklärt er jedoch, dass sich inzwischen das Gesetz geändert habe: Das Jobcenter sorge jetzt nur noch für die Ausbildung, nicht aber für den Lebensunterhalt. Unter diesen Umständen kann Angelika Irling mit dem Gutschein nichts anfangen.

So verwirrt und entmutigt, wie sie Herrn K.s Büro verlässt, sieht sie viele Menschen durch die Türen des Hauses kommen. Die meisten gehen benommen über den Flur und heimwärts. Sie verstehen kaum genug von den Regeln der Arbeitsmarktreform, um zu erkennen, wann ihnen Unrecht geschieht. In ihren Köpfen fechten sie wilde Kämpfe aus, in Beraterzimmern halten sie still.

Angelika Irling läuft nicht weg, sondern in die Leistungsabteilung. Dort sitzt Frau H., Urlaubsvertretung der zuständigen Sachbearbeiterin Frau R. «Klar erhalten Sie Arbeitslosengeld II», sagt sie. Vermittler K. in seinem Büro runzelt erneut die Stirn. Die Nachricht erstaunt ihn sehr.

Es ist Ende August. Irling rennt und rennt. Die DRK-Schule füllt den Bildungsgutschein aus, gibt ihr einen Vertrag ohne Unterschrift, da die Direktorin im Urlaub ist. Anfang Oktober soll die Schule beginnen.

Anfang September unterschreibt die Direktorin nicht. Sie will erst den Vertrag vom Pflegeheim sehen. Angelika Irling bringt ihn. Die Direktorin unterschreibt wieder nicht. An dem Papier ist etwas nicht korrekt. Irling kann nur rennen und rennen, weil die Seniorenfreizeitstätte sie immer wieder von der Arbeit weglässt. Das Pflegeheim bittet um vier Wochen Geduld, bis der korrekte Vertrag fertig ist. In drei Wochen ist Oktober. Geduld? Angelika Irling tut das Einzige, was sie tun kann: Sie hofft.

Mitte September erscheint sie mit dem ausgefüllten Bildungsgutschein und dem nicht unterschriebenen Schulvertrag im Jobcenter bei Herrn K. Der sitzt da wie beim letzten Mal, als hätte er sich die ganze Zeit nicht bewegt. Das hat er aber sehr wohl. Und dabei herausgefunden, dass er Recht hatte. Im dritten Sozialgesetzbuch Kapitel 2, § 7, Absatz (5) steht ein Satz, der besagt, dass Angelika Irling bei der Agentur für Arbeit keinen Anspruch zur Sicherung des Lebensunterhalts hat, weil es für die Ausbildung, die sie antreten will, Bafög gibt.

K. hat Recht, zugleich ein Problem. Die Frau, um die er sich zu kümmern hat, ist über 30. Ihr steht kein Bafög mehr zu. Der Bildungsgutschein, den er ihr vor Wochen aushändigte, ist ein leeres Versprechen.

Es gibt eine Schule, den Praxisbetrieb, den Ausbildungstermin. Die Dinge haben sich so gefügt, dass eine arbeitslose Frau die Chance hat, Pflegerin zu werden – was in der alternden Bundesrepublik als einer der wenigen aussichtsreichen Berufe gilt. Aber Herr K. kann diese Frau nicht fördern. Traut er sich also, etwas von ihr zu fordern? Er erteilt einen Rat: «Überlegen Sie sich die Sache mit der Ausbildung nochmal!» Frau H. in der Leistungsabteilung sagt Minuten später: Eben weil der Kundin kein Bafög zustünde, bekäme sie Arbeitslosengeld II. Schließlich würde die Ausbildung sie aus der Arbeitslosigkeit führen.

Es ist nicht das erste Mal, dass die Mitarbeiter des Jobcenters verschiedene Ansichten vertreten. Sicherheitshalber fragt H. im Nebenzimmer nach. Dann ruft sie K. an und klärt ihn auf. Sie legt einen Antrag auf Arbeitslosengeld II auf den Tisch. Es ist der dritte für Angelika Irling, denn ihre Unterlagen sind nicht wieder aufgetaucht.

Am 15. September, fünf Monate nach ihrem allerersten Gespräch im Jobcenter, gibt sie ihn ausgefüllt ab. Die Sachbearbeiterinnen gehen Fragebögen, Kopien, Anhänge durch. Sie beglückwünschen die Antragstellerin. Für einen Moment scheint es, als glimme die Arbeitsmarktreform als Sternchen am Himmel über dem Jobcenter auf. «Nun werde ich meine RBM-Stelle kündigen», sagt Angelika Irling. Die Frauen blicken verdutzt.

Obgleich im Antrag öfter davon die Rede ist und eine Lohnbescheinigung des Bildungsträgers beiliegt, haben sie die Arbeitsmaßnahme übersehen: «Wenn Sie in einer Beschäftigungsmaßnahme sind, können Sie keine Ausbildung beginnen.»

Eine Reform regelt die Angelegenheiten völlig neu. Man muss sich reinfuchsen. Man muss sich der Reform ausliefern, aber auch spüren, dass sie Sinn hat. Nicht nur im Jobcenter Mitte nimmt sich Hartz IV zuweilen wie eine absonderliche Sportart aus. Mitarbeiter sprechen von «Kunden-Pingpong». Es geht so: Einer teilt dem Arbeitslosen mit, dass er für eine bestimmte Sache nicht zuständig ist, daraufhin versucht der es bei jemand anderem, der sagt, er sei auch nicht zuständig, und der Kunde kehrt zurück. So geht das hin und her.

Ehe sie Angelika Irling wegschicken, befragen die Sachbearbeiterinnen der Leistungsabteilung den Teamleiter. Der setzt der Angelegenheit die Krone auf. Eine Ausbildung zur Altenpflege werde sowieso nicht bewilligt, lässt er ausrichten, da niemand garantieren könne, dass es in der Pflege je Arbeit gibt. Irling wankt in sein Zimmer. «Würden Sie mir das schriftlich geben?» Der Teamleiter verneint.

Sie sitzt auf dem Flur, während Arbeitsvermittler K. im Haus herumtelefoniert. Nach einer Stunde sagt er: «Wir konnten uns in der Sache nicht einigen.» Eine Bereichsleitersitzung ist anberaumt. Die Mittagszeit verstreicht. Irling ruft die Chefin der Freizeitstätte an: Sie warte noch immer im Jobcenter. Worauf? Sie antwortet: «Das kann man niemandem erklären.» Um ein Uhr teilt Herr K. mit: «Auch die Bereichsleiter können das Problem nicht lösen.»

Noch einmal behelligt sie den Teamleiter. Wenn sie eine schriftliche Ablehnung wolle, solle sie das schriftlich beantragen, sagt er. Sie geht zum Büro des Geschäftsführers, erzählt der Sekretärin ihre Geschichte, bittet um einen Termin. Sie soll das aufschreiben. Außerdem soll sie sich noch um einen Termin bei der Bereichsleiterin bemühen, schriftlich. Sie schreibt und schreibt und schreibt. Und wartet.

Frau N. ist im Jobcenter die Bereichsleiterin Leistungen. Sie spricht freundlich. Redet von Einzelfällen, Durchsetzungsbestimmungen, Leistungsausschluss. Von Maßnahmeförderung, SBW, SGB und

RBM, Erhebungsbögen, Trainingsmaßnahmen. Sie fasst die Vorgänge an der Arbeitslosenfront in tückischen Begriffen zusammen. Als läge zwischen ihrer und unserer Welt eine Grenze, die man unbedingt mit Wörterbuch passieren sollte. N., die mit Beginn von Hartz IV vom Sozialamt ins Jobcenter wechselte, hat sich nicht darum gerissen, eine andere Sprache zu sprechen als ihre Mitmenschen. Mitunter hört sie sich selber zu und muss lachen. Aber das ist eher selten. Im Jobcenter reden alle so.

Die Arbeitsmarktreform hat Frau N. und ihren Kolleginnen neue, helle Büros eingebracht. Die Büros der Arbeitsvermittler sind aber nur zu 60 Prozent besetzt. In der Leistungsabteilung sieht es ähnlich aus. Irgendwann sollen knapp 630 Leute im Jobcenter arbeiten, erst dann hat jeder Berater so wenig Arbeitslose, dass er sich angemessen um sie kümmern kann. Bis dahin hat er das Gesetzbuch. Und die Durchführungsbestimmungen der Agentur für Arbeit. Die ändern sich regelmäßig.

«Wir halten uns an den Wortlaut des Gesetzes», sagt Frau M., Teamleiterin der Leistungsabteilung. Hin und wieder entdeckt sie, dass das neue Gesetz Lücken hat wie im Fall von Angelika Irling. Sie erörtert das Problem in Teambesprechungen und Beratersitzungen. Es wird der Geschäftsleitung mitgeteilt, damit die das Problem nach Nürnberg trägt. «Das ist der normale Dienstweg», sagt M. Der normale Dienstweg ist zeitraubend lang. Das Einzelschicksal geht unterwegs verloren. «Legen Sie Widerspruch ein! Gehen Sie zum Sozialgericht!», rät Frau N. Angelika Irling. «Ein Gerichtsurteil würde uns auch helfen.»

Weder in der DRK-Fachschule, wo Irling ab Oktober ausgebildet werden soll, noch in der Seniorenfreizeitstätte, wo sie arbeitet, noch unter Freunden versteht jemand, was vor sich geht. Ein Freund ruft in Nürnberg an und spricht mit dem Kundenreaktionsmanagement. Schon wieder so ein tückischer Begriff: Die Beschwerden der aufgeregten Menschen sollen gemanagt werden.

Auch Nürnberg hat seine Vorschriften. Etwas Verbindliches darf der Kundenreaktionsmanager am Telefon nicht sagen. «Die Anrufer sind erregt und voller Erwartungen. Sie verstehen meistens etwas anderes, als ich eigentlich meine», sagt er. Er merkt das an Mails oder Briefen, die den Anrufen folgen. Mit gesundem Menschenverstand sind die Hartz-IV-Geschichten schwer nachzuvollziehen.

Der Mann in Nürnberg kann den Unmut der Leute verstehen. Aber er kann nicht helfen. Der Freund von Angelika Irling bittet darum, dafür zu sorgen, dass der lange Weg über Widerspruch und Sozialgericht abgekürzt wird. «Das ist Sache der Agenturen», antwortet der Mann per Mail auf Agenturdeutsch, «der unmittelbare Kontakt mit der zuständigen Stelle sei Ihnen gegebenenfalls angeraten.»

Seit Oktober bildet die Friedrichshainer DRK-Fachschule Schüler aus, zu denen Angelika Irling hätte gehören können. Viele bekommen von Jobcentern Geld zum Lebensunterhalt. «Das ist ungesetzlich», sagt Frau M. aus dem Jobcenter Mitte.

Die Schulleiterin verspricht, noch ein paar Wochen auf die neue Schülerin zu warten. Sie hat gehört, dass es ab 2006 keine Bildungsgutscheine mehr gibt. Dass der, den Angelika Irling jetzt in den Händen hält, ihre letzte Chance ist. Im Jobcenter hat man von dieser Neuregelung noch nichts gehört. «Es ist nicht wahr», sagt Frau M. Wahr ist: Ab 2006 werden nur noch zwei Jahre Ausbildung finanziert. Die Pflegefachschule dauert drei. Im letzten Jahr müssen die Schüler sehen, wie sie finanziell über die Runden kommen.

In besonderen Härtefällen, so steht es im Sozialgesetzbuch, kann die Arbeitsagentur Lebensunterhalt als Darlehen zahlen. Aber ein Härtefall ist Angelika Irling nicht. Sie war nicht lange genug arbeitslos.

An einem Donnerstag Mitte Dezember 2005 sitzt sie in dem Zimmer, in das sie wegen Hartz IV zur Untermiete gezogen ist, und frühstückt. Das Sozialgericht hat zweimal ihren Widerspruch abgelehnt. Der Ombudsrat, der von der Bundesregierung geschaffen wurde, um die Einführung von Hartz IV zu beobachten und Schwierigkeiten aufzudecken, hat in einem Brief mitgeteilt, dass er für ihre Probleme nicht zuständig ist. Es ist knapp zwei Wochen her, dass ihre Geschichte im *Tagesspiegel* stand. Es war auf den Tag genau vor sechs Jahren, dass sie ihren verzweifelten Brief an die Wohnungsbaugesellschaft Prenzlauer Berg schrieb. Da stößt sie beim Zeitunglesen auf folgende Überschrift: «Müntefering will Erklärung vom Jobcenter».

Der Text darunter handelt von ihr. Es wird von «bürokratischem Irrsinn» gesprochen. Davon, dass die Nürnberger Bundesagentur für Arbeit sich erkundigt hat, was hier in Berlin eigentlich los sei. Dass der Bundesarbeitsminister und Vizekanzler alarmiert wurde.

Beim Frühstück am Tag darauf heißt die Überschrift: «Mitte gegen Müntefering». Inzwischen kennen nicht nur Nürnberg, das Jobcenter an der Sickingenstraße und das Bundesministerium den Namen Angelika Irling, sondern auch der Sozialstadtrat von Mitte und der Berliner Senat. Es gibt Streit. Man streitet darum, wie die Gesetze auszulegen sind. Man ergreift Partei. Man stellt sich gegenseitig Ultimaten, droht mit Konsequenzen, mit dem Bundesrechnungshof. Jobcenter gegen Arbeitsagentur, SPD-Arbeitsminister gegen SPD-Sozialstadtrat, Nürnberg gegen Berlin.

Bei Angelika Irling zu Hause klingelt das Telefon. Sie soll sich fotografieren lassen. Auch andere Zeitungen wollen ihre Geschichte. Sie soll ins Fernsehen kommen und erzählen.

Das Jahr 2006 hat gerade begonnen, da taucht der Geschäftsführer des Jobcenters Mitte in der Seniorenfreizeitstätte auf. Er bringt Frau M. mit, die Teamleiterin der Leistungsabteilung. Es fällt der pikante Satz mit den schlaflosen Nächten. Manchmal bremsen die

Ereignisse urplötzlich und wenden sich zum Guten. Angelika Irling und ihre Chefin in der Freizeitstätte beobachten das Manöver misstrauisch.

Ob ihr eigentlich klar sei, was Pflege bedeute, fragt der Geschäftsführer, das sei eine andere Arbeit als die in der Freizeitstätte. Angelika Irling antwortet brav wie eine Schülerin, die geprüft wird. Ob ihr klar sei, dass sie in diesem Beruf keine Perspektive habe, fragt der Geschäftsführer. «Die gibt es doch in keinem Beruf», erwidert sie. Warum sie nicht Sekretärin bleibe, fragt Frau M. «Ich habe meine Arbeit verloren und keine neue gefunden», antwortet Angelika Irling. «Ich wollte nicht rumsitzen und warten. Ich wollte die Arbeitslosigkeit als Chance nutzen.»

Man versucht sie zu überreden, nur einen Schnellkurs zu machen. Ein Schnellkurs ist nichts Halbes und nichts Ganzes. Haben unqualifizierte Leute bessere Chancen auf dem Arbeitsmarkt? Dann solle sie eben die Ausbildung machen, sagt der Chef des Jobcenters.

Nur Stunden später versammelt sich die unabhängige Trägervertretung, welche die Arbeit des Jobcenters überwacht, zu einer Sondersitzung. Drei Leute am Tisch kommen aus der Agentur für Arbeit, drei sind aus der Kommune. Man spricht über Angelika Irling. Man stimmt ab, ob sie während ihrer Ausbildung Arbeitslosengeld II erhalten soll. Es gibt drei Stimmen dafür. Drei, darunter die des Jobcenter-Chefs, sind dagegen.

Ein paar Wochen später beginnt Angelika Irling ihre Ausbildung. Sie bekommt Arbeitslosengeld II. Die Agentur für Arbeit in der Charlottenstraße in Berlin-Mitte zahlt es aus. Eigentlich ist das unmöglich, denn hier gibt es nur Arbeitslosengeld I. Aber man erhält Rückendeckung vom Bundesarbeitsminister. Die Agentur zahlt aus und holt sich das Geld vom Jobcenter zurück. «Frau Irling hat gute Chancen, in der Altenpflege gebraucht zu werden. Also habe ich das Jobcenter gebeten, nicht aufs Geld zu schauen, sondern in die

Zukunft», sagt der Agenturchef. Sein Kollege, der Geschäftsführer in der Sickingenstraße, der über schlaflose Nächte klagt, hat das bestimmt probiert. Er ist kein Unmensch. Aber er hat's nicht hinbekommen. Der Zukunftsblick wird in diesem Land viel zu selten geübt.

# DRITTER TEIL

# Sieben Vorschläge für eine intelligente Armutspolitik

ANGELIKA IRLING hatte noch einmal Glück. Gesetzes-lücken, Kompetenzwirrwarr, weltfremde Vorschriften – all das konnte ihr am Ende nichts anhaben. Der Vizekanzler war auf ihrer Seite. Millionen andere können von diesem Glück nur träumen. Sie geraten nicht zufällig ins Blickfeld eines Spitzenpolitikers.

Als im Sommer 2004 die Proteste in Ostdeutschland gegen Hartz IV auf dem Höhepunkt waren und die Betroffenen sich gegen die komplizierten Antragsformulare fürs Arbeitslosengeld II wehr-ten, pampte der damalige Wirtschaftsminister Wolfgang Clement, wer die Fragebögen nicht verstehe, der solle ihn anrufen.

Als die Proteste weitergingen, versuchte die rot-grüne Regierung das Problem der Arbeitslosen anderweitig in den Griff zu krie-gen. Sie ließ über ihren Sprecher mitteilen, sie werde den Begriff «Hartz IV» nicht mehr verwenden – er sei «lautmalerisch hart».

Und als die Kosten für die größte Arbeitsmarktreform der deut-schen Geschichte explodierten, ließ Clement im August 2005 einen «wissenschaftlichen» Report erstellen, in dem behauptet wurde, ein Heer von Abzockern, Schwarzarbeitern und Sozialbetrügern würde mit krimineller Energie den Sozialstaat ausnehmen. «Biologen ver-wenden für Organismen, die zeitweise auf Kosten anderer leben, die Bezeichnung Parasiten», hieß es viel sagend in dem Clement-Report, der die Überschrift «Vorrang für die Anständigen» trug. Ein halbes Jahr nach dessen Erscheinen musste die neue Regie-rung einräumen, dass sie weder objektive noch wissenschaftliche Erkenntnisse über den vom alten Wirtschaftsminister behaupteten Sozialmissbrauch besitze. Nach empirischen Befunden beträgt die Quote des Missbrauchs von Sozialleistungen im Übrigen seit Jahren konstant zwei bis drei Prozent. Das hindert die Große Koalition bis heute jedoch nicht daran, so zu tun, als bestünde das größte Problem von Hartz IV darin, dass die Reform zu teuer sei – angeblich, weil Hunderttausende Arbeitslose die Behörden austricksen und ihre Unterstützung zu Unrecht kassieren würden.

Der Hartz-IV-Ombudsrat, der die Umsetzung der Reform im Auftrag der Regierung bis zum Sommer 2006 begleitet hat, widerspricht diesem Vorwurf vehement. «Zum Betrug bei Hartz IV gibt es keine Statistik, es ist auch kein weit verbreitetes Übel», sagt Kurt Biedenkopf, früherer sächsischer Ministerpräsident und Mitglied des Ombudsrates. «Wenn der Staat durch Gesetz Versuchungen schafft, denen Sie nur mit einem Übermaß an moralischer Anstrengung widerstehen können, dann handeln Sie nicht missbräuchlich, wenn Ihnen diese Anstrengung nicht gelingt. Dann ist das Gesetz unmoralisch.»

Ungeachtet dieses Abschlussberichtes vom Ombudsrat setzen Politiker der Großen Koalition die kollektive Beschimpfung der Arbeitslosen fort. «Das Menschenbild, das wir hatten, war vielleicht zu positiv», behauptete SPD-Chef Peter Struck in einem Zeitungsinterview im Juni 2006. «Es war zu optimistisch, anzunehmen, dass Menschen das System nur in Anspruch nehmen, wenn sie es wirklich brauchen.» Und der CSU-Sozialpolitiker Stefan Müller forderte allen Ernstes die Einrichtung eines «Gemeinschaftsdienstes», bei dem sich alle Langzeitarbeitslosen jeden Morgen zu melden hätten, um gemeinnützige Arbeit zu leisten.

Wie will die Politik das größte Problem aller modernen Gesellschaften, die dauerhafte Deklassierung von Millionen von Menschen, auch nur ansatzweise lösen, wenn sie sich ihnen gegenüber derart zynisch verhält? Wenn sie sich von der Lebenswelt der Betroffenen abschottet? Wenn sie die Ursachen für Armut und Ausschluss dem Einzelnen zur Last legt? Wenn sie sich unempfindlich zeigt für den großen Wandel, der die Menschen und ihre

Lebensverhältnisse ähnlich umwälzt wie die Industrialisierung des 19. Jahrhunderts? Wenn sie immer noch glaubt, sie müsse nur an zwei, drei Schräubchen richtig drehen, dann komme die Wohlstandsmaschine schon wieder in Gang?

«Wie wäre es, wenn wir uns heute Abend das Ziel setzen, im kommenden Jahr überall noch ein wenig mehr als bisher zu vollbringen?», fragte Angela Merkel, die Kanzlerin, in ihrer Neujahrsansprache Ende letzten Jahres. «Sie haben schon lange eine Idee? Es muss gar nichts Überragendes sein, aber sollte 2006 nicht das Jahr sein, in dem Sie versuchen, diese Idee in die Tat umsetzen? Überraschen wir uns damit, was möglich ist! Fangen wir einfach an ab morgen früh.» Dieser kindliche Machbarkeitsglaube ist lächerlich. Die Politik verstärkt dadurch nur den Eindruck, den man ohnehin schon hat: Sie spielt die Rolle der Bordapotheke auf der Titanic.

Der Umgang mit Armut und massenhaftem Ausschluss erfordert ein Höchstmaß an politischer Phantasie, jedenfalls viel mehr, als nur die Menschen auf die Segnungen von Hartz IV zu verweisen. Doch glaube keiner, auch die Betroffenen nicht, mit Phantasie im Gepäck sei das Problem dann im Handumdrehen zu lösen. Hier ein bisschen mehr Geld, dort ein bisschen mehr Gerechtigkeit, dazu ein wenig Umverteilung – so leicht wird es nicht funktionieren.

Mal abgesehen davon, dass die öffentlichen Kassen leer sind – mit Geld allein ist die Armut, mit der wir es hier zu tun haben, nicht zu beheben. Ohne Geld allerdings auch nicht! Und Gerechtigkeit ist zwar ein hohes Gut, sie manifestiert sich in dem unveränderlichen Willen, jedem sein Recht auf ein selbstbestimmtes Leben zu gewähren. Gerechtigkeit ist andererseits jedoch auch eine billige Ware geworden. Jede Partei hat sie im Angebot. Es gilt also stets zu fragen, für wen Gerechtigkeit erzielt, wem eine Chance ermöglicht werden soll und wer dafür die Belastungen zu tragen hat.

Die hoch differenzierte Gesellschaft von heute macht die Beantwortung dieser Fragen nicht gerade leicht. Sie hat sich in verschiedene Sphären von Gerechtigkeit aufgelöst. Soziale Gerechtigkeit gibt es als Verteilungsgerechtigkeit, Chancengerechtigkeit, Generationengerechtigkeit, Leistungsgerechtigkeit, Teilhabegerechtigkeit, Bildungsgerechtigkeit, Geschlechtergerechtigkeit ... Und jede funktioniert nach ihrer eigenen Logik. Was den Langzeitarbeitslosen in ihrem Bestreben nach einer Beschäftigung nützt, kann den Arbeitsplatzbesitzern schaden, umgekehrt genauso. Was heute gut ist für die Rentner, kann der jungen Generation morgen fehlen. Selbst die Interessen der Ausgeschlossenen dieser Gesellschaft können miteinander in Konflikt geraten. Was die Chancen eines 16-jährigen Hauptschülers ohne Abschluss verbessert, kann die Möglichkeiten eines 55-jährigen arbeitslosen Facharbeiters auf Wiedereinstieg in den Beruf einschränken.

Der Sozialstaat selbst ist also eine Quelle von Ungerechtigkeit, er kann soziale Schieflagen verstärken. Gerade dafür ist die Bundesrepublik ja ein Musterbeispiel. Kein anderes Land in Europa gibt so viel Geld für Sozialpolitik aus und ist doch so erfolglos bei der Bekämpfung der Arbeitslosigkeit. Genau darum dreht sich seit ein paar Jahren auch die sozialpolitische Auseinandersetzung in diesem Land: Wie dieses Dilemma aufzulösen ist, wie der Sozialstaat neu definiert und seine brüchige Finanzierungsbasis umgebaut werden kann. Denn was in der guten Zeit zum wechselseitigen Nutzen funktionierte – Vollbeschäftigung, hohes Steueraufkommen, Geld für Sozialpolitik, sichere Renten –, das zieht sich jetzt gegenseitig nach unten: Massenarbeitslosigkeit, finanziell angeschlagene Sozialsysteme, demographische Krise, vorprogrammierte Altersarmut.

Beim Umbau des Sozialstaats ist allerdings ein wichtiger Grundsatz grob verletzt worden: Ob von Gerechtigkeit die Rede sein kann, entscheidet sich nämlich nicht an der Frage, wie gut sich die deutsche Wirtschaft im globalen Wettbewerb schlägt – sondern an der Lage der Schwachen einer Gesellschaft. Und gerade sie sind durch die Reformen der letzten Jahre am meisten belastet worden.

Selbstverständlich gab es Unterschiede zwischen Arm und Reich schon immer, und das wird auch so bleiben. Gerechtigkeit zielt ja nicht auf Gleichmacherei. Ungleichheit gehört zum Leben, sie treibt die Menschen an. Aber diese Ungleichheit des Talents, der Kräfte und Fähigkeiten ist nicht gleichbedeutend mit jener sozialen Ungleichheit, die verhindert, dass jeder entsprechend seinen Fähigkeiten und nach seinen Bedürfnissen leben kann. Wenn soziale Ungleichheit ins Unermessliche wächst, wenn der Mannesmann-Chef sein Unternehmen erst gegen die Wand fährt und dann für die feindliche Übernahme durch seinen Konkurrenten 60 Millionen Mark Abfindung kassiert, während die Arbeiter um ihre Stellen fürchten – dann kann diese Ungleichheit die Freiheit bedrohen.

In Deutschland hat die Ungleichheit heute ein Maß erreicht, das die Grenze zur Unsittlichkeit überschreitet. Die, die mehr haben, können ihren Reichtum vor denen, die weniger haben, nicht mehr rechtfertigen. Sowohl die Vermögen als auch die Einkommen driften immer weiter auseinander. Die Vermögen umfassten 2003 eine Summe von 5 Billionen Euro. Das macht im Durchschnitt 133 000 Euro pro Haushalt. Tatsächlich sieht es so aus: Die obersten zehn Prozent verfügen über 670 000 Euro, und die untersten zehn Prozent haben über 8000 Euro Schulden. Bei den Einkommen sind die Unterschiede ähnlich drastisch. Nach Berechnungen der Managementberatung Kienbaum verdienen die Vorstände der 30 größten deutschen Unternehmen heute mehr als doppelt so viel wie noch 1998; im Schnitt fast 200 000 Euro im Monat. Die Reallöhne der Beschäftigten dagegen sind heute niedriger als 1991. Der durchschnittliche Vollzeit-Arbeitnehmer verdient 2448 Euro im Monat.

Die Bundesrepublik ist eine tief gespaltene Gesellschaft. Dem Reichtum steht eine Armut gegenüber, die sich längst entkoppelt hat. Es gibt Millionen von Verlierern, die die Gewinner einfach nicht mehr stören. Sie bilden nicht einmal mehr das, was Karl Marx einst die «industrielle Reservearmee» nannte. Sie sind für das wirtschaftliche Funktionieren nutzlos geworden. Ihre Arbeitslosigkeit schließt sie aus der Gesellschaft aus. Ihr Ausschluss verschärft ihre Armut. Die Armut macht ihnen ein würdevolles Leben kaum möglich. Sie sind ein für alle Mal abgehängt.

Wenn die Politik diesen Verlierern weiterhin nichts anzubieten hat, wird das über kurz oder lang die Grundlagen des Gemeinwesens zerstören – und dann brennen in Deutschland vielleicht doch noch die Vorstädte. Weil sich radikale Populisten der Ohnmacht der Verlierer bedienen.

Dieses Land braucht dringend eine intelligente Armutspolitik. Dabei helfen weder Almosen für die Bedürftigen noch eine moralische Anklage der Reichen. Es geht um die Schwachen der Gesellschaft und die Durchsetzung ihrer sozialen Rechte als gleichberechtigte Bürger – nur so kann langfristig ein Ausbrechen aus ihrer Armut ermöglicht werden. Vielleicht muss noch einmal an Artikel 22 der Allgemeinen Erklärung der Menschenrechte der Vereinten Nationen erinnert werden: «Jeder Mensch hat als Mitglied der Gesellschaft ein Recht auf soziale Sicherheit, er hat Anspruch darauf, durch innerstaatliche Maßnahmen und internationale Zusammenarbeit unter Berücksichtigung der Organisation und der Hilfsmittel jedes Staates in den Genuss der für seine Würde und die freie Entfaltung seiner Persönlichkeit unentbehrlichen wirtschaftlichen, sozialen und kulturellen Rechte zu gelangen.»

Dies ist nicht der Ort, um eine umfassende Armutspolitik zu formulieren. Außerdem kann niemand genau sagen, wie eine solche Politik im Detail auszusehen hat. Dafür ist das Problem der modernen Armut zu umfassend und zu kompliziert, in politischer, wirtschaftlicher, aber auch moralischer Hinsicht. Seine Lösung dürfte Jahrzehnte in Anspruch nehmen. Das erfordert keine Politik aus einem Guss, sondern lässt sich nur als vernünftiges Patchwork vieler einzelner Maßnahmen realisieren. Dazu gehört auch die Einsicht, dass manchen sozialen Missständen mit den Mitteln der Sozialpolitik gar nicht beizukommen ist. Die Grenzen, die Ungleichheit setzt, sind in wechselseitigem Respekt nur schwer zu überschreiten. An dieser Stelle soll deshalb lediglich der Versuch unternommen werden, einige Prinzipien einer solchen Hilfe für die Armen zu formulieren.

*Erstens* muss Armutspolitik mehr sein als eine Politik für die Mittelschicht. Noch jede Bundesregierung hat im Namen des sozialen Ausgleichs vor allem ihre wichtigste Wählergruppe bedient: die Mitte, egal ob die alte oder die neue. In Deutschland hat das auch historische Gründe. Die Armen standen, anders als beispielsweise in England, immer im Schatten der Sozialpolitik. Die «Arbeiterfrage» ist von der «Armutsfrage» frühzeitig getrennt worden. Die Einführung der Bismarck'schen Sozialversicherungen Ende des 19. Jahrhunderts diente zwar den Interessen der Arbeiter, sie entsprach aber auch der Neigung des Bürgertums, eine klare Grenze zwischen den «redlichen» Arbeitern und den «arbeitsscheuen» bzw. «arbeitsunfähigen» Armen zu ziehen.

Diese Grenzziehung setzt sich im Grunde bis heute fort. Die rot-grüne Regierung begründete ihre Fokussierung auf die «neue Mitte» gelegentlich mit einem Zitat des früheren US-Präsidenten Bill Clinton, der meinte, es gehe um «people who work hard and play by the rules», um Leute also, die hart arbeiten und sich an die Regeln halten. Das sind Niedriglöhner, Ein-Euro-Jobber und Langzeitarbeitslose im Verständnis auch der Großen Koalition nun gerade nicht. Wer diese Gruppen jedoch unterstützen will, muss die gültigen Rituale der Umverteilung sozialer Leistungen in Frage stellen.

Dazu gehört, dass der Staat nicht länger nur die Privilegierten auf dem Arbeitsmarkt unterstützt: den klassischen Vollzeit-Arbeitnehmer. Gerade die Millionen in den prekären Beschäftigungsverhältnissen brauchen stärkere Hilfe, insbesondere durch Subventionen bei der Krankenversicherung und der Altersvorsorge. Ein schlechtes Vorbild ist die steuerliche Förderung der so genannten Riester-Rente. Diese bekommt nur, wer Beiträge an die gesetzliche Rentenkasse zahlt – also derjenige, der einen sozialversicherungspflichtigen Job hat und die Zusatzversorgung nicht so nötig braucht wie die schlecht abgesicherten Selbständigen und Minijobber, die von Altersarmut bedroht sind.

*Zweitens* darf Armutspolitik keine Politik sein, die die Mittelschicht stets benachteiligt. Immer wieder muss neu ausgehandelt werden, worin der Anteil beider Gruppen zur Sicherung des Gemeinwohls besteht. Die Frage der Solidarität zwischen der Mittelschicht und den Ausgeschlossenen ist für die künftige Sozialpolitik in Deutschland von zentraler Bedeutung. Das neue Elterngeld ist ein aufschlussreiches Beispiel für die Schwierigkeiten dabei. Es verspricht dem Elternteil, der für die Kinderbetreuung aussetzt, ein Jahr lang zwei Drittel des letzten Nettoeinkommens, maximal jedoch 1800 Euro im Monat – in Zeiten der Rentenkrise ein sinnvolles Instrument der Familienförderung, auch wenn es vorrangig auf die Sorgen junger Akademikerinnen zielt, mit einem Kind auf die finanzielle Talfahrt zu geraten.

Aber so, wie das Elterngeld von der Großen Koalition ausgestaltet worden ist, verletzt es das Gebot der Solidarität mit den Armen. Arbeitslose und Geringverdiener verlieren mit ihm die Hälfte ihres heutigen Erziehungsgeldes, das ab 2007 vom Elterngeld abgelöst wird. Das Erziehungsgeld bringt ihnen zwei Jahre lang 300 Euro monatlich ein; insgesamt 7200 Euro. Das neue Elterngeld beträgt für diese Gruppen 300 Euro monatlich, es wird aber nur 12 Monate gezahlt (bzw. 14 Monate, wenn auch der Vater das Kind betreut); macht insgesamt nur 3600 Euro (bzw. 4200 Euro). Die

Union wollte sogar noch weiter gehen und das Elterngeld komplett ins Arbeitslosengeld II einrechnen, dann hätte es für Arbeitslose unterm Strich null Euro betragen.

Schon die jetzige Regelung ist eine klare Umverteilung von den ohnehin Schwachen zur Mittelschicht, und das in Zeiten zunehmender Kinderarmut. Benachteiligt von dieser Regelung sind nach Angaben des Familienministeriums 249 000 Familien pro Jahr. Es handelt sich also um ein Windelgeld für Besserverdienende und Reiche.

*Drittens* wird Armutspolitik nur wirksam sein, wenn sie sich nicht am alten Sozialstaat orientiert. Dieser taugte nur für die Wirklichkeit national begrenzter Industriegesellschaften, in denen die Männer für das Familieneinkommen verantwortlich waren. Er verstand Sozialpolitik vor allem als Sozialversicherungspolitik. Er orientierte sich am Rentner und nicht am Schüler. Er versuchte, Ungerechtigkeiten durch finanzielle Transfers auszugleichen. Er setzte dabei falsche Anreize, machte von staatlicher Hilfe abhängig und förderte die Menschen zu wenig. Er kümmerte sich kaum darum, wie der Einzelne durch aktive Teilnahme am gesellschaftlichen Leben Armut und sozialen Ausschluss verhindern konnte.

*Viertens* muss Armutspolitik deswegen vor allem Bildungspolitik sein. Und zwar vom Kindergarten an. Dazu gehört das Eingeständnis, dass das deutsche Bildungssystem hochgradig unsozial ist. Es benachteiligt vor allem die sozial Schwachen und die Migrantenkinder. Die Hauptschule ist zum Sammelbecken der Bildungsverlierer geworden. Jeder zehnte Hauptschüler verlässt ohne Abschluss die Schule. Knapp ein Viertel aller Schulabgänger jedes Jahrgangs besitzt völlig unzureichende Kompetenzen, jeder fünfte Jugendliche bricht seine Ausbildung ab. Ihnen bleibt nichts anderes übrig, als sich ins Heer der Ungelernten und Dauerarbeitslosen einzureihen.

Wenn ihnen, analog zum Mindestlohn, nicht eine Mindestbildung garantiert wird – der Wissenschaftsexperte Wolf Lepenies definiert ein solches «Bildungsexistenzminimum» durch einen Hauptschul-abschluss oder den Abschluss einer Berufsausbildung –, sind Armut und sozialer Ausschluss dieser jungen Menschen immer wieder vor-programmiert. Selbst die Verdoppelung ihres Arbeitslosengeldes würde sie vor diesem Schicksal nicht bewahren. Nur durch Kinder-garten und Schule können sie aus dem Gefängnis ihres Milieus aus-brechen. Arbeitsplatz, Einkommenshöhe, Lebensqualität, Lebens-dauer – alles ist von der Bildungsqualifikation abhängig.

Aber die Politik wehrt sich bis heute tapfer gegen die Konsequen-zen aus dem blamablen Pisa-Befund für das deutsche Schulsystem, trotz des Vier-Milliarden-Euro-Programms der rot-grünen Regie-rung zur Förderung von Ganztagsschulen. Sie hält an der frühen Sortierung der Schüler auf verschiedene Schulformen und damit an der Hauptschule fest. Sie befördert die institutionelle Diskrimi-nierung. Die Politik scheut sogar den Begriff «Bildungsarmut». Als die Münchener Soziologin Jutta Allmendinger diesen Begriff vor ein paar Jahren im Rahmen des Bayerischen Sozialberichts benut-zen wollte, schlug die Landesregierung das Wort «Niedrigbildung» als Alternative vor. Heute ist die Bezeichnung «Bildungsferne» an-gesagt. Der erhabene deutsche Bildungsbegriff soll bloß nicht mit Sozialpolitik in Berührung kommen.

*Fünftens* funktioniert Armutspolitik nur als Querschnittsauf-gabe. Sie erfordert ressortübergreifendes Handeln – nicht gerade eine Stärke deutscher Politik. Großbritannien etwa macht vor, wie es geht. Ihre *Early Excellence Centres* verbinden Bildungs-, Sozial- und Gesundheitspolitik. Dabei handelt es sich um Kindergärten in sozialen Problembezirken, so genannte «frühpädagogische Stütz-punkte», knapp zwei Drittel der Ein- bis Vierjährigen stammen aus Migrantenfamilien. Die Kinder profitieren von einem umfassenden Spiel- und Lernangebot. Das Entscheidende der *Early Excellence Centres* ist jedoch die Einbeziehung der Eltern. Sie werden in Ge-sundheits- und Erziehungsfragen beraten und können Computerlehrgänge sowie Englischkurse besuchen. Arbeitsvermittler und Vertreter der Sozialbehörden kommen direkt in die Kindergärten. Vieles von dem, was die Schwächsten früher nicht erreicht hat, finden sie hier. Die Kindergärten funktionieren als Servicestelle für viele Familien im Stadtbezirk.

*Sechstens* ist Armutspolitik eine Politik des Respekts. Ihre zentrale Frage lautet: Wie können Menschen ein sinnvolles Leben führen, auch wenn sie keinen Arbeitsplatz finden? Das verlangt allerdings den Abschied von einer Lebenslüge. Wer glaubt denn schon noch daran, dass Vollbeschäftigung herbeiregiert werden kann? So schwierig es für Politiker ist, das Offensichtliche zuzugeben – täten sie es in diesem Fall, wäre von der Gesellschaft eine große Last genommen: Sie müsste nicht mehr auf das Unmögliche hoffen, das untergräbt ohnehin nur das Selbstwertgefühl, weil es jeden auf seine Funktion als Subjekt des Arbeitsmarktes reduziert. Dieses Starren auf die Zahl der Erwerbslosen, dieses *job first*, der panische Zwang, um jeden Preis neue Arbeitsplätze schaffen zu müssen, wo es doch Millionen von Arbeitslosen gibt, die keine Chance mehr haben auf einen «richtigen» Vollzeitjob – das verschärft nur die Probleme, anstatt sie zu lösen.

Armutspolitik muss sich mit den Lebenslagen der Menschen beschäftigen. Hilfreich für die Arbeitslosen ist alles, was ihnen das Gefühl von Ausweglosigkeit nimmt, sie in die Gemeinschaft integriert und gleichzeitig ihre Würde respektiert. Das können Ein-Euro-Jobs sein, sofern sie nicht – wie heute leider oft die Regel – als Disziplinierungsinstrument missbraucht werden und reguläre Beschäftigungsverhältnisse verdrängen. Wenn sie die Lebensqualität der 53-jährigen arbeitslosen Verkäuferin verbessern, und sei es nur für einen Zeitraum von ein paar Monaten, wenn sie dem 44-jährigen Akademiker eine Arbeitsgelegenheit bieten, die halbwegs seiner Qualifikation entspricht und ihm die notwendigen sozialen

Kontakte verschafft – dann sind diese Arbeitsmaßnahmen, freiwillig ausgewählt, durchaus sinnvoll. Richtig kombiniert mit der Förderung von Kleinselbständigkeit, Dazuverdienstmöglichkeiten für ältere Arbeitslose sowie klaren Regelungen für Praktikantenjobs könnte sich um sie herum eine Projektlandschaft für sinnvolle soziale Arbeit bilden: Kinder- und Jugendbetreuung, Altenpflege, Organisation von Leihbüchereien und vieles mehr.

Diese Beschäftigungsformen entsprechen nicht der reinen Lehre, und sie lassen sich nicht mit dem Schlagwort des «vorsorgenden Sozialstaats» verbinden – und sind dennoch notwendig, um die dauerhafte Ausgrenzung vieler Menschen zu verhindern. Sie verlangen ein Ende der Unterscheidung von «würdigen» und «unwürdigen» Armen, also jener, die nicht arbeiten können, weil sie alt oder krank sind, und solcher, die grundsätzlich arbeitsfähig, aber angeblich zu faul zum Arbeiten sind. Diese «unwürdigen» Armen waren früher die Vagabunden und Bettler, heute sind es die «erwerbsfähigen Hilfebedürftigen», die Arbeitslosengeld II erhalten, aber zur Arbeit um jeden Preis «aktiviert» werden müssen.

Am Ende muss in jedem Fall eine viel kompliziertere Aufgabe gelöst werden: dem arbeitsfreien Dasein Würde zu verleihen. Ein Leben ohne Arbeit materiell zu sichern. Das erfordert geradezu einen kulturellen Umsturz. Notwendig ist, wie es der Kulturwissenschaftler Wolfgang Engler ausdrückt, die «Emanzipation des Bürgers vom Arbeiter».

Einer der wenigen deutschen Manager, die ein Recht auf Arbeit für nicht mehr zeitgemäß halten, ist Götz Werner, Chef der Drogeriekette dm. Er möchte ein Grundeinkommen für alle Bürger, 1500 Euro im Monat, von der Wiege bis zur Bahre. «Dieses manische Schauen auf Arbeit macht uns alle krank», sagt er. «Hartz IV ist offener Strafvollzug. Es ist die Beraubung von Freiheitsrechten. Hartz IV quält die Menschen, zerstört ihre Kreativität.»

*Siebtens* braucht Armutspolitik engagierte Armutspolitiker. Es gibt in allen politischen Lagern Sozialpolitiker, Arbeitsmarktpolitiker, Gesundheitspolitiker, Bildungspolitiker – aber keinen einzigen Armutspolitiker. Das hat einen Grund: Keine Partei hat den Armen und Ausgegrenzten irgendetwas mitzuteilen, mit Ausnahme vielleicht der Linkspartei, die ja selbst ein Produkt des Widerstandes gegen Agenda 2010 und Hartz IV ist. Aber auch sie vermag den bitteren, oft stummen Protest schon längst nicht mehr zu binden. Die Wahlbeteiligung bei der Landtagswahl in Sachsen-Anhalt im März 2006 betrug 44,2 Prozent – historischer Tiefststand für die Bundesrepublik. Dieses Ergebnis erzählt mehr über die soziale Spaltung des Landes und seine Folgen als alle Programmpapiere von CDU, SPD, FDP, Grünen und Linkspartei zusammen.

Wir sind Zeuge einer aufschlussreichen Merkwürdigkeit: Je offensichtlicher sich die Gesellschaft in Gewinner und Verlierer teilt, desto mehr schließen die Parteien ihre Reihen. Sie erlauben kaum noch Abweichungen. Sie überlassen die Verlierer sich selbst – und der Super Nanny auf RTL.

Als Elke Reinke, die erste Langzeitarbeitslose im Deutschen Bundestag, ihre Jungfernrede im Parlament hielt, hörten die meisten im Saal nicht zu. Reinke gehört zur Fraktion der Linken, da ist Ignoranz erste Abgeordnetenpflicht. Dabei berichtete sie, was es bedeutet, mit 331 Euro Arbeitslosengeld im Monat zu leben – was die Abgeordneten ein paar Monate zuvor im Namen des Volkes beschlossen hatten. Außerhalb ihrer Fraktion, so sagt Reinke in diesem Buch, hat auch später kein Politiker sie je gebeten, ihre Geschichte, die sie in ihrer Rede nur angedeutet hatte, genauer zu erzählen. Vielleicht wissen die Politiker das schon alles, denkt sie, die Probleme im Land sind offensichtlich. Und doch geht ihr eine Frage nicht aus dem Kopf: «Wie können die dann noch ruhig schlafen?»

Den Politikern sei ihr ruhiger Schlaf gegönnt. Aber tagsüber sollte sie die Armut in diesem Land schon mehr beunruhigen, als sie das ganz offensichtlich tut.

Die Lebensgeschichten der Menschen in diesem Buch sollten sie, die Politiker, und uns eigentlich gar nicht mehr zur Ruhe kommen lassen. Sie erzählen von Nöten, Abstürzen, Schulden, Verzweiflung, nicht gegebenen Chancen und verweigerten Rechten, von vielem also, wovon die meisten in diesem Land glücklicherweise verschont bleiben – das sie aber auch nicht wirklich interessiert.

Die Geschichten berichten von der Mühe dieser Menschen, trotz der Armut ein Leben in Würde zu führen, davon, die Ansprüche nicht aufzugeben, auch der eigenen Kinder wegen, die es einmal besser haben sollen als sie selbst.

Wir haben die Porträtierten zwischen November 2005 und April 2006 besucht. Ob ihre Lebensumstände heute immer noch dieselben sind wie damals, wissen wir nicht. Wahrscheinlich hat sich einiges verändert. Wo das Leben ein täglicher Kampf ist, bleibt heute wenig so, wie es gestern war.

Wenn wir behaupten, dass diese Menschen abgehängt sind, dann stören sich die meisten von ihnen daran. Denn sie tun alles, um dazuzugehören. Ihre Anstrengungen sind oft größer als die der nicht Abgehängten. Sie müssen mehr Kraft aufbringen als Menschen, denen es gut geht. Darin besteht ihre Leistung. Deshalb reden sie mit uns – um ihre Leistungen vorzuweisen. Deshalb haben sie die Courage, uns in ihr Leben schauen zu lassen.

Bei allem, was wir aus unserem normalen Leben an Sorgen auch kennen: Wir betreten eine uns fremde Welt. Die Worte, die wir in unserem Repertoire haben, beschreiben diese Welt möglicherweise nicht angemessen. Sie gefallen den Porträtierten oft nicht. Wie man eine solche Annäherung ohne gegenseitige Verletzung zustande bringt, dafür gibt es wenig Beispiele oder Regeln und schon gar keine Routine.

Der amerikanische Soziologe Richard Sennett hat über diese

schwierige Verständigung ein sehr lehrreiches Buch geschrieben. Es trägt den Titel «Respekt im Zeitalter der Ungleichheit» und erzählt davon, wie schwer es ist, über soziale Schranken hinweg miteinander zu reden. «Sozialhilfeempfänger klagen oft, sie würden mit zu wenig Respekt behandelt», schreibt Sennett. «Doch der Mangel an Respekt, unter dem sie leiden, hat seinen Grund nicht allein in der Tatsache, dass sie arm, alt oder krank sind.» Sennett nennt zwei weitere Ursachen: Zum einen stellten Sozialhilfeempfänger fest, dass ihr Anspruch auf Beachtung allein auf ihren Problemen, ihrer Bedürftigkeit beruhe – das gefährde permanent ihre Selbstachtung. Zum anderen verursache die Ungleichheit auch auf der Seite der Bessergestellten Unbehagen. Jemand, der auf der sozialen und ökonomischen Stufenleiter höher stehe, empfinde die Schwierigkeit, einem Schwächeren Respekt zu erweisen. Gerade diese Vorsicht aber verschärfe das Bewusstsein der Unterprivilegierten für ihre Lage. Auf beiden Seiten, so Sennett, fehle es an «der Gegenseitigkeit des freien, offenen Wortes. Stattdessen herrschen Schweigen, Vorsicht und die Angst, den anderen zu verletzen».

Unser Anliegen ist es, die Grenze zwischen den scheinbar Normalen und den Benachteiligten sichtbar zu machen. Sie ist der Ausdruck für die Spannungen in unserer Gesellschaft. Wir müssen die Existenz dieser Grenze anerkennen. Das wird keinesfalls ohne Konflikte geschehen. Beide Seiten müssen das aushalten.

Dieses Buch behauptet nicht, die neue Armut genau zu kennen. Es vertritt eine Auffassung davon, was es heißt, in Deutschland heute arm zu sein. Es zeigt, wo überall man hinschauen muss. Es ist eine Exkursion an die Grenze, die es zu überwinden gilt.

## Der Kunde ist nicht König

Ingrid Opitz (50), Geschäftsführerin, Anne Ulrich (29) und
Carola Weber (50), Mitarbeiterinnen im Hanse-Jobcenter
Rostock

Käme es heutzutage drauf an, seinen Beruf richtig gut zu beherrschen, dann wäre Ingrid Opitz unser Mann. Wir würden sie in die
Schlacht schicken. Wir würden sie mit all ihren Erfahrungen auf
unser größtes Problem loslassen: die Arbeitslosigkeit. Sie würde
siegen.

Wir haben sie in die Schlacht geschickt. Sie tut, was sie kann.
Es ist ein aussichtsloser Kampf. Die Arbeitslosigkeit ist nicht zu
besiegen.

Sie ist Diplomökonomin. Nach dem Studium ist sie zum Amt
für Arbeit Kreis Rostock Land, DDR, gegangen. Sie hatte einen
Schreibtisch am Friedrich-Engels-Platz und drei Aufgaben. Die
erste: Zur Erntezeit musste sie Saisonkräfte für die Landwirtschaft
besorgen. Sie fuhr in die Fabriken. Wenn die Betriebsleiter sie
über den Hof kommen sahen, bekamen sie schlechte Laune. Sie
erklärte ihnen, wie wichtig die Ernte für das ganze Land und den
Sozialismus sei. Die Betriebsleiter brauchten keine Erklärungen,
sondern Arbeiter für die Produktion. Ingrid Opitz nahm immer
welche mit.

Außerdem musste sie Ingenieure, Monteure, Maurer, Zimmerer
auf die Baustellen der FDJ-Initiative nach Berlin und an die Erd-
gastrasse nach Sibirien schicken. Sie lockte die Männer mit der
Aussicht auf schöne Gehälter von ihren Betrieben weg. Das Gerede

von guten Taten und gesellschaftlicher Notwendigkeit sparte sie sich.

Drittens hatte sie sich um die so genannten Asozialen zu kümmern. Diese Leute hatten keine Lust zu arbeiten. Opitz zwang sie per Gesetz. Um sicher zu gehen, überredete sie Betriebe, sie einzustellen, morgens zu wecken und von zu Hause abzuholen.

Als es mit der DDR zu Ende ging, richtete sich das Amt für Arbeit am Friedrich-Engels-Platz plötzlich nach ganz anderen Bestimmungen. In Berlin erließ die Regierung unter Hans Modrow das Gesetz zur staatlichen Unterstützung von Arbeitslosen. Es kam ihr ein bisschen wie verkehrte Welt vor. Leuten, die nicht arbeiten, sollte die Gesellschaft jetzt Geld geben.

Seit dem Sommer 1990 arbeitet Ingrid Opitz beim Arbeitsamt. Zwar zog sie dafür in die Kopernikusstraße um. Man kann es aber so sagen: Während sie auf ihrem Posten die Stellung hielt, wechselten die Umstände von Ost auf West.

In Rostock gab es zum Ende der DDR zwei Werften mit je 7000 Beschäftigten. Es gab das Dieselmotorenwerk mit 2000 Arbeitern. Die Stadt an der Ostsee war schwer auf Trab. Wie gehabt wurde man auch 1990 beim Arzt noch gefragt, wo man arbeitete. Jeder Patient war ein Mensch mit einer Aufgabe. Wenn Ingrid Opitz nun die Frage beantwortete, wurde das Wartezimmer hellhörig. Leute erkundigten sich, ob sie ihnen Arbeit besorgen könnte.

Heute, im Januar 2006, haben die Werften noch 10 Prozent der Beschäftigten von damals. Im Rostocker Lidl-Logistikcenter gibt es 70 neue Arbeitsplätze. Dann wäre da noch das kleine Windmühlenwerk. Das war's. Die *Rostocker Neuesten Nachrichten* vermelden, dass das Wachstum auf dem deutschen Windenergiemarkt abflaut. Mineralölprodukte, Haushaltsenergie und Gesundheitsreform lassen die Lebenshaltungskosten um zwei Prozent steigen. 300 Rostocker Arztpraxen bleiben geschlossen, berichtet die Zeitung. Das Personal protestiert gegen schlechte Arbeitsbedingungen und unbezahlte Überstunden. Die Frage, ob sie Arbeit besorgen kann, wird Ingrid Opitz mittlerweile weder im Wartezimmer noch anderswo gestellt.

Sie arbeitet jetzt wieder am Friedrich-Engels-Platz. Das riesige Haus, in dem zu DDR-Zeiten unter anderem das Amt für Arbeit untergebracht war, ist seit Anfang 2005 das Hanse-Jobcenter. Ingrid Opitz ist die Geschäftsführerin. Ihr Büro ist dunkel, denn es liegt im Erdgeschoss. Direkt am Gehweg, auf dem die Arbeitslosen kommen. In regelmäßigen Abständen rauscht an ihrem Schreibtisch eine Straßenbahn vorbei. Von diesem Schreibtisch aus setzt Opitz in Rostock die vierte Stufe der Arbeitsmarktreform um. Auf dem Tisch gegenüber, an dem zu Beratungen die Teamleiterinnen sitzen, hat sie Zimtkekse drapiert. An der Wand ist ein Satz angepinnt. Seine Bedeutung ist unklar. Man denkt an etwas Gutes, wenn die korpulente Frau mittleren Alters mit mädchenhaft nordischem Slang zu einem spricht.

AB HEUTE WIRD ALLES ANDERS, lautet der Satz. Gestern hat Ingrid Opitz sich mit ihrem Geschäftsführer für Finanzen getroffen. Er hat ihr gesagt, dass sie dieses Jahr weniger Geld zur Verfügung haben wird als letztes.

Am 3. Januar 2005 hat sie die Türen des Jobcenters aufgeschlossen, da kamen schon die Leute und wollten bedient werden. Aber niemand im Haus wusste, wie das geht. Kunden, Besprechungen, Schulungen – so lief das dann jeden Tag. Wenn der Tag herum war, ging's für die Geschäftsführerin weiter: Stadt, Bürgerschaft, Gesellschafter – alle wollten wissen, wie's läuft. Dann lauerte da noch die Presse. «Hartz IV hat mein Leben verändert», sagt Ingrid Opitz. Sie hat dafür zu sorgen, dass sich das Gesetz in der Realität bewährt. Dafür stattet man sie mit Geld aus. Sie hat Spielraum. Sie konnte neue Mitarbeiterinnen einstellen. Sie durfte nach eigenem Ermessen Teams gründen. Eine Pressekonferenz geben. Sie hat was zu sagen.

212

Die Realität jedoch, ihr wichtigster Partner bei der Umsetzung von Hartz IV, war von Anfang an gegen sie. Sie sagt: «Ich hatte schon immer mit Arbeit und Menschen zu tun.» Das wäre die perfekte Bewerbung für diese schwierige Aufgabe. Aber heutzutage reicht es nicht aus, eine Sache gut zu können.

Wenn sie abends nach Hause kommt, ist etwas anders als früher. «Ich kann nicht mehr sagen: Das war's für heute.» In ihrem Haus wird kein Problem mehr gelöst. Man hat es nur vom Tisch. Bis zum Gesprächstermin in ein paar Wochen, dann ist es wieder da. Einschlafen, das kann Ingrid Opitz noch ganz gut. Aber spätestens um zwei Uhr wird sie wach. Sie denkt an den 57jährigen Kraftfahrer, diesen robusten Typen, der aufrecht sitzt und über den Tisch blickt, als würde er aus einer Fahrerkabine schauen. Sie denkt daran, wie unglaublich es aussah, als er weinte. Als er sagte: Ich kann nicht mehr, meine Hände brauchen ein Lenkrad.

Im Jahr 2005 betreute das Hanse Jobcenter durchschnittlich 31 290 Menschen. Sie bekamen Arbeitslosengeld II oder Sozialgeld. Mit 78 Prozent von ihnen wurden so genannte Eingliederungsverträge abgeschlossen. In diesen Verträgen verpflichten sich Jobcenter und Arbeitsloser gegenseitig, nach Arbeit zu suchen. «Das liegt weder in der Macht des einen noch des anderen», sagt Ingrid Opitz.

Vielleicht beruhigt es manchen Arbeitlosen, so ein Papier zu haben. Achtmal pro Monat soll er sich bewerben. Um das hinzukriegen, darf er nicht wählerisch sein. Er muss seine Ansprüche runterschrauben. Er muss vergessen, wer er mal war. «Er kann den Vertrag auch als beleidigend empfinden», sagt Ingrid Opitz, «wenn er sich nur mal die Strafandrohungen, zum Beispiel die Kürzung seines Geldes, anschaut.»

Carola Weber sitzt auch im Erdgeschoss, aber ihr Fenster geht nach hinten raus. In der warmen Jahreszeit steht im Hof die Sonne und heizt das kleine Büro auf. Sie hat es sich ausgesucht. Sie durfte wählen zwischen der brütenden Hitze vom Hof und dem Lärm auf der Straßenseite.

Weber ist eine so genannte persönliche Ansprechpartnerin. Sie sitzt an einem Schreibtisch und betreut 200 Arbeitslose. Es gab andere Bezeichnungen für das, was sie tut. Sie nannte sich Sachbearbeiterin, Beraterin. Das war zu anderen Zeiten. Damals ist auf Arbeitsämtern vieles nicht gut gelaufen. Heute läuft es auch außerhalb der Ämter nicht gut. Der Arbeitslose heißt jetzt Kunde. Aber der Kunde ist nicht König. Carola Weber kann nicht wirklich was für ihn tun.

Sie schickt ihn auf «Fortbildungen» und «Umschulungen», vergibt «Trainingsmaßnahmen», «ABM», «Arbeitsgelegenheiten mit Mehraufwandsentschädigung» und «Arbeitsgelegenheiten in der Entgeltvariante». Sie vermittelt den Kunden auf den «zweiten Arbeitsmarkt». Er stellt sich den Wecker, weil er gebraucht wird. Kommt in Schwung, für ein paar Monate, dann ist der nächste Kunde dran. Der zweite Arbeitsmarkt funktioniert wie eine Droge. Er ist ein Leben in Anführungsstrichen.

Eine Kundin wurde bei der Post entlassen. Sie ist seit vier Jahren zu Hause. Sie hätte auf einem Postamt in München arbeiten können, nur hat sie dort keine bezahlbare Wohnung gefunden. Sie hat sich als Produktionshelferin im Fischereihafen, als Verkäuferin, Küchenhilfe, Zimmermädchen beworben. Sie hat beim Supermarkt nachgefragt, ob sie hin und wieder Regale einräumen darf. Sie würde eins zum anderen stellen, zwei Schritte zurückgehen und betrachten, was sie getan hat. Der Gedanke ist nahezu berauschend. «Das würde zu mir passen», sagt die Frau.

Aufs Fensterbrett ihres Büros hat Carola Weber ein Foto ihrer Enkeltochter gestellt. Das Mädchen gehört zu ihrem Sohn. Er ist 30. Längst aus dem Gröbsten raus, würde man sagen, wenn man das heute noch so sagen könnte. Mütter von heute sorgen sich ihr Leben lang. Wenigstens die Kinder sollen ihre Arbeit behalten.

Auf dem gerahmten Foto, das über dem Schreibtisch hängt, ist die sonnige Meeresküste zu sehen. Daneben hängt ein Plakat, das Arbeit im Call-Center verspricht. Carola Weber hat auch noch eine Tochter. Die 27-Jährige hat letztes Jahr 300 Bewerbungen geschrieben. Im Mutter-Kind-Kur-Heim, wo sie Erzieherin war, bekam sie 1360 Euro brutto. Die sind erst auf 1100 gesunken, dann wurde sie entlassen. In der nächsten Saison soll sie auf Teilzeit wiederkommen. Von den 1100 würde dann natürlich noch was abgehen. Das Angebot ist lukrativ, denn es ist das einzige, das sie bekommen hat. Um zu überleben, wird sie zusätzlich Arbeitslosengeld II beantragen.

Ein Diplomwirtschaftsingenieur bringt zur Sprechstunde eine dicke Mappe mit. 30 Bewerbungen, zwei Antworten, beides Absagen. Er ist seit acht Jahren zu Hause. Schon nach dem ersten Jahr konnte er seinen Beruf vergessen, weil er gar nicht mehr wusste, was technisch lief. Er konnte auch vergessen, in andere Berufe reinzukommen, weil das außer ihm noch genügend andere vorhatten. Irgendwann vergaß er, ob er überhaupt noch zu irgendetwas taugte.

Mit dem Geld vom Arbeitsamt konnte er sein Lebensniveau nicht halten. Irgendwann konnte er sich auch selbst nicht mehr halten. Sein Sohn unterstützt ihn finanziell. «Ich bin fix und fertig», sagt der Mann. Er ist 50. Genau so alt wird Carola Weber in ein paar Tagen. «Ich kann nichts mehr für Sie tun», sagt sie.

Sie rät ihm, sich einer Wohnungsbaugesellschaft für Hausmeisterdienste anzubieten. Der Diplomingenieur starrt sie an. «Als Nebenverdienst», fügt sie leise hinzu. Er schweigt weiter. «Wissen Sie», sagt er plötzlich, «das werd ich machen.» Zum Abschied reicht er ihr die Hand. Sie sind beide irgendwie glücklich.

Wenn Carola Weber ihr Leben erzählt, beginnt sie im Jahr 1975 mit der Hochzeit. Sie war Krankenschwester in einem Rostocker Krankenhaus und Krippenerzieherin. 1990 wurde sie Vermittlerin für medizinische Berufe. Den bundesdeutschen Teil ihres Lebens hat sie an der Schwachstelle der Gesellschaft verbracht: auf dem Arbeitsamt.

Zuerst entließ die Deutsche Seereederei 5000 Leute, dann bauten Warnowwerft und Neptunwerft ab. Auf dem Amt wurde Carola Weber von den Entlassenen belächelt, weil sie für 1100 DM so eine unattraktive Arbeit machte. Sie führte Gespräche in Gruppen, hatte viel Geld zur Verfügung, eine Kiste voller ABM und Umschulungen. Arbeitgeber stellten Leute ein, weil das gefördert wurde. Nahezu jeden Wunsch konnte Weber erfüllen. Ärzten, Physiotherapeuten verhalf sie zu Praxisgründungen, junge Mütter, die nicht Schicht arbeiten konnten, brachte sie als Sprechstundenhilfe unter. «Ich war euphorisch», sagt sie. Abends nahm sie Arbeit mit nach Hause.

In den Akten ihrer Kunden kann sie heute sehen, was damals geschah. Den Menschen wurde viel Bildung verpasst. Sie sind nicht dümmer geworden, aber sie konnten das, was sie wussten, eigentlich nicht gebrauchen. Mit ABM, in denen teilweise mehr Geld gezahlt wurde als an richtigen Arbeitsplätzen, tröstete man die Ostdeutschen über den ersten Schock hinweg. «Ansonsten wäre schnell sozialer Unfrieden entstanden», sagt Carola Weber. Nun hat sich der Unfrieden angestaut. Es ist weder laut noch ruppig im Jobcenter. Der Ton und die Bewegungen der Kunden haben sich der Lage, in der sie sich befinden, angepasst. Es bringt nichts, sich aufzuregen. Die Rostocker waren jung, als sie zum ersten Mal das Arbeitsamt betraten. Jetzt sind sie nicht mehr vermittelbar.

Zur Jahrtausendwende gab es schon deutlich weniger ABM. Carola Weber vergab sie an Jugendliche oder an Leute über 50. Sie gewöhnte sich ab, Arbeitslosigkeit einen Schicksalsschlag zu nennen. Sie sprach leise und langsam zu den Menschen in ihrem Büro, vielleicht um das, was geschah, selbst in Ruhe zu begreifen: Biographien liefen aus der Bahn. Lebensvorstellungen zählten nichts mehr.

Eines Morgens konnte sie nicht mehr mit der Bahn zur Arbeit

fahren. Mit Auto und Bus ging es auch nicht. Sie konnte nirgendwo mehr drinnen sein. Sie ertrug keinen geschlossenen Raum. Drei Monate blieb sie vom Arbeitsamt weg, besuchte eine Therapie. Weitere Monate vergingen, bis sie es endlich schaffte, die Gedanken an die Arbeitslosen am Abend im Büro zu lassen. «Du kannst nicht jedem helfen», sagte sie zu sich. Das war wohl wahr. Und eben das Traurige an der Sache.

Als Hartz IV kam, blieb sie nicht in der Agentur für Arbeit, sondern ging ins Hanse-Jobcenter. Dorthin, wo sich das Geld, das die Leute bekommen, Grundsicherung nennt. Sie nahm Anträge auf Arbeitslosengeld II an. Die Leute sollten ihren ganzen Besitz offen legen, sich nackig machen, ehe sie die Hand aufhielten. Das war nicht das Unangenehmste. Unangenehmer war, dass die Leute gar nichts besaßen.

Das Haus am Friedrich-Engels-Platz ist ein Ort der Zukunft. Es wird wachsen, weil es immer mehr Langzeitarbeitslose geben wird. Den Beschäftigungsträgern auf dem zweiten Arbeitsmarkt setzt Carola Weber immer mehr ihrer Kunden auf die Auswahlliste. Jene, die am längsten arbeitslos sind, haben die schlechtesten Karten. Sie preist sie jedes Mal wieder mit an. Wie ein Verkäufer angeschlagenes Gemüse.

Die 25- bis 45-Jährigen fragt sie, ob sie auch woanders in der Bundesrepublik arbeiten würden. Auf dem Schreibtisch liegen Angebote der Saisonbörse fürs Ausland: Dänemark, Frankreich, Großbritannien, Finnland, Österreich. Die niederländische Baubranche sucht Maurer, Zimmerer, Dachdecker, Stukkateure. Im Haus liegt ein Faltblatt herum, darauf steht: Arbeiten und leben in Schweden, haben Sie mal mit dem Gedanken gespielt? Menschen, die an solchen Faltblättern vorbeigehen, sind bald weg oder zu alt, um mit solcherart Gedanken zu spielen. Wer ins Innere des Hauses schaut, wird beobachten können, was aus Rostock wird. «Das Elend, das man hier erlebt, ist moralisches Elend», sagt Geschäftsführerin Ingrid Opitz. «Wir halten die Leute fit, aber wir verabschieden sie auch. Das hier ist der Ort, an dem es nicht mehr so richtig weitergeht.»

Anne Ulrich hat ihr Büro im vierten Stock über der Straße. Ein 35-jähriger Mann rückt mit dem Stuhl dicht an sie heran. Seine Stelle bei der Bundeswehr wurde gestrichen. Das war vor einem Jahr. Bei der Agentur für Arbeit hat man ihm jetzt gesagt, dass man nicht mehr für ihn zuständig ist. «Das überrascht mich», sagt der Mann. Er riecht nach Alkohol. Auf seinem Kontoauszug geht regelmäßig Geld ein. Es gehört ihm nicht. «Mein Bruder ist hoch verschuldet, das wird bei dem sonst alles gepfändet.» Ulrich schaut seinen Mietvertrag an. Die Wohnung hat fünf Quadratmeter zu viel. «Macht eine Differenz von 18 Euro, die müssen Sie selber zahlen, das ist nicht schön, aber Vorgabe», sagt sie. «Also nicht umziehen?», fragt er. «Ja, ja, das Fernsehen», erwidert Ulrich. «Mal ehrlich, wo sollen wir so billige Wohnungen hernehmen?»

Sie gehört zu den Frauen, die Ingrid Opitz für Hartz IV neu eingestellt hat. Sie hat Politikwissenschaften und Soziologie studiert. Beim Bewerbungsgespräch sollte sie sagen, was im Jobcenter für sie ein erfolgreicher Tag wäre. Sie antwortete: «Wenn der Kunde zufrieden ist, mich beim Gehen anlächelt und sagt: Bis zum nächsten Mal!» Seit August 2005 hat sie eine befristete Stelle. Morgens zieht sie Jeans und Pullover über, bürstet durch die kurzen, rot gefärbten Haare, steckt den Pony mit einer Spange zur Seite. Sie würde den Job gern länger als zweieinhalb Jahre machen. Wegen ihres politischen Hintergrundwissens hält Ingrid Opitz sie für sehr geeignet. Ulrich ist eine Frau mit Weitwinkelblick. Im Moment sieht es aber nicht so aus, als könnte das Jobcenter sie länger als vorgesehen bezahlen. Es geht ihr wie ihren Kunden. Zufrieden kann nur sein, wer grundsätzlich davon ausgeht, dass es keine Versprechen und kaum Chancen gibt.

Fünf Jahre und mehr sind die Leute arbeitslos, die Anne Ulrich betreut. Sie sind Tiefbauer, Diplomvolkswirt, Hochbaufachwerker, Zuckerbäcker, Straßenbauer, Verkäuferin, Wirtschaftsassistentin, Bürofachkraft, Kassierer an der Tankstelle, Sekretärin. Bekommt sie jemanden neu dazu, fragt sie, ob er Vermögen hat. Keins mehr, sagen die Leute. Sie glaubt es ihnen. Die Vorschrift verlangt, dass sie trotzdem die Kontoauszüge anschaut.

Alle drei Monate lädt sie die Kunden zum Gespräch. Jedes Mal will sie was anbieten. Sie sagt Trainingsmaßnahme, weil es ums Fithalten geht. Bewegung ist alles. Andere sagen nur Maßnahme. «Das hört sich nach Politik an», meint Ulrich, «nicht nach der Lösung eines Problems.» Einem Agrotechniker, der seit 2002 arbeitslos ist, hat sie kürzlich einen Ein-Euro-Job vermittelt. Er arbeitet gebrauchte Möbel für öffentliche Schulen auf. Als er zum Gespräch kommt, strahlt sie ihn an. «Na, wie ist der Job?» Er antwortet: «Scheiße.»

Die Leute, die das Jobcenter schickt, behandelt man in der Möbelwerkstatt wie das Letzte. «Wenn wir uns wehren, heißt es: Überlegt Euch, was ihr auf dem Amt sagt!» Der Mann hat eine Latzhose bekommen, Arbeitsschuhe musste er selber kaufen. Er sollte unterschreiben, dass er mit Arbeitsschutzkleidung ausgestattet worden ist. Das hat er verweigert. Am Ende des Monats haben sie ihm keinen Lohnzettel gegeben. «Den müssen Sie einfordern», sagt Anne Ulrich. Sie und der Agrotechniker sitzen da wie Mutter und Kind. «Täglich zweimal 26 Kilometer fahren wegen 4,18 Euro», sagt er. «Das ist doch nur, um was zu tun», erklärt Ulrich. «Es geht um die Sache.»

Die Ein-Euro-Jobber arbeiten mit Handschraubenziehern. Elektrische vertraut man ihnen nicht an. Die heruntergekommenen Tischplatten müssen sie mit abgenutzten Bögen Schleifpapier per Hand bearbeiten. «Wenn die Sache aber doch doof ist?», fragt der Mann. Sie weiß keine Antwort. «Was machen wir nun?»

Seit sie im August ihre Arbeit begann, hatte sie noch keine Stelle anzubieten. «Wie geht's?», fragt sie jeden, der ihr Büro betritt. Die Leute antworten alle dasselbe: «Was denken Sie denn, wie's mir geht?» Frauen fügen hinzu, dass man den Cent dreimal umdrehen muss. Dass sie gern mal wieder ausgehen würden. Die Männer brummeln: Meine Frau ist auch zu Hause, Sie wissen ja, wie das ist.

Manchmal bittet Ulrich jemanden, zum Zahnarzt zu gehen, weil ihn so, wie er aussieht, kein Arbeitgeber nimmt. Sie schaut sich Bewerbungsunterlagen an. «Von wann ist das Foto?», fragt sie einen Maschinenbaumeister. Er hat sich wie wild beworben. Er ist nach Duisburg gefahren, da saßen Kanadier und haben sich deutsche Maschinenbaumeister angesehen. Sollte er Post aus Kanada bekommen, wandert er aus. «Na ja, ich will den Job unbedingt haben», sagt er. Das Bild entstand ein paar Monate bevor Anne Ulrich ins Jobcenter kam. «Mit Hartz IV ist der Mann unheimlich gealtert», sagt sie.

Wenn sie durch Rostock geht und einkauft, sucht sie nach fair gehandelten Waren. Sie holt Biolebensmittel und den teuren Kaffee von den kolumbianischen Bauern. Es ist ihre Art, mit Weitwinkelblick zu leben. Mit der Erkenntnis, dass die Welt nur durch gute Taten besser wird. Wenn sie das Jobcenter betritt, lässt sie diese Erkenntnis vor der Tür. Gute Taten kann sich nicht jeder leisten. «Meine Kunden müssen zu Lidl gehen.»

Dafür rät sie ihnen, ehrenamtlich zu arbeiten. Die meisten verstehen das nicht. «Das ist kein Schnack!», sagt sie dann. «Warum denken alle, es würde immer nur ums Geld gehen? Die Menschen profilieren sich an der Arbeit.» Eine ihrer Kundinnen ist im Stadtteil engagiert, hat sich in ein Amt wählen lassen. «Die tritt hier bei mir ganz anders auf als andere.»

«Sie haben nur ein Leben», sagt Anne Ulrich zu einem jungen Mann, der keine Lust hat, sich immer wieder vergeblich zu bewerben, «und das soll es jetzt gewesen sein?» Sie kennt den Arbeitsmarkt besser als er. Sie weiß, dass sie hinter ihre rhetorische Frage auch ein Ausrufezeichen setzen kann. Sie will aber nicht. Sie sagt: «Ich hab ein Problem damit, wenn ein junger Mann in dieser Situation keinen unzufriedenen Eindruck macht.»

In den Vormittagsstunden dieses Januartages 2006 läuft Ingrid Opitz mit dem NDR durchs Haus. Die Radioleute wollen Arbeitslose vors Mikrofon haben. Sie sprechen diejenigen an, die im Eingangsfoyer in der Schlange an der Anmeldung stehen. Drei erklären sich bereit. Ingrid Opitz steht abseits, während die Leute interviewt werden. Der Vorführeffekt. Sie ist ein bisschen aufgeregt.

«Alle drei haben offen geredet, aber nicht verzweifelt», erzählt sie hinterher. Mit Stolz. Keine Verzweiflung zu verbreiten, ist das Beste, was die Interviews leisten konnten. Ingrid Opitz macht Mittagspause im Bistro gleich gegenüber von ihrem Büro. An den anderen Tischen sitzen Jobcenter-Kunden, vor oder nach einem Termin. Opitz zupft das Namensschild von ihrer Jacke. Es weist sie als Geschäftsführerin aus.

Das Geschäft im Hanse-Jobcenter erinnert an einen großen Topf mit Suppe. Man rührt und rührt. Die Brühe soll sich nicht absetzen, die Zutaten sollen schmackhaft bleiben. Aber ob je noch einer was von der Suppe haben will, wer kann das sagen? Ingrid Opitz lächelt. «Ja, ein bisschen ist das so.»

# Bohren in einer anderen Welt

Kirsten Falk (38), Berlin, Zahnärztin

Einmal wollte jemand dringend die Frau Doktor sprechen. Sie kam durch den vollen Warteraum, nahm den Telefonhörer ans Ohr, stützte sich auf den Stapel Patientenkarten. Der Mann stellte sich vor. Er war aus dem Team von Johannes B. Kerner. Er sprach, als hätte sie das große Los gezogen. «Kerner, Kerner ... Ist das so eine bunte Mittagsshow?», fragte Kirsten Falk. «Dann komme ich nicht.» Der Mann muss nach Worten gesucht haben, die der Frau, die scheinbar völlig woanders unterwegs war, unsere Talkshowwelt erklärten. Er fand keine. Er sagte: «Kerner, das ist doch der Biolek des ZDF.»

Sie fuhr dann nach Hamburg in die Sendung. Sie hatte Lampenfieber, obwohl fast alle Leute ihr eigentlich immer dieselben Fragen stellen: Warum machen Sie das? Was sind die Obdachlosen für Menschen? Was für Krankheiten haben die? Ekeln Sie sich nicht vor denen? Ekel, das ist auch irgendwie kein passendes Wort.

Kirsten Falk soll von Schicksalen berichten. Niemand will trockene Zahlen. Die Berliner Ämter zählen neun- bis zehntausend Menschen ohne Wohnadresse. Bei der MUT Gesellschaft für Gesundheit, einem gemeinnützigen Unternehmen der Berliner Ärztekammer, das in der Stadt zwei Arztpraxen für diese Menschen betreibt, meint man, dass es mehr Obdachlose gibt. Hinter den trockenen Zahlen verbirgt sich modriges Gelände. Berlin, Deutschland müsste Obdachlosigkeit verhindern, anstatt sie zu registrieren. Anstatt bestenfalls an ihr herumzudoktern.

Im Flur vor den Arztpraxen gegenüber dem Berliner Ostbahnhof hat jemand ein Adventsgesteck aufgestellt. Bald ist Weihnachten. Man zündet Lichter an, überall dort, wo es Sinn hat, weil der Wind die Lichter nicht gleich wieder ausweht. Viele Obdachlose, die das Haus am Stralauer Platz betreten, kommen gar nicht bis in den weihnachtlichen Flur. Sie biegen am Eingang nach links zur Küche ab, um Essen zu holen. Sie frieren, haben Hunger, wollen sich waschen. Sie sind gewiss nicht ohne Beschwerden. Aber um eine Krankheit zu spüren, müsste ihr Leben sich insgesamt gesünder anfühlen.

Manchmal kommen der Doktor und eine Schwester zur Küche und reden auf die Obdachlosen ein. Die schlurfen dann grummelnd mit nach hinten zur Arztpraxis, lassen sich überreden, wenigstens mal den Blutdruck zu messen. Der Doktor findet noch mehr, was nicht in Ordnung ist. Er schickt sie nach nebenan zur Zahnärztin. In jedem Mund, in den sie nun schaut, gibt es für Kirsten Falk eine Menge zu tun. Sie kann nur helfen, wenn die Patienten, aus deren Leben sich Datum und Uhrzeit verflüchtigt haben, nach dem ersten Mal wiederkommen. Wenn sie dann nicht allzu sehr wanken vom Alkohol. Wenn ihr Kreislauf bei der Anästhesie nicht zusammenbricht. Die Zahnärztin ist kleiner als die meisten Obdachlosen, überwiegend Männer, die sie per Knopfdruck auf dem Behandlungsstuhl in die Waagerechte befördert. Sie berlinert wie das Mädchen von nebenan, wirft mit burschikosen Floskeln, rafft ihre Haare zu einem schaukelnden Zöpfchen. Sie holt den Doktor zu Hilfe, weil ein Riese mit Vollbart und Ohrring unter ihren Fingern abzuklappen droht. «Was ist denn los?», fragt der Doktor. «Haben Sie Angst?»

Frau Doktor Falk ist das ganze Gegenteil des rauen Daseins unter freiem Himmel. Sie ist ein heilsamer Moment. Sie ist demjenigen unheimlich, der heilsame Momente im Grunde nicht kennt. «Nur vor solchen Frauen mit solchen Spritzen», antwortet der vollbärtige Mann.

Jeden Dienstagvormittag versucht sie in der Praxis am Ostbahnhof, Zähne mit der Zange zu greifen, die nicht mehr wie Zähne aussehen. Sie bohrt gegen starke Schmerzen an. Sie telefoniert nach Zahntechnikern und Kieferchirurgen, die kostenlos weiterhelfen. Verteilt Zahnbürsten und Creme. Arbeitet mit gespendeten Medikamenten und Materialien. Der Zahnersatz ist ein ganz einfacher, doch er lässt seinen Besitzer wie jemand aussehen, der ein normales Leben führt. Wann immer sie eine Packung Antibiotika rausgibt, setzt sie einen strengen Blick auf. Die Tabletten müssen regelmäßig eingenommen werden. In der Welt, der ihre Patienten nicht angehören, ist das Zeug teuer.

In dieser Welt gibt es die Praxisgebühr. Wer beim Arzt vorbeischaut, muss seit Januar 2004 zehn Euro hinlegen. In den zwei Berliner Zahnarztpraxen der MUT machten deshalb zunächst selbst die Schmerzpatienten wieder kehrt. In dieser Welt gibt es Hartz IV. Laut Zeitungsberichten sollen eine halbe Million Deutsche, seit das Gesetz Anfang 2005 in Kraft trat, ihre Krankenversicherung verloren haben. In dieser Welt gibt es immer mehr Menschen, die sich etwas nicht leisten können. Unmerklich verschwindet, was bislang mehr als selbstverständlich war.

Hin und wieder sitzt am Eingang des Hauses am Ostbahnhof eine Schwester und beobachtet die Hereinkommenden. Wer versichert ist und nur die zehn Euro sparen will, gehört eigentlich nicht hierher. Für Kinder und Asylbewerber gibt es andere Anlaufstellen. Eigentlich dürfte die Schwester gar niemanden einlassen, der nicht auf der Straße lebt. Aber sie sitzt seit über zehn Jahren hier, hat ein Näschen dafür, wer Hilfe braucht, kennt Namen und Geschichten. Sie schaut der Not ins Gesicht. Spricht mit ihr.

Einst hat sie ihre Pappenheimer schon von weitem gerochen. Sie schwatzten drauflos, anstatt zwischen zwei Satzzeichen zu sagen, wo sie Schmerzen haben. Sie drucksten herum, wenn sie ihre Namen nennen sollten. Die Schwester ahnte, dass vielleicht die Polizei nach ihnen suchte, weil sie geklaut hatten. Dass sie sich schämten. Viele von ihnen waren nicht einmal beim Sozialamt registriert. Den Weg dorthin zu gehen, einen Termin einzuhalten, Formulare auszufüllen, das war nichts für jemanden, der mit der Hand in eine Richtung fuchtelte, wenn man von ihm wissen wollte, woher er kam. Der unter hektischen Bewegungen seine Schritte nur ungefähr dorthin lenkte, wo er gerade eben noch hinwollte.

Vor allem in den letzten zwei Jahren kommen mehr und mehr andere Menschen am Ostbahnhof zur Tür herein. Sie sagen Sätze wie: «Ich hab meine Zähne total vernachlässigt. Hier ist ein Loch und da, das werden Sie ja selber sehen.» Die Schwester lässt sie durch, wenn sie starke Schmerzen haben. Ihr Posten am Eingang nennt sich: Sozialberaterin. Sie weiß: Solche Schmerzen fangen jeden ein, der andere Sorgen hat als die eigene Gesundheit.

Sie winkt Selbständige durch, die ein paar Monate keine Aufträge hatten, kein Geld verdient haben und schwupp aus der Krankenversicherung geflogen sind. Ein Mann hat vor Monaten in der Zeitung gelesen, dass es hier eine Zahnarztpraxis gibt. Er ist aus dem Westen der Stadt mehrere Stunden hierher gelaufen. Als gehörte er noch zur Gemeinschaft der Fahrgäste des öffentlichen Nahverkehrs, trägt er die Zeitung von heute unterm Arm. Ein anderer Mann hat die Ärztin im Fernsehen gesehen. Die Schwester lässt beide zu ihr ins Behandlungszimmer. «Wer mich wirklich übers Ohr hauen will, der kennt seine Rechte», sagt sie. «Und wer seine Rechte kennt, kann sich irgendwie festhalten. Der sinkt nicht so tief.»

Sie ist 1994 über eine Arbeitsamtmaßnahme bei der MUT gelandet. Sie war Krankenschwester, dann arbeitslos. Sie kam aus der DDR, das Milieu am Ostbahnhof war ihr fremd. Weil die Leute hier so schmutzig waren, ekelte sie sich manchmal. Wenn sie jemanden berührte, wusch sie danach sofort die Hände mit Wasser und Seife. Auf dem Heimweg begrüßten die Obdachlosen sie auf der Straße mit Handschlag. Das war ihr peinlich. Obwohl sie weiße Arbeitskleidung trug, warf sie ihre Anziehsachen zu Hause in die Waschmaschine und duschte. «Ich brauchte ein halbes Jahr», sagt sie, «bis ich die Leute nicht mehr über ihr Äußeres wahrgenommen habe. Nach einem halben Jahr kannte ich ihre Lebensgeschichten. Das machte Menschen aus ihnen, wie ich einer war.»

Als die Zahnärztin Kirsten Falk Ende der 90er Jahre damit begann, einmal in der Woche Obdachlose zu behandeln, hat sie sich gefragt, wie ihr Patient, ein Kapitän der Handelsmarine, unter die Brücke geraten war. Was den pfiffigen Sportlehrer aus der Bahn geworfen hatte, den Psychologen. Die Antwort zu kennen, machte die Sache nicht besser. «Ehe kaputt, Suff, Schulden, Mahnbescheide, Räumungsklage, raus aus dem Geschehen», sagt sie. «Es ist immer dasselbe.» Wenn in ihrer eigenen Praxis in Lichtenberg ein Patient Alkohol getrunken hat, schickt sie ihn weg. Die Männer am Ostbahnhof wagen nicht, die Flasche noch einmal anzusetzen, kurz bevor sie ins Behandlungszimmer gehen. Kirsten Falk hofft lediglich, dass zwischen dem letzten Schluck und dem nächsten nicht so viel Zeit vergeht, dass die Männer zu zittern beginnen. Sie ist Zahnärztin, nicht weniger, aber auch nicht mehr. Sie hat weder das Recht noch Lust, den Leuten zu nahe zu treten. «Sie sind fertige Menschen. Ich kann ihnen kein neues Verhalten einreden», sagt sie. «Ich bin nicht hier, um die Leute zu missionieren.»

Ihr Ehemann ist Rechtsanwalt. Wenn sie am Abendbrottisch sitzen und über den Tag reden, der hinter ihnen liegt, reden sie über Dinge, die in einer gewissen Ordnung sind. Kirsten Falk weiß von ihrem Mann, dass es in der Bundesrepublik nicht so leicht ist, jemanden aus der Wohnung zu schmeißen. Nicht nur am Ostbahnhof, auch in ihrer eigenen Zahnarztpraxis wissen die Menschen nicht viel über Gesetze und Regeln. Auch nicht über solche, die sie schützen. Briefe von Anwälten jagen ihnen einen unheimlichen Schrecken ein, auch wenn die Anwälte auf ihrer Seite stehen.

Auf dem Flur vor den Arztpraxen am Ostbahnhof geht es darum, dass jeder, der duscht, das Bad rasch für den Nächsten frei macht. Darum, dass die Hunde nicht in die Küche laufen. Es geht um das Zeug in den Kisten, das die Firma Globetrotter zu Weihnachten gespendet hat. Manch einem sind die gefütterten Schuhe und gesteppten Jacken im Frost von Nutzen. Manch einer verscherbelt sie. Es herrscht ein weithin vernehmlicher Ton. Es geht um das tägliche Dasein, nicht um das, was nicht sein kann. Und schon gar nicht um Hartz IV. Politik ist so weit entfernt wie der warme Sommer. Scheinbar. In Wahrheit ist Politik an allem hier schuld.

In aller Regelmäßigkeit meldet die MUT dem Bezirk Friedrichshain-Kreuzberg, wie viele Menschen in Not am Ostbahnhof über den Flur und in die Küche gekommen sind. Von 200 auf den Ämtern gemeldeten Obdachlosen, sagt man bei der MUT, waren 400 schon hier.


Als Kirsten Falk mit dem Studium in Leipzig fertig war und zurück in ihre Heimatstadt Berlin kam, waren in einem Wohngebiet in Lichtenberg Praxisräume und eine Zulassung frei. Sie nahm einen Kredit auf und ließ sich 1995 im ersten Stock des klobigen Gebäudes nieder, in dem sich mal ein Schuhmacher, die Wäscherei, der Friseur, ein Kosmetiker, die Apotheke und die Post befunden hatten. Die ehemaligen DDR-Bürger nannten das Haus immer noch Mehrzweckwürfel. Hier hatte einst das Herz des Plattenbaugebietes geschlagen. Jetzt stand Gewerbefläche leer. Ein Möbelgeschäft überlebte nicht. Ein zweites auch nicht. Ein Ramschladen kam und ging. Im Freien standen Markttische mit Klobürsten, Schrauben, Kosmetik und Klamotten. Verkäufer lungerten in der Frittieröl wolke eines Imbisswagens. Kirsten Falks Freundin schnitt aus Buntpapier kunstfertig einen großen Zahn. Die Ärztin klebte ihn ins Fenster und wartete.

Es kamen ganze Familien zur Behandlung, Russlanddeutsche,

die in der Gegend wohnen, Studenten, Handwerker, Hausfrauen, Ärzte. Es kamen die älteren Bewohner der flacheren Plattenbauten ringsum und erzählten von früher. Welche wichtigen Aufgaben sie im Betrieb gehabt hatten, welche gesellschaftliche Funktion. Mittlerweile sind sie Rentner, es geht ihnen gut. Sie kommen gern auch gleich in Hausschuhen rüber. Im Supermarkt nebenan, zu dem alle Kaufhalle sagen, nimmt der eine oder andere Patient schon mal das Gebiss raus und zeigt der Zahnärztin eine dünne Stelle. «Das kann ich hier nicht reparieren», sagt sie, «da müssen Sie schon mit rüberkommen.»

Sind die Leute bei ihr raus, gehen sie noch ins *Marco Polo*. Das Restaurant befindet sich direkt unter der Praxis. Es ist das einzige weit und breit. Die Kellner tun so, als sprächen sie Italienisch, werfen mit Halbsätzen und erwecken gern den Anschein, als verstünden sie gar kein Deutsch. Auf der Rechnung steht: Es bediente sie Angelo. Kirsten Falk behandelt das ganze Restaurant. Von jedem, der hier arbeitet, hat sie eine Karteikarte. Der Chef ist Bosnier, die Kellner kommen aus Mazedonien.

In einige Hochhäuser des Viertels zogen überwiegend Sozialhilfeempfänger ein. Das Amt überwies ihre Miete an die Wohnungsgesellschaft, sie bekamen Geld für Möbel, Reparaturen, Garderobe und andere unerschwingliche Notwendigkeiten. Die Krankenkasse zahlt 100 Prozent für billigsten Zahnersatz. Die Patienten aus den Hochhäusern geben sich der Ärztin hin. Sie achten sie. Nie hat einer mit einer Klage oder dem Gutachter gedroht, so wie das in anderen Zahnarztpraxen öfter geschieht. Vielleicht wissen Kirsten Falks Patienten gar nicht, dass das unter Umständen möglich wäre. Vielleicht sehen sie aber auch keinen Anlass, sich selbst so wichtig zu nehmen. Wenn sie sich einen Wunsch erfüllen könnten, wären diese Menschen vielleicht gar nicht mehr hier, sondern weit weg. Ihre Kinder, die sie mit ins Wartezimmer bringen, heißen Kevin, Steven, Tracy oder Angelina.

Ins Hochhaus gleich nebenan hat der Stadtbezirk Lichtenberg Ausländer gesteckt. Serben und Kosovoalbaner wohnen auf einem Flur. Der Zoff, den das gibt, ist in Kirsten Falks Wartezimmer, wo die ungleichen Nachbarn Stuhl an Stuhl sitzen, mitzuerleben. Ihre Kartei enthält etwa 2000 Patienten. Mitunter behandelt sie 35 am Tag. Das sind viele. Sie spürt jeden Einzelnen in den Knochen. Die Hälfte sind 100-Prozent-Fälle. Viele Behandlungen bringen nicht unbedingt viel Geld. Sie hat eine kleine Tochter. Es gibt einige Kollegen in Berlin, die meinen, Kirsten Falk sei wohl nicht ausgelastet. Sie meinen das nicht nett, diese Kollegen. An der Frau ist etwas nicht geheuer. Kaum kam ihre Praxis ins Rollen, rief sie bei der MUT an. Das war 1997. Sie sagte: «Ich will mich engagieren.»

«Die Obdachlosen können zu mir kommen», sagte sie. So einfach war Engagieren nicht. Es kam kein Einziger. Kirsten Falk nahm ihr Handwerkszeug, besuchte Wärmestuben und Suppenküchen, zog Zähne, spaltete Abszesse.

Dann trieb die MUT Räume in der Nähe des Bahnhofs Lichtenberg auf. Gewöhnlich kostet eine Zahnarztpraxis etwa 180 000 Euro. Die Leute von der MUT sammelten Spenden, wechselten selber die Balken aus, mauerten. Es mussten Baunormen eingehalten, Zahlen beachtet, Gutachten erstellt werden. Es gab die Bauverordnung, eine Gesundheitsordnung. Jemand spendete einen Zahnarztstuhl, ein 20 Jahre altes italienisches Modell ohne Bohransätze und ohne Licht. Bevor er in die erste Etage gehievt wurde, hob der Statikprüfer den Zeigefinger. Ein neuer Fußboden musste her. Für den neuen Fußboden musste die Schwellung erneuert werden. Wieder lagen die Leute von der MUT im Dreck, verputzten, räumten. Draußen standen schon die Obdachlosen und wollten wissen, wann es losgeht. Möbel kamen. Ärztinnen, Schwestern, alles keine Kraftbolzen, begannen einzuräumen. Könnte jemand helfen?, haben sie die zukünftigen Patienten, die neugierig auf dem Gehweg vorm Haus standen, gefragt. Es fassten nicht viele mit an.

Im Juni 1999 wurde eröffnet. Kirsten Falk kam aus ihrer eigenen Praxis herüber, brachte Zemente, Handschuhe, Bohransätze mit – und ihre Auszubildende. Sie hat bei den Behandlungen die Taschenlampe gehalten.

Den Präsidenten der Zahnärztekammer interessierte sehr, was die Frauen in den Räumen am Bahnhof Lichtenberg taten. Er lief ins Abgeordnetenhaus, zum Senat, zu Parteien und bat um Unterstützung. Kirsten Falk durfte Spendenwünsche in der Fachzeitschrift veröffentlichen. Nun gab es Handschuhe, aber oft waren sie viel zu groß für ihre Hände. Desinfektionsmittel, Röntgenchemie, Pillen und Spritzen trafen nicht selten genau einen Tag später ein, als die Zahnärztin sie benötigt hätte. Eines Tages kam das Fernsehen. Es war auf der Suche nach Menschen, die Gutes tun. Nach der Sendung spendeten Zuschauer endlich Geld.

Geldspenden sind bis heute das Problem. Es gab nie ausreichend. Aber es gab mal mehr. Seit zwei, drei Jahren lassen sie stark nach. Geld ist das, was unter den Menschen in diesem Land immer ungleicher verteilt wird. Geld ist das, was die Deutschen zunehmend misstrauisch macht.

Irgendwann bezahlte die Stadt Berlin der MUT eine Helferin, dann auch eine Zahnärztin. Kirsten Falk arbeitet bis heute umsonst. Viele ihrer Kollegen wollten auch mal mit ran, meldeten sich aber nie wieder. «Die Arbeit hat keinen besonderen Spaßfaktor», sagt sie. «Auch arme Leute fallen nicht auf die Knie, um sich zu bedanken.»

Nach der Arbeit und an Wochenenden bettelt Kirsten Falk zusammen mit den Leuten von der MUT um Spenden. Sie gehen zum *Lions Club*, zum *Rotary Club*, zu *Berlin American Ladies*, zu Banken, Weihnachtsfeiern, Frühlingsfesten, Sommerfesten, in Kirchen, Autohäuser. «Hundehochzeiten» nennt Falk die ganzen

Prestigeveranstaltungen, mit denen sie eigentlich nichts am Hut hat. «Wenn das Baby nicht schreit, bekommt es keine Milch», sagt sie. «Nach diesem Prinzip funktioniert die Gesellschaft.»

Manchmal kommt die Zahnarzthelferin mit. Sie beschwatzen die Teilnehmer der «Berlin Dentale», bitten um Ausstellungsware oder um beschädigtes Material, das möglicherweise im Müll landen würde, weil die Firmen es nicht mehr verkaufen wollen. Oft gewinnen sie Wohltäter, weil sie Spendenquittungen ausstellen. Weil sie dafür sorgen, dass sich die gute Tat rumspricht. Einmal im Jahr hält Falk einen Vortrag auf der Konferenz «Armut und Gesundheit». Sie spricht auf Neujahrsempfängen der Parteien, trifft sich mit der Bürgermeisterin von Lichtenberg.

Vor den Wahlen in Berlin im Jahr 2000 schlugen plötzlich die Politiker in der Praxis am Ostbahnhof auf. CDU-Kandidat Frank Steffel, der Teppichhändler ist, brachte teuren Fußbodenbelag für die Zahnarztpraxis. Gregor Gysi von der PDS kam unaufgefordert vorbei, zog danach auf eine Talkshow weiter und spendete sein Honorar. Viele Politiker fragten schon an der Tür, wo denn die Presse sei.

2002 hat Kirsten Falk die Bundesverdienstmedaille bekommen. Sie ist zu Johannes Rau in die Villa Hammerschmidt nach Bonn gereist. Ihr Mann wurde ein paar Reihen weiter hinten im Saal platziert. Sie saß vorn mit Leuten, die das Elbehochwasser bekämpft hatten. Neben ihr nahm eine Sterbebegleiterin Platz. Es gab Kaffee und Kuchen, Gospel und ein Buffet im Bonner Rathaus. Die Medaille ist das Bundesverdienstkreuz für Helden unter 40. Kirsten Falk bekam noch eine Schleife dazu und eine Gebrauchsanweisung. Sie soll die Schleife links am Kostüm, eine Handbreit unter der Schulter tragen.

Um eine Gebrauchsanweisung für eine Zahnarztpraxis für Obdachlose hat noch niemand gebeten. Nach Kenntnis der MUT gibt es so etwas wie ihre beiden Berliner Arztpraxen kein zweites Mal. Weder in Deutschland noch in Europa.

Auf dem Parkplatz am Ostbahnhof quatschen die Obdachlosen Kirsten Falk an: «Haste mal nen Euro?» Sie antwortet: «Wenn Sie Hunger haben, dann kommen Sie mit in unsere Küche.» Die Obdachlosen maulen: «Immer Kohlsuppe. Schmeckt nicht.»

Außer dem warmen Essen können sie bei der MUT auch Kleidung und Schuhe aus dem großen Regal mit den Spenden bekommen. Früher wurden die Spenden von ABM-Kräften verteilt. Die Leute waren ein Jahr hier angestellt, manchmal länger, sie haben sich mit der Arbeit angefreundet und sind schließlich in ihr aufgegangen. Heute kommen Ein-Euro-Jobber. Für ein paar Wochen. Viele werden so schnell nicht warm, werden krank, fehlen. Andere sind hoch motiviert, würden gern bleiben. Aber das Jobcenter hat seine Vorschriften und lässt sie nicht. Und es ist ja auch absurd. «Da stehen Religionswissenschaftler und Philosophen und teilen alte Jacken aus», sagt Kirsten Falk. «Was ist das für ein Land, das fähige Leute dort, wo sie wirklich etwas schaffen können, nicht gebrauchen kann?»

Bei ihr auf dem Stuhl wartet schon ein Mann. «Ick hab Angst, wenn ick wat essen tu, det die rausfallen. Ick ess ja so jerne Broiler», sagt er. «Die letzten, die ick hatte, die warn so schön fest. Kann se die festmachen?» – «Macht se, ja», antwortet Kirsten Falk.

«Als ick jestern Broiler jejessn hab, wissen Se, Hühnerkeulen, da hatter zu mir jesagt: Lutze, pass uff, det de deine Zähne nicht verliern tust!» Sie holt das Gebiss raus, desinfiziert, bastelt dran herum. «Faszinierend, Frau Doktor, fest!» Während der Mann noch redet, ist er schon aus dem Zimmer. «Ich finde Sie faszinierend!», sagt er in der Tür. «Wenn ick danke! sage, reicht dit nich, oder?» Kirsten Falk zieht den Mundschutz unters Kinn. Wenn sie sich von einem Patienten am Ostbahnhof verabschiedet, sagt sie stets dasselbe: «Immer gern.»

«Es ist ein erhebendes Gefühl, einen Zahnersatz gemacht zu haben, der einen Mund, ein Gesicht optisch verbessert», sagt sie.

Vor der Arbeit setzt sie die Schutzbrille auf, zieht Mundschutz und Handschuhe über und errichtet damit so etwas wie eine Grenze zwischen sich und dem Patienten. «Hier bin ich und da ist er.» Wer eine Grenze achtet, hat das Zeug, sie zu überwinden.

«Es ist auch befriedigend, einem ungepflegten Menschen den ganzen Schrott aus dem Mund zu holen und ihm etwas einzubauen, das ihn zivilisierter aussehen lässt.» Für ein neues Gebiss braucht sie einige Behandlungen. Manche Patienten am Ostbahnhof müssen mehrmals wiederkommen. «Bitte, bitte, bitte!», sagt sie, wenn sie Termine vergibt.

In ihrer eigenen Praxis im Wohngebiet in Lichtenberg ist neulich ein junger Mann zu seinem Termin um elf nicht erschienen. Halb zwölf hat er angerufen und gemeldet, dass er mit seinem Wagen im Stau steht. Er könne später kommen, hat die Schwester gesagt, es sei aber gerammelt voll und er müsse warten. Es war wieder so ein Tag, an dem Kirsten Falk jeden einzelnen Patienten in den Knochen spürte. Am Feierabend würde sie aufs Fahrrad steigen und noch schnell eine gemeinsame Stunde mit ihrer kleinen Tochter haben. Dann würde sie wieder losziehen und um Hilfe für die Obdachlosen betteln. Der junge Mann am Telefon antwortete der Schwester: «Vielleicht motiviert es die Frau Doktor ja, wenn ich Ihnen sage, dass ich Privatpatient bin.»

# Welcome to Aschersleben, please enjoy!

Elke Reinke (47), Aschersleben, Ingenieurin, 13 Jahre arbeitslos, jetzt Abgeordnete des Deutschen Bundestages

Sie hängt den Mantel nicht erst auf. Sie legt ihn über den Stuhl und setzt sich an den Schreibtisch vor den Stapel mit den Akten. An der Fensterscheibe ihres Abgeordnetenbüros hängt noch der Nachtfrost. In den Innenhof des Jakob-Kaiser-Hauses sackt das diffuse Licht eines Berliner Februartages.

Die Akten begrüßen sie nicht. Sie wünschen auch keinen guten Morgen. Sie seufzen nicht, weil wieder ein Tag beginnt, an dem Probleme ungelöst bleiben. In dem Stapel steckt reales Leben, aber er hat kein Herz und keine Seele.

Die Akten rufen auch nicht: «Ganz tolle Sache, Elke!» So wie es die Leute in Aschersleben tun, wenn sie ihr auf der Straße entgegenkommen. Sie nickt diesen Leuten zu. Manchmal sagt sie auch etwas. Jeder Satz, den sie anfängt, tritt dem davor in die Hacken. So geht das weiter, als hätten alle ihre Sätze nur ein Ziel: sich schnell wieder vom Acker zu machen. Elke Reinke gerät ungern in den Mittelpunkt der Aufmerksamkeit. Stur macht ihr Blick an der Innenseite ihrer Brillengläser Halt.

In die Akten auf dem Schreibtisch hingegen taucht sie tief ein. Sie berichten von Lärm in der Umgebung von Flughäfen. Es geht um Dynamik am Ausbildungsmarkt und Kinderbetreuungskosten. Es geht um Gleichberechtigung eingetragener Lebenspartnerschaften, um kommunale Brückenbauwerke und darum, ob die Deutschen zur Schlichtung des Karikaturenstreits beitragen können. Sie versteht von all diesen Dingen jeden Tag ein bisschen mehr, aber längst noch nicht so viel, dass sie gern mitreden würde. «Lasst mich erst mal eine Weile nur zuhören», hat sie im Herbst 2005 zu den Genossen in der Linkspartei gesagt. Dabei war sie nicht der einzige Neuling im Deutschen Bundestag. Bis vor kurzem hatte es ihre ganze Fraktion nicht gegeben. Möglicherweise fühlte sich Berlin aber nur für Elke Reinke völlig anders an als das Leben vorher.

Sie war 13 Jahre lang arbeitslos. An dem sonnigen Spätsommermorgen nach der Bundestagswahl 2005, als es ganz so aussah, als würde sie bald Abgeordnete im Reichstag am Berliner Spreeufer sein, ist sie mit dem Weckerklingeln aufgestanden und zu ihrem Ein-Euro-Job als Aufpasserin in die Aschersleber Stephani-Kirche gegangen. Dort hat sie sich wie jeden Tag auf einen Stuhl gesetzt und auf Besucher gewartet. Tauchten welche auf, dann meist auf dieselbe Weise: Sie drückten die Klinke an der großen, hölzernen Haupttür im Turm, die verschlossen war. Dann gingen sie rechts um die Kirche herum. Elke Reinke konnte hören, wie nacheinander die Klinken aller Türen gedrückt wurden. Sie hätte rauslaufen und den Besuchern zurufen können, dass sie über den Kirchhof kommen sollen. Aber sie blieb sitzen. Das Leben spielt sich auf Umwegen ab. Gegen Abend klingelte das Telefon in ihrer Tasche. Jemand sprach von Stimmenanteilen und Prozenten. Die Zahlen hatten tatsächlich was mit ihr zu tun – mit Elke Reinke, die bislang nur in den Statistiken der Nürnberger Bundesanstalt für Arbeit aufgetaucht war. Sie sträubte sich. «Nein, ich weiß von nichts», sagte sie ins Telefon, «in der Kirche gibt's nämlich kein Internet.»

Drei Wochen später, als sie es schwarz auf weiß hatte und sich in die Hauptstadt aufmachte, lungerten auf dem Bahnhof von Aschersleben das ZDF, der MDR und RTL sowie die *Bild*-Zeitung. Man wollte nur beobachten, wie sie in den Zug steige, sagten die Journalisten. Reinke hatte existenziell schwierige Lebenssituationen gemeistert und traute sich zu, mit drei Kameras und einem Knipser klar zu kommen. Sie sagte: «Keine privaten Bilder, keine Fotos vom Abschied!» Als sich der Regionalexpress in Bewegung setzte, befanden sich auch die Kameras nicht mehr auf dem Bahnsteig, sondern mit ihr im Zug. Und am darauf folgenden Tag zeigte die *Bild*-Zeitung, wie sich die Aschersleber Abgeordnete zum Abschied geküsst hatte.

Bei der nächsten Gelegenheit rannte sie schnurstracks auf den Fotografen zu. Man sah sie mit dem Mann im Reichstag vorm Sitzungssaal der Linkspartei stehen. Sie zurrte ihn mit einem bösen Blick fest, während seine Kollegen von der Presse munter ihrer Arbeit nachgingen. Er sei unschuldig, erklärte der Fotograf, er habe bei seiner Zeitung nicht das Sagen. «Das war aber so nicht abgemacht!», erwiderte Elke Reinke. Als würde es zwischen ihnen so etwas wie eine gemeinsame Sache geben. Als befände sie sich immer noch im realen Leben.

Es ist gleich neun Uhr. Elke Reinke springt auf. Die Bundestagssitzung beginnt. Sie packt den Stapel Papier, stürzt aus dem Büro auf die Wilhelmstraße und rennt an der Parlamentsbuchhandlung vorbei. Bei «Butter Lindner» biegt sie scharf um die Ecke, jagt durchs Regierungsviertel. Hinter den Akten, die sie an die Brust drückt, pocht ihr Herz. Niemand kontrolliert, ob sie pünktlich ist. Aber im Land sind Menschen, die sich auf sie verlassen («Ganz tolle Sache, Elke!»). Sie rennt und denkt daran, wie viele Stühle im Parlament gestern leer blieben. Fraktionsspitzen waren in den Wahlkampf verschwunden und Hinterbänkler von gemeinen Erkältungen dahingerafft worden. Reinke stürmt am Pförtner vorbei ins Reichstagsgebäude. Der Gedanke an das leere Parlament tut ihr in der Seele weh.

Außer Atem betritt sie den Saal. Er ist noch leerer als gestern. Sie platziert sich so, dass es aussieht, als würden sich die Reihen der Linkspartei füllen. Eigentlich mag sie nicht so weit vorne sitzen.

Doch für ihre Partei sieht das im Moment einfach besser aus. In ein paar Minuten, mit Tagesordnungspunkt Nummer zwei, wird es um Ausbildungsplätze für Jugendliche gehen. Der Deutsche Bundestag ist zu kaum einem Drittel besetzt. Die Zuschauerränge füllen sich mit Schulklassen.

Elke Reinke ist Elektroingenieurin. Mit Mitte 20 hat sie als Technologin in den Chemischen Werken Buna bei Halle gearbeitet. Das war Anfang der 80er Jahre. Sie brachte eine Tochter zur Welt und blieb, wie es üblich war, ein halbes Jahr mit ihr zu Hause. Sie lebte in einem Neubaugebiet in Halle. Mit dem Fahrrad brauchte sie eine halbe Stunde bis ins Werk, in der kalten Jahreszeit nahm sie den Zug. Um sieben begann die Arbeit, die Kinderkrippen jedoch öffneten erst um sechs. Also durften alle Mütter bei Buna eine Viertelstunde später erscheinen. Der so genannte «Muttizug» fuhr außerhalb des Fahrplans. Drin saßen außer den jungen Frauen ein paar Jugendliche, die verschlafen hatten.

Auch ihr Mann arbeitete bei Buna. Er war in der Forschung. Immer wenn ein Anruf kam, weil die Tochter krank geworden war, haben die Chefs im Werk die Arbeit so organisiert, dass der Vater nach Hause fuhr und nicht die Mutter. Elke Reinke war in der Arbeitsvorbereitung tätig. Sie wurde dringend gebraucht. Sie ließ ihren Mann mit Hustensaft und Fieberzäpfchen zu Hause zurück, weil die Chemieindustrie der DDR nicht auf sie verzichten konnte. Das Gefühl, sich am Abend erschöpft fallen zu lassen und zu hören, dass das Mädchen auf dem Weg der Besserung ist, hat sie konserviert. Ihre Augen strahlen durch die Brillengläser hindurch, wenn sie die Gefühlskonserve öffnet. «Es war einfach toll», sagt sie.

1986 wurde sie Gruppenleiterin Materialwirtschaft in der Werkzeugmaschinenfabrik Aschersleben und wechselte noch im selben Jahr ins Leichtmetallwerk Nachterstedt. Fünf Jahre nach der Tochter bekam Elke Reinke noch einen Sohn. Nach dem bezahlten Babyjahr, das es in der DDR mittlerweile gab, ging sie sofort zurück an die Arbeit.

Sie hatte eine Kollegin, die lebte mit zwei Kindern in einer kleinen, feuchten Wohnung direkt neben einer Karbidfabrik. Eines der Kinder hatte schweres Asthma. Elke Reinke zog los, um der Frau neue Öfen zu verschaffen. Wohin zog sie? «Man ist nirgendwo groß weitergekommen», sagt sie. Man versprach ihr, neue Öfen zu setzen. Sie zog weiter. Die Mutter sollte mit den Kindern am besten gleich ganz weg von der Karbidfabrik. Bei der Wohnungskommission grinste man und zeigte aus dem Fenster. Dort draußen in der DDR würden viele warten, die kranke Kinder hätten. «Man musste reden und reden», sagt Elke Reinke. «Man musste der DDR auf die Nerven gehen.»

Die Wende hat sie von weitem beobachtet. Sie saß zu Hause vorm Fernseher. «Da sind dann mal andere aktiv geworden», sagt sie. Die anderen haben die DDR nicht erst bequatscht und genervt, sondern gleich abgeschafft.

Zu dieser Zeit arbeitete sie als Ablauforganisatorin im Leichtmetallwerk. Sie wurde Kandidatin für den Betriebsrat. Sie war unkündbar, allerdings unter Verhältnissen, die sich gerade auflösten. Bald wurden alle in der Abteilung Ratiomittelbau, der sie angehörte, auf Kurzarbeit Null gesetzt. Ein Jahr lang bekam Elke Reinke das volle Geld für Nichtstun. Viele Kolleginnen mochten das, sie nicht. Es war der versteckte Wink des Schicksals. Der Ratiomittelbau wurde wegrationalisiert. Ein Zurück in den Betrieb würde es nicht mehr geben.

Das Arbeitsamt hielt sie für einen Ort, an dem man ihr nun helfen würde, nach vorn zu sehen. Elektrobranche, Frau, zwei Kinder? Der Berater sagte: «Keine Aussichten.»

In der Lokalzeitung las sie nun als Erstes die Anzeigen. Sie wollte Speditionskauffrau werden, obwohl sie nicht wusste, was das ist.

«Geht nicht», sagte der Berater, «da werden Sie zurückqualifiziert.»
Das Amt verwendete Worte mit absurder Bedeutung. Elke Reinke
wurde Speditionskauffrau. Während der Ausbildung absolvierte
sie Praktika in Speditionen. Sie schmiss das Geschäft, koordinier-
te Fahrten, berechnete Frachten. Überall, wo sie als Praktikantin
arbeitete, wäre sie geblieben. Überall hätte man sie liebend gern
genommen. Bezahlen konnte sie keiner.

Sie hatte zwei Berufe, bewarb sich doppelt, hatte doppelt Miss-
erfolg. Sie nahm jede Fortbildung, die auf dem Amt zu haben war.
Zweimal noch was Kaufmännisches. Dann erstellte sie Internetsei-
ten. Als vor der Stadt ein Flughafen gebaut werden sollte, lernte sie
Englisch. Welcome to Aschersleben the city between Magdeburger
Börde and Harz. Please enjoy!

Der Flughafen wurde nicht gebaut. Sie fuhr nach Halle, lernte
etwas über Module, Recht und Steuern. Sie war randvoll mit Wissen und hätte das gern auch mal irgendwo angewendet. Manchmal
war ihr, als müsste sie es erbrechen auf das Land, in dem scheinbar
niemand was mit ihr anfangen konnte.

«Bin ich mal mit einer ABM dran?» – «Wir haben nur was im grünen Bereich», sagte der Arbeitsberater. Sie erwiderte: «Steht in meinen Unterlagen, dass ich mir nicht die Finger schmutzig mache?»

«Man wird frecher mit der Zeit, weil das Leben auch nicht nett
zu einem ist», sagt sie. «Zugleich, und das ist absurd, geht man mit
seinen Ansprüchen runter.»

Auch ihr Mann wurde arbeitslos. Es kam der Moment, da die
Ingenieurin Reinke Hausflure putzen ging. Sie zwang sich, an die
Führerscheinprüfung zu denken, die ihre Tochter mit diesem Geld
bezahlen sollte, und die Sache nicht als Erniedrigung zu empfinden.
Sie bezwang ihren Stolz. Wenn sie überhaupt nochmal Berech-
nungen anstellte, dann hatte sie keinen großen mathematischen
Spielraum. Die Aufgabe war jämmerlich: Wie lebe ich mit knapp
700 Euro Arbeitslosenhilfe?

Im Januar 2005 wurde aus der Arbeitslosenhilfe das Arbeitslosengeld II. Der Aufgabe lagen nun 331 Euro zugrunde. Wenn sie ihre Mietkosten, für die der Staat ebenfalls aufkam, abzog, blieben nach Elke Reinkes Rechnungen täglich 88 Cent fürs Frühstück, je 1,57 Euro für Mittag- und Abendessen, 60 Cent für den öffentlichen Nahverkehr, sieben Cent für Telefonate, 15 für Sport- und Freizeitveranstaltungen, 34 für Zeitungen und Zeitschriften, ebenso viel für Café- oder Kneipenbesuche. Sie konnte nicht anders, als sich tagtäglich streng an diese Rechnung zu halten. Am Ende des Monats borgte sie Geld und trug es gleich am Anfang des nächsten zurück. Das Gefühl, jemandem etwas schuldig zu sein, konnte sie nicht auch noch aushalten.

Raus aus dem Alltag und ins Kino, das war nicht mehr drin. Als die Bibliothek von Aschersleben Gebühren einführte, waren Bücher auch gestorben. Ihre Lebensversicherung hatte Elke Reinke längst verkauft. Der Bausparvertrag war gekündigt und alle Versicherungen. Auch das Jahres-Los von «Aktion Mensch». Sie hatte Ballast abgeworfen. Sie war bereit für große Schritte. Aber wohin?

«Es klappte», sagt sie heute über die Zeit, in der sie tapfer mit dem überlebt hat, was ihr die Hartz-IV-Gesetze als Bedarf zugestanden. «Es durfte nur nichts passieren.» Waschmaschine, Kühlschrank, Herd, Elektro- und Wasserleitung durften nicht streiken. Lampen, Schlösser, Armaturen, Schuhe, Kleider durften nicht kaputtgehen. Sie durfte sich keinen Schnupfen einfangen, keine Kopf-, Rückenoder Bauchschmerzen bekommen, sie durfte sich weder den Fuß vertreten noch sich stoßen oder gar hinfallen, sich nicht verbrühen, den Finger klemmen. Am sichersten war sie, wenn sie sich nicht bewegte. Das ging aber auch wieder nicht. Wer des Arbeitslosengeldes II wert sein will, muss sich aktiv bewerben.

Die dunkelsten Augenblicke waren die, in denen ihre Tochter anrief. Sie studiert in Thüringen Mathematik, lebt von Bafög. «Mama, kommst du klar?», hat sie gefragt. Der Mama wurde schwindelig.

Es drehte sich die Welt. «Wenn nicht», sagte das Kind, «dann helfe ich dir!»

Schon als die ersten Hartz-Gesetze in Kraft traten, schaute Elke Reinke bei der Arbeitsloseninitiative, bei der PDS und der IG Metall vorbei. Ob man nicht mal was gegen diesen Sozialabbau unternehmen wolle, hat sie gefragt. Man schlug ihr vor, sich mal zusammenzusetzen. Sie ließ ihre Telefonnummern da. Einen Anruf hat sie nie bekommen. Dann war Hartz IV in Sack und Tüten. Vorm Arbeitsamt Aschersleben bauten sich Menschen mit Transparenten auf. Auf solche Menschen hatte Elke Reinke gewartet. Sie verliebte sich in einen Mann, der auch dort stand, trennte sich von ihrem Ehemann.

Schon 2003 gab es in Halberstadt jeden zweiten Montag Demonstrationen. Fünf, sechs Leute aus der Gruppe, zu der Elke Reinke nun gehörte, fuhren dorthin. Das Zugticket kostete vier Euro, mit der Straßenbahn vom Bahnhof zur Demo auf den Markt zu fahren, konnten sie sich nicht auch noch leisten. Weil Halberstadt auf Dauer zu teuer wurde, haben sie in Aschersleben auch eine Montagsdemo auf die Beine gestellt. Sie haben den Leuten, die nicht wussten, wie ihnen geschieht, erklärt, was Arbeitslosengeld II überhaupt bedeutet. Im Büro des Arbeitslosenverbandes durften sie ihr Kampfpapier vervielfältigen. Jedoch bat man sie, nicht allzu viele Blätter zu verschwenden. Ein Mitarbeiter der Gewerkschaft erklärte ihnen, über den Kopierer hätte sein Vorgesetzter zu entscheiden. Er drückte ein Auge zu. Mit dem anderen Auge beobachtete er das Geschehen. Ihm war unwohl. Schnell, schnell, schnell, sagte er.

2004 gab es Montagsdemos in vielen Städten. Die Ascherslebener lernten Leute aus Leipzig und Magdeburg kennen, es entstand ein Koordinierungskreis, die WASG teilte Material aus. Elke Reinke las und trat in die Partei ein. Sie organisierte, sprach über Marktwirtschaft, verfasste Flugblätter. Sie lud sich ganz schön was auf, dabei war ihr, als würde sie fliegen. Im Sommer 2005 landete sie auf einer Kandidatenliste der WASG für die bevorstehende Bundestagswahl, schließlich auf der Landesliste der Linkspartei. Am 11. Oktober 2005, fast einen Monat nach der Wahl, kam ein Brief vom Bundeswahlleiter. Elke Reinke sollte mitteilen, ob sie ihr Mandat annehme. Sie warf ihre Antwort in den Briefkasten und wartete. Zwei Tage später erkundigte sie sich, ob ihre Zusage eingetroffen war. Erst dann ist sie zur ARGE gegangen, um ihre Arbeitslosigkeit zu kündigen. Sie sollte ein Formular ausfüllen. An einer Stelle wusste sie nicht, was sie schreiben sollte. «Wer ist jetzt mein Arbeitgeber?», fragte sie bei einem Treffen in Berlin ihre Fraktionskollegen. Niemand konnte die Frage beantworten, denn keiner hatte je einen solchen Zettel ausgefüllt. Sie schrieb: «Das deutsche Volk.»

Elke Reinke ist die erste Langzeitarbeitslose im Deutschen Bundestag. Obwohl sie die Probleme verkörpert, die das Land extrem verändert haben, wird sie wie ein Exot behandelt. Auf einer öffentlichen Fraktionssitzung soll sie der Presse das Bahnticket zeigen, mit dem sie – noch als Arbeitslose – angereist ist. Man rennt ihr mit Mikrofonen nach. Immer soll sie von damals berichten. Reporter aus dem Ausland bestaunen ihr Mandat und sind begeistert darüber, was in Deutschland so alles möglich ist. Ausgerechnet ihretwegen.

Im November steht sie in ihrer Bank und starrt die Zahl 7009 auf dem Kontoauszug an. Es sind die Diäten. Sie beantragt die erste Kreditkarte ihres Lebens, kauft ein Navigationssystem, um in Berlin besser klar zu kommen. Sie legt sich einen Computer zu. Jetzt, da sie Geld hat, kann sie das Wissen anwenden, das sie einst in der Qualifizierungsmaßnahme des Arbeitsamtes erworben hat. Sie kauft eine schwarze Hose, einen Blazer und ein dunkelrotes Oberteil. Anfang Dezember soll sie vorm Bundestag reden.

Ihre Fraktion möchte, dass sie für die Linkspartei die Antwort auf die Regierungserklärung gibt. Man hält sie für das lebendige Gegenbeispiel zu allem, was Angela Merkel über Arbeitsmarkt- und Sozialpolitik sagen wird. Reinke hingegen ist sich nur in einem sicher: Sie spricht immer viel zu schnell. Sie hat sich bereits einen persönlichen Mitarbeiter ausgeguckt, ihn aber noch nicht einge- stellt, weil sie nicht so richtig weiß, wie hoch man einen solchen Mann bezahlt. Jetzt bastelt er Seite für Seite mit ihr eine Rede. Als sie fertig sind, holen sie die Stoppuhr. Elke Reinke hat sieben Minuten Zeit. Zwölf Seiten müssen sie wieder streichen.

Sie wissen beide nicht, was man vorm Bundestag über das, was man vom Leben weiß, sagen kann. Der Abgeordneten fällt immer wieder ihre Rechenaufgabe ein. Sie wollen sagen, dass ein Mensch mit Arbeitslosengeld II nicht vor Armut geschützt ist. Dass er nicht würdig existieren, nicht am gesellschaftlichen Leben teilha- ben kann. Sie suchen nicht lange nach Worten. Das Problem ist klar. Aber plötzlich ist da auch das Gefühl, dass man es vielleicht übersetzen muss. Dass in der Politik die Begabung für Probleme unterschiedlich ausgeprägt ist.

Viele Sätze in Elke Reinkes erster Bundestagsrede geraten etwas holperig. Einer tritt dem anderen in die Hacken. Reinke kommt ins Straucheln. Sie stolpert über das Wort Gesellschaft. Erst bei ihrer Rechenaufgabe fängt sie sich.

Sie hat Glück. Sie steht nicht im Mittelpunkt der Aufmerksam- keit. Man sieht das an den Gesichtern der Abgeordneten. Kaum jemand interessiert sich für die Frau von der Linkspartei. Ihr Mit- arbeiter beobachtet das Geschehen vom Rand. Er sieht, wie SPD- Fraktionschef Franz Müntefering für einen Moment von seiner Zeitung aufschaut, als es um das Frühstück für 88 Cent geht.

Im Januar redet Sandra Maischberger mit «Menschen bei Maisch- berger» über Armut. Das Thema wird jetzt so was wie modern. Es ruft Experten auf den Plan. Man fragt sich, wo sie all die letzten Jahre gewesen sind. Die Armut bringt Elke Reinke nun auch noch

Fernsehauftritte ein. Am Tag der Sendung findet sie sich in Berlin auf dem Flughafen wieder und hofft, dass heute keine Maschinen starten. Gepudert und geschminkt sitzt sie kurze Zeit später auf dem Sofa eines Studios in Köln. Neben ihr sitzt Karlheinz Böhm. Er spricht von der Not in Äthiopien. Er war mal ein beliebter Schauspieler, jetzt kümmert er sich um die Kinder in Afrika. Wie einst in seinen Filmen holt ihn die Kamera ganz dicht an die Zuschauer heran. Er ist ein Totschlagargument. Er sagt, von dem, was er in Afrika an Armut sehe, könne sich in Deutschland keiner eine Vorstellung machen.

Neben Böhm sitzt Frank Zander. Jedes Jahr zu Weihnachten gibt der Schlagersänger ein riesiges Fest für Berliner Obdachlose. Er meint, dass wir an unserer Gesellschaft nichts groß ändern könnten. «Wir müssen uns selber ändern», sagt er. Stephan Leibfried, der Soziologe in der Runde, will darauf hinaus, dass der Mensch schon arm ist, wenn er sein Brot nicht selbst verdienen kann. Die Kamera schwenkt auf Elke Reinke. Unterm Bild steht: Diplomingenieurin ohne Arbeit. «Was war das für ein Gefühl?», fragt Sandra Maischberger.

Reinke erzählt, was sie oft erzählt hat. So hört es sich auch an. Sie besitzt nicht die Gabe, dieselben Geschichten medienwirksam immer neu zu verpacken. Überhaupt ist ihr so, als müsste man langsam vom Schritt eins, dem Erzählen, zu Schritt zwei, sich mit dem Problem befassen, übergehen. Maischberger jongliert mit Preisen und Kosten. «Man kommt über den Monat», sagt Elke Reinke. Es klingt bockig. «Aber es ist kein Leben!»

Hans-Olaf Henkel, Ex-Chef des deutschen Industrieverbands, soll sagen, ob er ein Leben auf Hartz-IV-Niveau führen könnte. Er antwortet: «Da wäre mein Lebensstandard ein anderer.» Bei einer seiner vielen Reisen durch die Welt hat er Arme in Kalkutta gesehen. «Aber erlebt haben Sie Armut nicht», sagt Elke Reinke. Henkel erwidert: «Doch, nach dem Krieg.» Damals hat er für 50

Pfennig in einer Baumschule gearbeitet. «Mein Vater auch!», ruft Frank Zander.

Reinke sitzt mit dem Oberkörper leicht nach vorn gebeugt in der Sofaecke. Als wollte sie gleich aufspringen. Zwei-, dreimal sagt sie noch etwas. Aber es schwenkt keine Kamera zu ihr. Vor der Sendung hat man ihr erklärt, dass sie, wenn das nicht der Fall ist, gar nicht weiterzureden braucht. «Ich war schlecht», sagt sie nach dem Auftritt zu ihrem Mitarbeiter. Sie meint: «Ich habe die Menschen nicht gut vertreten.»

Nach ein paar Tagen kommt im Abgeordnetenbüro in Berlin Post an. Im Umschlag steckt die DVD von der Sendung. Ein Kärtchen liegt dabei. «Ich finde, Sie haben sich sehr gut geschlagen. Meiner Meinung nach hätten Sie öfter zu Wort kommen können», schreibt Sandra Maischberger. In Klammern steht: «Leise Selbstkritik».

In der sitzungsfreien Woche im Februar ist Elke Reinke im Wahlkreisbüro in Aschersleben. Leute laufen dort auf, die den Karnevalsumzug am Sonntag vorbereiten. Es gibt Kaffee mit Milchpulver, Sandkuchen. Ein Mann mit dickem Bauch hat zwei Keulen gebastelt. Eine Hartzkeule und eine gegen Sozialabbau. Beim Umzug will er sich eine Kugel ans Bein ketten, auf der «ARGE» steht. Seine Frau stülpt sich einen alten Sack über. Sie geht als Hartz-IV-Sklavin. Auch alle anderen Ascherslebener im Raum werden fürchterlich aussehen. Zwei gehen mit dem Schild «Sklaverei 2006» voran, dahinter läuft eine Frau als Merkel mit ihrem Ehemann als Münte. Hinter den beiden der Dicke mit den Keulen. Die Runde grölt vor Freude. «Schscht», sagt Elke Reinke, «macht nicht so einen Lärm!»

Sie verteilt ordentliche Stifte, damit die Buchstaben auf dem Transparent nochmal ausgebessert werden. Sie sortiert Zettel, schaut in den Kalender, in den Computer. Sie liest einen Brief, den einer der Männer im Raum an die Zeitung schicken will. Darin geht es auch um sie. «Kannst in Klammern einfach MdB schreiben», sagt

Elke Reinke zu dem Mann. «Du, ich glaube, da wissen viele Leute hier gar nicht, was gemeint ist», erwidert der. Elke Reinke schaut auf, durch ihre Brillengläser hindurch. «Du, ich wusste das vor ein paar Wochen auch nicht», sagt sie. Dann nimmt sie ihr Handy. Sie hat noch einiges mit Berlin zu klären.

Am nächsten Morgen um sechs Uhr fährt ein voll besetzter Bus von Aschersleben nach Berlin. Die Linksfraktion veranstaltet eine Anhörung zu Hartz IV. Um neun hält der Bus vorm Reichstag, aus dem Nordeingang quillt eine lange Menschenschlange. Die Aschersleben warten eine Stunde. Im Innern des Gebäudes läuft die Abgeordnete Reinke mit ihrem Hausausweis an der Jacke auf und ab. Ihre Leute draußen in der Kälte, sie drinnen, die Situation macht sie nervös.

Bei der Anhörung werden Reden gehalten, dann kommen Betroffene zu Wort. Sie reihen sich an den Saalmikrofonen auf. Manche haben Wut auf alles, viele sprechen einfach nur über sich. Einmal kommt Elke Reinke aus dem Plenum auf eine Rednerin zu, umarmt sie und geht zu ihrem Platz zurück. «Ich könnte immer wieder heulen, wenn die Leute erzählen», sagt sie.

Wenn sie in Interviews sagt, sie habe große Hoffnung, dass sich der Bundestag der wachsenden Armut in Deutschland zuwenden wird, fügt sie schnell hinzu, wie relativ klein und machtlos ihre Fraktion sei. Nach wie vor rennt sie, um pünktlich in den Sitzungen zu sein. Sie verlässt das Parlament weniger oft als andere Abgeordnete. Ist sie hungrig, setzt sie sich zum Essen fast nie ins Bundestagsrestaurant. Meist hält sie sich im Flur in der Nähe der Fernseher auf, die das Rednerpult zeigen. Hin und wieder bleiben Journalisten oder Politiker direkt vor diesen Fernsehern stehen, telefonieren, plaudern. «Hallo!», ruft sie dann. «So kann ich doch nichts sehen!» Sie benimmt sich, als gäbe es etwas zu verpassen. Als könnte sich ihre Hoffnung jederzeit erfüllen.

Außerhalb ihrer Fraktion hat kein Abgeordneter sie je gebeten, ihre Geschichte, die sie in der siebenminütigen Rede angedeutet hat, genauer zu erzählen. Vielleicht komme man im Ausschuss mal ins Gespräch, sagt Elke Reinke. Sie ist im Ausschuss für Familie, Senioren, Frauen und Jugend. Der wurde kürzlich vom Familienministerium zu einem Arbeitsessen eingeladen. Sie saß nahe bei Ursula von der Leyen. Die Ministerin hätte etwas fragen können. Hat sie aber nicht. Vielleicht wisse sie ja schon alles, überlegt Elke Reinke. Alle Politiker könnten die Probleme ja überall im Land sehen. Meint sie. Sie murmelt. «Aber wie können die dann noch ruhig schlafen?»

# ANHANG

# GLOSSAR

**Agenda 2010** Ein Paket von mehreren Reformen, das die rot-grüne Regierung unter Bundeskanzler Gerhard Schröder im Jahr 2003 verabschiedete. Es umfasste zunächst Neuregelungen für den Arbeitsmarkt, die Zusammenlegung von Arbeitslosen- und Sozialhilfe sowie die Reform der gesetzlichen Krankenversicherung. Ergänzt wurde die Agenda später durch das teilweise Vorziehen der letzten Stufe der Einkommensteuerreform um ein Jahr und die Rentenreform. Unter dem Begriff «Agenda 2010» versammelte die Schröder-Regierung schließlich alle Reformmaßnahmen ihrer Politik – auch solche, die ihren ursprünglichen Zielen zuwiderliefen.

**Angemessene Wohnung** Was eine angemessene Wohnung für einen Arbeitslosengeld-II-Empfänger kosten darf, ist von der Arbeitsagentur nicht abschließend festgehalten worden. Miet- und Heizkosten in Großstädten sind schließlich höher als auf dem Land. Die örtlichen Behörden bewerten die Preise in ihrer jeweiligen Region. Die Miet- und Heizkosten werden von der ARGE nur dann übernommen, wenn die Wohnung als angemessen gilt. Die angemessene Wohnungsgröße ist klar festgelegt: Eine Person allein darf 45 bis 50 qm bewohnen, zwei Personen 60 qm oder zwei Zimmer, vier Personen 85 bis 90 qm oder vier Zimmer. Die Angemessenheitsgrenze erweitert sich für jedes weitere Familienmitglied um 10 qm oder ein Zimmer. Muss jemand aufgrund dieser Vorschriften in eine kleinere Wohnung umziehen, werden die Umzugskosten übernommen.

**Arbeitsagentur** Die vor Ort zuständige Dienststelle der Bundesagentur für Arbeit. Deutschlandweit gibt es 178 Agenturen für Arbeit mit rund 600 Geschäftsstellen.

**Arbeitslosengeld I** Ein Arbeitnehmer hat Anspruch auf Arbeitslosengeld I, wenn er arbeitslos ist oder als Arbeitsloser an einer beruflichen Weiterbildung teilnimmt. Arbeitslose mit mindestens einem Kind erhalten 67 Prozent ihres pauschalierten Nettogehalts, alle anderen Arbeitslosen erhalten 60 Prozent. Die Dauer des Anspruchs auf Arbeitslosengeld I

richet sich nach der Dauer des versicherungspflichtigen Arbeitsverhältnisses in den letzten drei Jahren. Das Arbeitslosengeld I kann maximal
18 Monate gezahlt werden: An einen über 55-Jährigen, der die letzten
36 Monate sozialversicherungspflichtig beschäftigt war. Um den Über-
gang vom Arbeitslosengeld I ins Arbeitslosengeld II abzufedern, gibt
es ein auf zwei Jahre befristetes Übergangsgeld. Abhängig vom letzten
Gehalt kann dies im ersten Jahr maximal 160 Euro pro Monat betragen,
im zweiten Jahr wird es halbiert. Die Große Koalition erwägt, diese
Übergangszahlungen zu streichen.

**Arbeitslosengeld II**　Auch ALG II genannt. Mit dieser Leistung sind die
Arbeitslosen- und die Sozialhilfe zusammengelegt worden. Das Arbeitslosengeld II, das Anfang 2005 eingeführt wurde, wird in der Regel
nach einem Jahr Arbeitslosigkeit gezahlt; bei über 55-Jährigen nach
18 Monaten. Es stellt eine Grundsicherung für alle erwerbsfähigen Arbeitslosen dar. Es richtet sich nach der Bedürftigkeit – und nicht mehr
wie die Arbeitslosenhilfe nach dem zuletzt erzielten Einkommen. Der
monatliche Regelsatz des Arbeitslosengeldes II beträgt seit dem 1. Juli
2006 einheitlich 345 Euro; bis dahin wurden in Ostdeutschland nur
331 Euro gezahlt. Dazu kommen Zuschüsse für Miete und Heizung.
Wer verheiratet ist oder mit einem Partner zusammenlebt, bildet eine
so genannte Bedarfsgemeinschaft. Die Partner müssen füreinander aufkommen. Wenn einer von beiden arbeitet, erhält der andere weniger
oder gar kein Arbeitslosengeld II. Sind beide Partner länger als ein Jahr
arbeitslos, erhalten sie jeweils nur 90 Prozent des Regelsatzes: also 311
Euro monatlich. Für Kinder unter 15 Jahren wird ein Sozialgeld von
monatlich 207 Euro gezahlt.

**ARGE**　Abkürzung für Arbeitsgemeinschaft. Im Zuge der Hartz-IV-Reform
sind für die Betreuung der Langzeitarbeitslosen Arbeitsgemeinschaften
zwischen der kommunalen Sozialverwaltung und der örtlichen Agentur
für Arbeit gegründet worden. Das hat häufig zu einem Kompetenzwirrwarr zwischen den Kommunen und der Bundesagentur für Arbeit geführt. In vielen Orten heißt die ARGE auch Jobcenter. Deutschlandweit
betreuen 69 Kommunen ihre Langzeitarbeitslosen selbst, was aufgrund
der so genannten Experimentierklausel möglich ist.

**Bedarfsgemeinschaft**　Das Arbeitslosengeld II wird immer für einen erwerbsfähigen Hilfsbedürftigen und dessen mit ihm in Bedarfsgemeinschaft (in einem Haushalt) lebende Angehörige berechnet. Solche

Angehörige sind zum Beispiel der Ehepartner, der Lebenspartner und minderjährige Kinder. Der benötigte Lebensunterhalt wird für alle Mitglieder der Bedarfsgemeinschaft gemeinsam ermittelt. Nicht zur Bedarfsgemeinschaft gehören verheiratete und erwachsene Kinder, auch wenn sie mit den Eltern unter einem Dach wohnen; Kinder, die ihren Lebensunterhalt aus eigenem Einkommen bestreiten können; dauerhaft getrennt lebende Ehe- oder Lebenspartner. Mit dem so genannten Hartz-IV-Fortentwicklungsgesetz hat die Große Koalition im Sommer 2006 die Beweislastumkehr beschlossen. Alle Personen, die länger als ein Jahr zusammenleben, aber nicht füreinander aufkommen, müssen jetzt selbst nachweisen, dass sie keine Bedarfsgemeinschaft bilden. Das gilt auch für studentische Wohngemeinschaften.

**Bundesagentur für Arbeit**  Die frühere Bundesanstalt für Arbeit. Sitz der Zentrale ist Nürnberg. Die Bundesagentur (BA) ist der größte Dienstleister am Arbeitsmarkt. Sie hat rund 90000 Beschäftigte. Ihre Aufgaben reichen von der Vermittlung in Ausbildungs- und Arbeitsstellen über die Beratung der Arbeitgeber bis hin zur Zahlung des Arbeitslosengeldes.

**Ein-Euro-Job**  Wurde im Januar 2005 mit der Hartz-IV-Reform eingeführt. Der Ein-Euro-Job soll den Empfängern des Arbeitslosengeldes II den Wiedereinstieg ins Berufsleben erleichtern. Er dient aber nicht als Ersatz für einen regulären Arbeitsplatz, sondern ist nur eine so genannte Arbeitsgelegenheit. Die durchschnittliche Arbeitszeit liegt bei 28 Stunden die Woche, der durchschnittliche Verdienst bei 1,25 Euro pro Stunde – daher auch die Bezeichnung Ein-Euro-Job. Zusätzlich zu dieser Aufwandsentschädigung beziehen die Arbeitssuchenden weiterhin Arbeitslosengeld II. Meistens handelt es sich bei den Arbeitsgelegenheiten um Teilzeitjobs, die befristet auf sechs bis neun Monate vergeben werden. Ein-Euro-Jobs sollen zusätzlich geschaffen werden, müssen gemeinnützig sein und dürfen keine regulären Stellen verdrängen. Gegen diese Grundsätze wird in der Praxis jedoch oft verstoßen.

**Hartz-Reformen**  Im August 2002 präsentierte Peter Hartz, VW-Personalmanager und Vertrauter Gerhard Schröders, die Vorschläge seiner Kommission für eine Reform des Arbeitsmarktes in Deutschland. Das erklärte Ziel dieser Vorschläge war die Halbierung der Arbeitslosigkeit innerhalb von zwei Jahren. Damals waren 4,018 Millionen Menschen arbeitslos. Die rot-grüne Regierung hat dazu vier Gesetze für moderne

Dienstleistungen am Arbeitsmarkt verabschiedet: besser bekannt unter Hartz I, Hartz II, Hartz III und Hartz IV.

**Hartz I** Setzte die Einrichtung von Personal-Service-Agenturen (PSA) um. Seit Anfang 2003 stellen die PSA Arbeitslose ein und verleihen sie, ähnlich wie eine Zeitarbeitsfirma, an Unternehmen weiter – in der Hoffnung, dass sie dort später eine feste Stelle finden. Pro Jahr sollten 350 000 Menschen wieder einen sozialversicherungspflichtigen Job erhalten. Das war teuer, hat aber nicht funktioniert. Bis Ende 2005 sind durch die PSA nur rund 40 000 Arbeitslose in ein festes Beschäftigungsverhältnis vermittelt worden.

**Hartz II** Regelte die Gründung von Ich-AGs. Diese sollten Arbeitslosen die Möglichkeit geben, sich ohne bürokratischen Aufwand selbständig zu machen. Ziel war es, mit Hilfe staatlicher Förderung 200 000 solcher Minifirmen pro Jahr zu etablieren. Seit Einführung der Ich-AG Anfang 2003 haben zwar über 375 000 Arbeitslose ihr eigenes Unternehmen gegründet, über ein Drittel hat aber auch wieder aufgegeben. Das Förderinstrument lief im Sommer 2006 aus. Die Große Koalition beschloss eine Nachfolgeregelung mit kürzeren Förderzeiten und strengerer Prüfung der Geschäftsidee. Das Hartz-II-Gesetz regelte außerdem die Schaffung von Minijobs.

**Hartz III** Auf der Grundlage dieses Gesetzes wurde die frühere Bundesanstalt für Arbeit auf allen Ebenen modernisiert und in die Bundesagentur für Arbeit umgewandelt. Das wichtigste Ziel dabei war, die Arbeitsvermittlung zu vereinfachen und wieder in den Mittelpunkt der Behörde zu rücken. Außerdem sollten die Agenturen vor Ort mehr Kompetenzen gegenüber der Zentrale in Nürnberg erhalten.

**Hartz IV** Der Kern des Hartz-Programms, vom früheren Wirtschafts- und Arbeitsminister Wolfgang Clement (SPD) auch als «Mutter aller Reformen» bezeichnet. Hartz IV trat am 1. Januar 2005 in Kraft und ist seitdem mehrfach überarbeitet worden. Dem Gesetz liegt der Leitsatz «Fordern und Fördern» zugrunde. Kernelement ist die Zusammenlegung von Arbeitslosen- und Sozialhilfe. Das frühere dreistufige Absicherungsmodell Arbeitslosengeld / Arbeitslosenhilfe / Sozialhilfe wurde durch das zweistufige Modell Arbeitslosengeld I / Arbeitslosengeld II ersetzt. Vor allem Langzeitarbeitslosen wurde mit Hartz IV eine bessere und schnellere Integration in den Arbeitsmarkt versprochen.

**Jobcenter** Andere Bezeichnung für ARGE (siehe oben).